함께 걷는 책의 숲

함께 걷는 책의 숲

이창경 지음

(학)신구학원 신구문화사

책 머리에

◆

道伴, 함께 걸었던 그 책의 숲을 생각하며

매체 환경이 급속하게 변화하고 있다. 인터넷 공간에서 지식을 공유하고 의사를 소통하고 있다. e-Book이나 오디오 북 시대를 지나, 웹북, AR/VR북, 챗북 등 새로운 책이 등장하고 있다. 하지만 책은 종이와 만났을 때 책다워진다. 지식과 생각, 사회현상, 가치관, 정서 등을 가장 정제된 언어로 전달하는 깊이 있는 사유의 매체가 책이기 때문이다.

지난해 신구대학교에서의 생활을 마무리했다. 1989년 수도권 최초로 개설한 출판과(현 미디어콘텐츠과)에 부임한 이래 30여 년을 보낸 셈이다. 좋은 책을 만들어 독자를 이끌던 출판사에서 설립한 대학, 그중에서도 출판을 가르치는 학과에서 오랜 기간 동안 학생들을 가르칠 수 있었다는 것은 크나큰 행운이었다. 좋은 분들을 많이 만났고 학생들과 철없이 놀았다. 모든 것이 고맙고 감사할 따름이다.

책은 혼자 만드는 것이 아니다. 일찍이 신구대학교 설립자 우촌 이종익 선생은 "책은 오케스트라와 같다"고 하셨다. 모든 연주 단원이 호흡을 맞추는 가운데 자기 분야에서 최선을 다할 때 거기서 만들어내는 아름다운 화음이 여러 사람의 마음을 움직인다. 책도 그렇다. 언제부턴가 미콘과에서 출판을 가르치는 분들과 함께 책을 만들고 싶은 생각을 갖고 있었다. 대학의 모체인 신구문화사에서 간행한다면 더 의미가 있을 것이라는 생각도 했다.

그 꿈을 이제야 이루게 되었다. 같이 책을 만든 박영실, 김은경, 김정명 교수님은 오랜 동안 미디어콘텐츠과에서 함께 출판을 가르쳐 오신 분들이다. 박영실 교수님께서는 젊은 감각으로 편집기초와 사진을 가르치셨고, 사진동아리 '빛자루'를 조직하여 사진의 철학까지 가르치셨다. 김은경 교수님은 편집디자인을 맡아 디자인의 기본에서부터 편집자 정신까지 올곧게 가르치셨다. 김정명 교수님은 1기 선배로서 후배들에게 뉴미디어 기획, 마케팅을 지성으로 가르쳤다. 동진기획 대표로 있는 박형준 동문은 학과에서 간행하는 여러 출판물을 한결같이 도왔다.

도반道伴이라는 말이 있다. 뜻을 같이하고 함께 공부해가는 친구라는 말이다. 우리들은 방황하는 학생들의 진로를 같이 고민했고 출판의 앞날을 걱정하기도 했다. 잘 가르치는 것은 무엇인가, 어떻게 가르쳐야 할까, 효과적인 출판 교육 방법도 함께 고민했다. 학과지 '감&동'도 같이 만들었고 학회 활동도 부지런히 했다. 함께 있어 즐거울 수 있었고 외롭지 않았다.

사람이 책을 만들고, 책은 사람을 만든다. 아주 평범한 말이다. 그러나 이 문장에서 '사람'이 갖는 의미를 생각하면, 책을 만드는 사람을 가르치는 일은 중요한 일이고 힘든 일이다. 기능 전수 이전에 스스로를 닦아 부끄러움이 없어야 하기 때문이다. 그간 발표했던 글을 모아 2부로 나누어 구성했다. Ⅰ부는 주로 옛 책을 대상으로 편집자, 독자, 정책, 저자 등 출판 환경에 대한 역사적 현상을 정리한 것이고, Ⅱ부는 책을 통하여 전달하려고 했던 저자의 메시지에 주목하며 독자들과 공감할 수 있는 것이 무엇인가를 찾으려 했다. 곧 일종의 가벼운 서평이라 할 수 있다. 많이 부족하다. 하지만 출판 교육의 길을 함께 걸어 온 인연으로 이 책을 같이 만들 수 있었다는데 큰 보람을 느낀다. 세 분 교수님과 신구문화사 임미영 대표님, 동진기획 박형준 대표님, 교정을 꼼꼼히 봐주신 신구문화사 최승복 부장님께 깊이 감사드린다.

2022. 7.

이창경

차례

1부 – 잠시 옛 책의 숲에서

2부 – 함께 생각하며 걷기

1부

잠시 옛 책의 숲에서

15세기
큰 출판인 성종

그해 겨울 선릉

서울특별시 강남구 선릉로 100길 1. 조선의 위대한 출판인 성종 임금이 거기 묻혀 있다. 선릉이라고 이름 붙였지만 15세기 찬란한 출판 르네상스의 토양을 마련한 성종이 잠들어 있는 곳이라는 것을 아는 사람은 그리 많지 않다. 좌우로 버티어 선 문인석이 찬 겨울 바람을 맞고 있다. 이끼 낀 장명등, 봉분을 감싸고 있는 12지신상에서 책으로 문화의 꽃을 피우려 했던 한 군주의 의지를 읽는다. 소나무 숲 우거져 그늘을 만들고 청정한 새소리 메아리쳤을 그 자리엔 도시의 황량한 겨울 바람이 스쳐 지나고 있다.

조선의 9대 임금 성종은 텔레비전 사극에 단골로 등장하는 인물이기도 하다. 흥미 위주의 사극에서는 홀로 된 할머니 정희대비, 어머니 소혜왕후, 그리고 계비 정현왕후, 폐비 윤씨 등 여인들 사이에서 고민하는 줏대 없는 인물로 비쳐지기도 한다. 그러나 성종 시대를 꼼꼼히 살피다 보면 15세기 개화한 문화의 꽃이 우연한 시대 흐름이 아니라, 책을 문화로 이끌려 했던 조선의 한 군주 성종이 그 이면에 버티고 있음을 발견하게 된다.

새로운 일들

성종 시대는 정치 제도가 정비되고, 신진 사림이 등장하기 시작하여 훈구 세력과 대척하는 가운데 사림정치의 기반을 조성한 시기이기도 하다. 이 시기에 간행된 책을 보면 왕성했던 문화의식을 찾을 수 있다. 법제서 『경국대전』, 지리서 『동국여지승람』, 역사서 『동국통감』과 『삼국사절요』, 문학서 『동문선』, 의례서 『오례의』, 예술서 『악학궤범』 등 조선의 대표 전적이 이 시대에 간행되었다. 이들이 간행되기까지는 인재 양성, 재정 지원, 보급 체제 개선, 기술 개발 등 일련의 출판활동을 지원한 성종의 힘이 있었다.

성종은 성균관 유생들이 마음 놓고 책을 읽을 수 있도록 존경각을 짓고 여기에 많은 서적을 소장토록 하였다. 또 양현고의 재정을 튼튼히 하여 후원함으로써 유생들이 학문에 전념할 수 있도록 했다. 뿐만 아니라, 지금의 마포 한강변에 남호독서당을 짓고 유능한 젊은 문신들을 선발하여 독서에만 전념할 수 있도록 사가독서제를 시행하였다.

그런가 하면 고언겸高彦謙의 상소에 따라 전교서를 교서관으로 환원하여 출판인쇄기관의 위치를 격상시켰다. 활자의 개발에도 힘을 기울여 크기가 적당하고 글씨체가 아름다운 갑진자를 주조하여 많은 서적을 간행케 했다. 이렇듯 성종이 시행한 출판진흥책이 책을 통한 문화의 꽃을 피우게 한 직접적 원인으로 작용하였다.

값을 내려라, 필요한 사람에게 읽게 해라

성종의 출판진흥책 중에서 도서 간행의 재정 확보를 위해 목적세를 신설하는 조세 정책을 시행했다는 점이 주목된다. 그는 출판 재정을 확보하여 충분하게 종이를 사들여 책을 간행하고 가격을 낮게 한다면 많은 사람에게 혜택이 돌아갈 것이라고 생각하였다. 그리하여 어전魚箭의 세포稅布를 전교서에 지급하여 종이를 구입하는 비용에 충당하라는 명을 내린다. 어전은 전통적 방법으로 물고기를 잡은 어장이다. 어장을 사용하는 대가로 납부하는 세금을 도서 출판에 사용하도록 하는 지원정책이다.

> 요즈음 책값이 너무 비싸 사는 사람들이 큰 부담이 된다. 이는 책을 많이 간행하여 공부하는 사람들에게 도움을 주려는 내 뜻이 아니다. 호조에서는 어전 세포를 해마다 전교서에 충분히 지급하여 종이를 사다가 책을 많이 인쇄하고 값을 낮게 매겨 누구나 쉽게 사서 읽을 수 있도록 하라.

성종 9년 예조에 전지한 성종의 이 뜻은 '광인제서廣印諸書 다인감가多印

減價 가혜유생嘉惠儒生'의 출판 효과를 기대한 것으로, 출판에 필요한 경비로 어전의 세포를 사용케 하라는 것이다.

성종이 제시한 이 방법은 실제로 시행되었을까. 시강관 최숙정이 말하기를 "비록 조정의 관리라 하더라도 사서오경을 가지고 있는 사람이 적습니다. 경서가 이러하니 역사책은 말할 것도 없습니다. 지금 어전의 세포를 이미 전교서에 주었지만 더 주어서 책값을 내리기를 청합니다. 그렇게 하면 사람마다 책을 사기가 쉬워질 것입니다."(『성종실록』 성종 9년 1월 23일)라고 한 것을 보면 어전의 세포를 출판 비용으로 충당하는 다인감가 정책은 시행되었을 뿐만 아니라 효과를 거두고 있음을 확인할 수 있다.

또 이승소가 쓴 「전교서판당기」에 "서적 간행을 위한 경비 마련을 위해 나주와 영광의 세포를 전교서에 주어 관포가 수백 필에 이를 정도로 서적 간행을 위한 경비가 마련되었다."(『삼탄집』 권10)라고 한 것에서도 이 방법이 시행되고 있음을 확인할 수 있다.

성종은 이러한 목적세를 통한 감가정책에 화매라고 하는 판매 방법을 동원하여 도서의 보급을 촉진하였다. 화매和賣는 책을 사는 사람의 입장에 따라 가격을 달리하는 매매 방법이다. 사정이 좀 어려운 사람에게는 가격을 낮추고, 여유 있는 사람에게는 그만큼의 값을 받고 판매하는 방식이다. 돈이 없어 책을 읽지 못하는 사람은 없게 하자는 생각에서 나온 것이다. 한명회의 건의에 따라 시행된 이 방법의 적용 사례는 찾을 수 없지만, 간행된 책의 보급을 확장해야 한다는 의지의 표명임에는 틀림없다.

더없이 충실한 독자가 되어

출판이 이루어지기 위해서 먼저 필요한 것은 필자의 발굴이다. 성종은 문인을 양성하는 한 방법으로 '을람명간乙覽命刊'을 택한다. 당시 문인은 곧 필자라는 점에서 이 정책은 주목된다. 을람명간은 밤늦도록 왕이 직접 원고를 읽어 보고 교서관에 명하여 편찬케 하는 일이다.

> 나는 신숙주와 최항의 유고를 읽어 보았는데, 장차 이를 간행하고자 한다. 서거정의 유고도 그가 죽은 다음에 응당 간행할 것이다. 비단 이뿐만이 아니라 문장에 능한 사람들의 초고는 유실되지 않도록 책으로 만들어서 매년 말에 나에게 바치도록 하라. 이렇게 하면 그들이 반드시 좋은 글을 쓰는 데 노력할 것이다(『성종실록』 성종 15년 7월 5일).

이렇듯 임금이 직접 자신의 글을 읽는 독자가 되어 주고, 그 원고를 영구히 전할 수 있도록 책으로 간행케 한다는 것은 크나큰 은총이 아닐 수 없다. 이러한 성종의 태도는 문인들의 사기를 진작시키는 요소로 크게 작용하였을 뿐만 아니라, 해당 문집에 대한 공식적 가치를 부여하는 것이며 나아가 이제까지 개별적 차원에서 이루어지던 문집의 간행을 국가적인 차원으로 전환시킨 의미 있는 정책이었다.

성종은 조선 역대 어느 임금보다 출판과 독서의 중요성을 인식하고,

선릉 서울 삼성동에 있는 조선 제9대 성종과 계비 정현왕후 윤씨의 무덤. 1970년 사적 제199호로 지정되었다. 성종은 홍문관을 설치하여 학술, 언론을 담당하게 하였고 성균관에 존경각을 지어 전적을 수집, 보관케 하였다.

그 발전을 위해서 무엇을 해야 할 것인가를 분명히 알고 있었던 군주였다. 또 본인 스스로도 독서를 게을리하지 않았다. 그러한 군주 밑에서 훌륭한 학자가 나왔고, 그들의 노력은 15세기 출판문화의 꽃을 피워 우리 문화를 살찌웠다. 500여 년 전 좋은 책 간행에 힘썼던 조선의 한 출판인 성종에게서 출판 발전의 해법을 배운다.

『오륜행실도』,
그 거울에 비친 흐린 모습

어떤 삶이 바른 삶인가. 예나 지금이나 인생의 큰 물음 중의 하나다. 좋은 책은 그 삶의 기준을 잡아주는 역할을 한다. 인륜의 측면에서 요즘 사회를 걱정하는 사람이 많다. 부모가 자식을 강물에 던지고, 남편이 아내를 자동차로 치어 죽게 하는 세상이다. 원인이 어디에 있든 삶의 기준점이 한쪽으로 치우치게 되면 인륜마저 저버리는 인간성 상실의 황폐함이 지배하게 된다는 사실을 보여주고 있다.

조선시대 바른 삶의 도리를 가르쳤던 책이 『삼강행실도』다. 이 책의 내용이 지금의 독자에게 큰 공감을 주지는 못할 것이다. 오히려 그러한 삶의 덕목을 가르치려 했던 옛사람들의 경직된 사고를 먼저 생각할지도 모른다. 그러나 바람직한 삶은 나와 내 주변에 존재하는 사람들과의 관계에서 이루어진다는 보편적 진리만은 예나 지금이나 변함없다. 중요한 윤리서였던 『삼강행실도』나 『오륜행실도』는 생명을 다하고 사라져간 책이 아니다. 묵은 때를 벗겨내고 21세기 현대 윤리라는 새 옷을 갈아입힌다면, 삶의 지침이나 기준이 될 수도 있을 것이다.

왜 만들었는가

어떤 책이든 존재 이유가 있게 마련이다. 『삼강행실도』가 처음 세상에 나온 것은 세종 때의 일이다. 세종 10년(1428) 10월, 진주에서는 총각 김화라는 사람이 그의 아버지를 백주에 살해한 사건이 발생하였다. 당시로는 상상할 수 없는 일이었다. 이 패륜적 행위는 온 나라의 민심을 들끓게 했고 급기야 세종에게까지 보고되었다. 세종은 이 지경까지 이르게 된 사회 풍조를 개탄하며, 땅에 떨어진 인륜을 바로 세울 방안을 진지하게 논의하게 했다. 신하들은 뚜렷한 자취를 남긴 효자의 행실을 책으로 간행하여 널리 읽게 하면, 아비를 죽이는 참혹한 일은 없을 것이라고 하였다. 이에 『삼강행실도』의 모체라고 할 수 있는 『효행록』이 간행되었다.

효자 열전인 『효행록』이 간행된 4년만인 세종 14년(1432)에 『삼강행실도』는 간행된다. 이 『삼강행실도』는 『효행록』과 다른 점이 많았다. 효자뿐만 아니라, 충신·열녀 등 대상 인물의 범위가 확대되고, 그림을 넣어 효과를 극대화하려 했다. 『세종실록』 기록에 보면 편찬 의도가 잘 나타나 있다.

간혹 훌륭한 행실과 높은 절개를 가진 사람이 있어도 이를 널리 알려 다른 사람의 마음을 움직이지 못하는 일도 또한 많다. 내가 남달리 뛰어난 행실을 한 사람을 뽑아, 그림을 그리고 찬讚을 지어 중앙과 지방에 나누어주니 어리석은 남녀들까지 다 쉽게 보고 느껴서 분발하게 되기를 바란다(『세종실록』 세종 14년 6월 병신).

세종이 『삼강행실도』 간행의 뜻을 밝힌 글이다. 바른 정치는 인륜을 밝히는 데서 출발한다고 보았고, 그 인륜을 밝히기 위하여는 백성의 타고난 본성을 회복하는 것이 우선되어야 한다고 생각했다. 그 본성 회복의 한 방법으로 충효열의 모범적 행동을 제시하여 그러한 행실이 사회에 재생될 수 있도록 한 것이다.

대부분의 관찬 윤리 서적이 목적성을 강조하고 있듯, 『삼강행실도』는 충효열에 집중된 인간형 제시를 통하여 유교적 윤리이념 구현을 추구하고 있다. 그러나 이것이 강압적 제시로 일관된 것이 아니라, 반윤리적 사회 현상 극복을 위한 인간 본성 회복 운동이라는 점도 기억해야 한다.

독자 확산을 위한 다중 장치

이 책의 간행 의도가 심적 감화를 통한 대중 교화에 목적이 있다면, 당연히 독자층을 고려한 편집이 전제된다. 그 첫 번째 실현이 삽화의 채택이다. 글을 읽지 못하는 독자층을 위한 배려이다. 이야기의 가장 긴장된 장면, 그리고 이야기의 흐름에 따라 강조되는 장면을 함께 그려 줄거리를 기억하도록 하고 있다. 여기에 내용을 함축한 찬讚을 첨부함으로

써 2중, 3중의 강조 효과를 꾀하고 있는 것이다. 즉 그림을 보고 실제 상황을 상상하게 하고, 시를 외우는 가운데 저절로 몸에 배어 본받게 하는 "피완기도 이상형용 풍영기시 이체성정披玩其圖 以想形容 諷詠其詩 以體性情"의 효과를 꾀하고 있는 것이다.

권채의 서문에 보면『삼강행실도』의 편집 체제가 자세히 나타나 있다.

- 중국에서부터 우리나라에 이르기까지 훌륭한 행실을 보이는 효자, 충신, 열녀 110인 선정
- 앞에 삽화를 그려 넣고, 뒤에 사실 기록 첨부
- 모두 시를 붙이되, 효자에 대하여는 명나라 태종이 효순孝順의 사실을 읊은 시와 이제현의『효행록』에 기록한 찬讚, 그 밖에 보신輔臣, 문신들의 시를 싣도록 함

이는『삼강행실도』의 편찬에 반영된 당대인의 편집 방침이라고 볼 수 있다. 이와 같이 하나의 사실을 그림, 운문, 산문 기록 등 표현될 수 있는 모든 방법을 동원하여 독자의 접근을 확대하고 있다. 여기에 "감사나 수령은 학식 있는 사람을 구하여 귀천을 가리지 말고 정성껏 가르쳐 분명히 깨달아 모두 다 알도록 하라"는 교서를 내림으로써 독자 확산을 위한 다중 장치 하나를 더 추가하게 된다.

시대가 그 책을 완성시키다

풍속 교화를 위해서 『삼강행실도』의 간행과 배포가 절실했던 만큼, 이에 대한 보완점도 지속적으로 언급되고 있다. 『삼강행실도』의 핵심 주제인 지난 인물들의 선행을 열거하는 것이 과연 효력이 있을 것인가에 대한 부정적인 견해가 첫 번째로 대두된다.

- 생각건대 오늘날의 사람과 옛사람은 시대도 다르고 생각도 다르다. 서로 멀리 떨어져 있어 얼굴도 알지 못하는데, 무엇을 미워하고 무엇을 흠모하여 따르겠는가.
- 『삼강행실도』에 실린 이외에 법될 만한 선행과 징계될 만한 악행을 모아 새로운 책을 만들어 인쇄 반포하면 사람들이 반드시 다루어 읽을 것이니, 교화에 도움이 있을 것이다(『중종실록』 중종 31년 5월 12일).

위의 글은 대제학 정초(鄭招 ? ~ 1434)가 『삼강행실도』의 발문에서 한 말로, 수록 선행 인물이 독자들과 근접하고 있지 않기 때문에 감화에 있어서 문제됨을 언급한 것이고, 아랫글은 중종의 말로 선행의 예시와 함께 악행의 인물도 수록했을 때 그 효과가 클 것이라는 생각을 말한 것이다. 세조는 내용이 현실성이 없고, 그 행적에 대한 시찬 역시 구태를 벗어나지 못하고 있다고 보아(『세조실록』 세조 11년 7월 기사), 『삼강행실도』와 여러 역사책을 상고하여 오륜에 관계되는 것 수십 조를 올리라고 하여 『오륜록』으로 편찬한다.

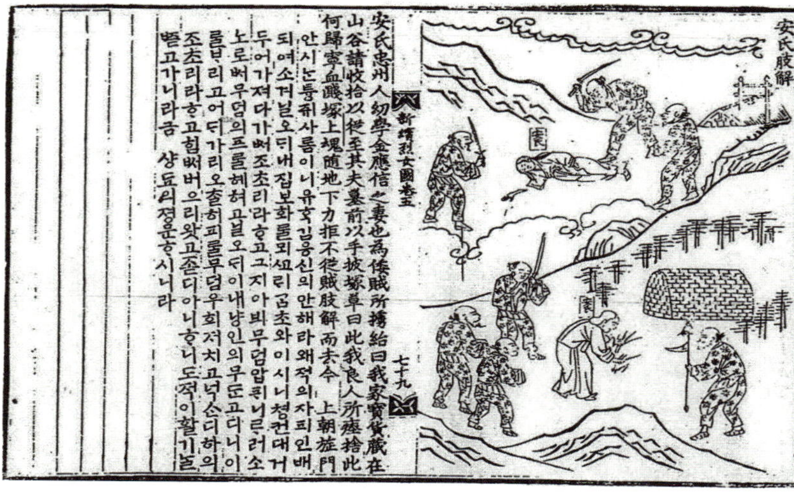

『삼강행실도』 1434년 세종의 명에 의하여 처음 편찬된 교화서. 효자, 충신, 열녀 등 본받을 만한 행적을 문헌에서 가려 뽑아 모든 사람이 알기 쉽도록 그림, 행적, 찬시를 붙였다.

성종 때에는 『삼강행실도』에서 열녀도만을 언해하여 간행한 바 있고, 동왕 21년(1489)에는 경기관찰사 박숭질이 "절행이 특별한 자를 택하여 초략인행抄略印行하여 모든 촌야村野에 반사한다면 여염과 소맹小氓으로 하여금 두루 알게 되어 풍화風化에 도움이 될 것입니다."(『성종실록』 성종 20년 6월 무자)라는 견해에 따라 『산정언해』 1책을 간행하기도 한다. 그러나 악행을 기록하여 경계를 삼도록 해야 한다는 중종의 생각을 반영한 책은 간행되지 않고 있다.

이렇듯 독자의 편의를 고려하여 편집, 내용에 있어서 많은 변화 과정을 거치면서 『속삼강행실도』, 『이륜행실도』, 『동국신속삼강행실도』 등 여

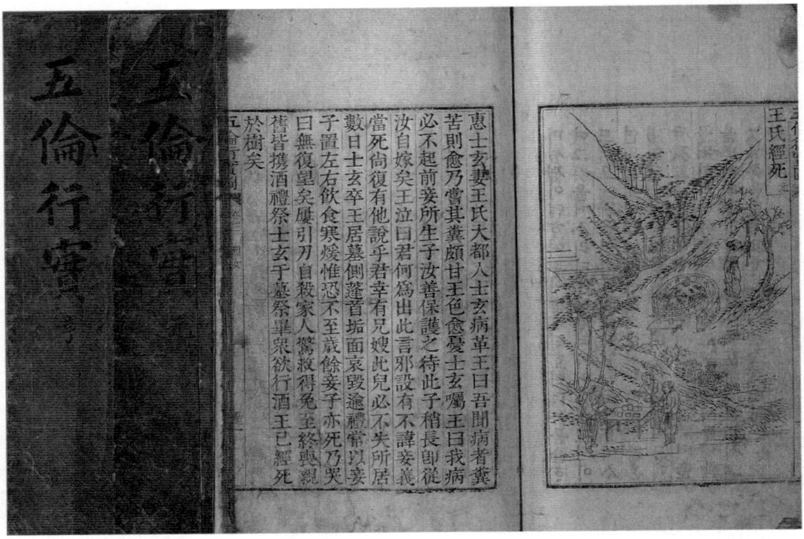

『오륜행실도』 1797년 이병모 등이 정조의 명으로 『삼강행실도』와 『이륜행실도』를 합책하여 편찬한 수양서. 체제는 『삼강행실도』를 따르고 있으나 도판은 한 장면만을 부각하여 간단하지만 실감나게 표현하였다.

러 종의 삼강행실계 교화서들이 지속적으로 간행되었다. 그러다가 정조 때에는 『삼강행실도』와 『이륜행실도』를 종합, 수정, 보완하여 『오륜행실도』란 이름으로 간행하였다. 사실상 『효행록』에서 출발한 윤리서의 간행이 『오륜행실도』의 간행으로 마무리되는 셈이다.

교화를 통한 본성 회복의 절실한 필요성에 의해서 『삼강행실도』가 간행된 지 500년을 훨씬 넘기고 있다. 당시 사람들에게 이 책은 자신의 행실을 들여다보는 맑은 거울이었을 것이다. 편집 측면에서도 독자 배려가 지속적으로 강화되는 흐름을 보여주고 있다. 그러나 그 책의 내용을 보태고 다듬어 다시 출간하는 일도 찾아보기 힘들다. 자기 처세술 도서가 인기를 끌고 있는 요즘이다. 『오륜행실도』의 그 자리를 처세 도서가 차지하고 있는 것이다. 옛사람들이 자신의 내면을 비추어보던 그 『오륜행실도』에 비친 우리의 모습은 어떤 모습일까? 그들보다 더 행복한 삶을 살고 있는가. 낡은 책장을 넘기면서 부질없는 생각을 한다.

조선시대 백과사전을 편찬했던 사람들

학문하는 선비 집안에는 사전 한 종씩은 갖추어 두고 있었다. 『패문운부』, 『연감유함』, 『고금사문유취』, 이런 책들이 서가에 꽂혀 있는 것만으로도 흐뭇했고 찾아오는 객들도 한없이 부러워하며 책장을 넘겼다. 책 구입하기가 수월치 않던 그 시절, 한번 장만한 사전은 과거시험 준비의 필수도서로 대물림하며 세월의 때를 묻혀갔다.

사전 이용이 주로 웹에서 이루어지는 요즘, 이런 류의 사전을 찾는 사람은 드물다. 단지 70년대 국학이나 동양학 전공자들이 어려운 생활에 벼르고 별러 소망하던 영인본을 구입했을 때의 그 넉넉한 지적 충족감을 간직한 채 서가의 한구석을 차지하고 있는 그런 책이 되었다.

옛사람들의 사전에 대한 마음가짐은 각별했다. 사전을 편찬하기 위해서는 해박한 지식도 필요하지만 아무나 쉽게 도달할 수 없는 그 끈기가 필요함을 알고 있었기 때문이다. 우리 사전 출판의 역사를 거슬러 올라가면 '유서類書'라고 하는 풍성한 지식 창고와 만나는 즐거움이 있다.

유서는 오늘의 백과사전과 같이 여러 분야의 풍부한 자료를 수록하여 이용자가 수시로 참고할 수 있도록 편집된 책이다. 당연히 정보 선택의 범위와 기준, 독자의 편의성을 중시한 배열 방법 등 책의 가치를 결정하는 중요한 요소를 충실히 지키고 있다. 시를 지을 때, 운을 확인하거나 단어의 용례를 찾는 데 필요하여 등장하기 시작한 유서는 독자의 욕구와 필요성에 따라 종합 주제와 단일 주제를 포괄하면서 우리 출판의 한 분야를 형성해왔다.

후대 비판, 더 두려워해야

우리나라 유서의 출발은 중국에서 출간된 유서에 기반을 두고 있다. 그렇다고 해서 처음부터 끝까지 체제와 내용을 그대로 수용한 것은 아니었다. 때로 현실성 있는 내용을 추가하고, 편집 체제에 변화를 시도하여 한국적 특성을 정착시켜 나갔다.

우리나라에 처음 들어온 중국의 유서가 1334년 원나라 음시부陰時夫가 찬한 『운부군옥』이다. 이 책은 한자의 운에 따라 선택된 내용을 편집 배열한 까닭에 시를 짓는 문인들의 열렬한 환영을 받았다. 초기 유입 이후 1437년(세종 19) 강원도 관찰사 유계문에게 명하여 중국 책을 그대로 복각하여 수요를 충족시켰다.

조선조의 유서 편집자는 여럿 있지만 그중 중종대의 이희보와 선조대의 권문해가 대표적 편집자라 할 수 있다. 이희보는 중국의 유서를 정리하여 재출간하는 데 기여했고, 권문해는 혁신적 변화를 시도한 편집자라는 데 의의가 있다. 이희보는 중국의 『운부군옥』을 산정刪定 신증新增하는 책임을 맡아 진행한 일이 있다. 그때 그가 올린 상소를 보면 유서 편찬의 신중한 태도를 발견할 수 있다.

> 나이 들어 외람되이 『군옥群玉』을 찬집하는 임무를 맡았습니다. 제대로 된 책을 만들어야 한다는 생각에 잠을 잊고 끼니도 거르며 걱정해왔습니다. 잘못된 것을 살펴 바르게 하고, 중복된 것을 산정하고, 전집에서 뚜렷한 것은 속집에서 삭제하고, 지난해 봄부터 올 중추까지 하루도 쉬지 않고 힘과 마음을 다하여 나라에서 맡긴 뜻을 저버리지 않으려 하였습니다.
> 더구나 『운부』의 글은 유가의 큰 모범이 되므로 하나라도 잘못된 데가 있으면 만세에 폐단을 끼치게 됩니다. 어찌 차마 감당할 수 없는 줄 알면서 한때의 책망만을 면하려고 만세의 비평은 돌보지 않겠습니까(『조선왕조실록』 중종 39년 8월 5일 신미).

16세기 사전 편집자 이희보의 생각을 적은 글이다. 충실한 책을 만들어야 한다는 부담감, 여기에 소명의식을 함께 느낄 수 있다. 내용이 잘못되면 이는 곧 후대에 폐를 끼치는 것이 되고, 현재의 칭찬보다 후대의 비판을 더 두려워해야 한다는 것이다. 이러한 자세로 간행된 조선판『운부군옥』은 성종 때에는 중국으로 역수출되기도 하였다(『조선왕조실록』 성종 16년 10월 10일 정해).

가문이 이룩한 조선의 책

중국 유서 재간행이나 부분 개편에서 벗어나 우리 실정에 맞는 유서가 간행된 것은 선조 때다. 권문해는『운부군옥』의 체제를 근간으로 여러 문헌을 두루 섭렵하여 단군시대부터 편찬 당시까지 우리나라의 역사, 지리, 인물, 문학, 식물 등을 총망라하여 운별로 분류 편찬하고『대동운부군옥』이라 이름하였다. 중국의 그것을 걷어내고 그 자리에 조선의 지식으로 가득 채운 것이다. 그 해가 1589년, 중국에서『운부군옥』이 간행된 지 255년 만에 우리의 실정에 맞는 우리의『운부군옥』을 만든 것이다. 편찬은 완료되었지만 임진왜란으로 간행을 보지 못하다가 1812년(순조 12)에 와서야 간행을 시작하여 1836년(헌종 2) 완간하였다. 세상에 빛을 보기까지는 또 200여 년의 긴 세월을 기다려야만 했던 것이다.

이 책이 먼지 묻은 서궤에 갇혀 있지 않고 빛을 보게 된 것은 조상의 뜻을 저버리지 않으려는 예천 권문의 끈질긴 노력이 있었기 때문이다. 20권 20책, 한 질을 꼬박 필사하여 정산서원에 소장케 한 아들 별鼈, 그는 아버지의 저서에서 중요 사항을 가려『해동잡록』을 펴낸 인물이기도 하다. 낙향한 양반 가문의 재력으로는 도저히 엄두도 못 낼 만큼 엄청난 비용이 들었기에 조상에 대한 부끄러움을 한 자 한 자 옮겨 쓰면서 마음

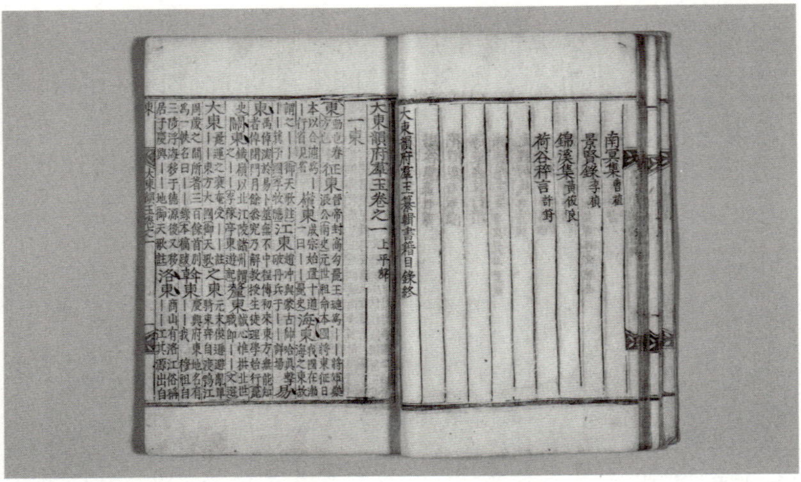

『대동운부군옥』 단군 때로부터 편찬 당시까지 우리나라의 지리·역사·인물·문학·식물·동물 등을 총망라하여 운별韻別로 분류해 놓은 책이다. 1589년 권문해가 편찬을 완료하였고 1836년 20권 20책으로 완간하였다.

에 새기고 또 새겼던 것이다.

조상에 대한 죄스러움을 접지 못한 채 세월은 흘렀다. 권문해의 7대 종손 진한에 이르러서야 간행 논의가 구체화되고 간행 비용 충당을 위한 방안도 마련되었다. 둘째 낙진은 당시 뛰어난 문장가 정범조에게 원고를 들고 가 서문을 부탁했다.

그러나 간행의 중책을 맡았던 진한, 낙진 형제는 가문의 뜻을 이루지 못한 채 아쉽게 눈을 감았다. 간행의 뜻은 8대로 이어졌다. 진한의 아들 현상이 아버지, 삼촌이 주도했던 간행 사업을 이어 판각에 착수한 지 24년만에 완성을 보게 되었다. 역사적 문화사업을 지조 있는 예천 권씨

가문에서 이룩한 것이다.

조선 지식을 담을 조선의 백과사전을 원했던 조선 사람 초간 권문해는 중종 29년(1534) 경북 예천군 용문면 죽림리에서 태어나, 선조 24년(1591) 58세로 세상을 뜨기까지 성균관 사성, 춘추관 편수관, 홍문관 제학, 승정원 부승지, 공주 목사 등 내외직을 두루 거친 강직한 선비이자 학자였다. 그런 그가 늘 탄식한 것은 조선의식 부재의 당시 학문 풍토였다.

> 선비된 자가 중국의 일은 마치 어제 일어난 일처럼 명료하게 말하면서 우리의 사실에 있어서는 수천 년 전의 일처럼 망연하다. 마치 눈앞에 있는 사물을 보지 못하면서 천 리 밖에 있는 것을 그리는 것과 다를 바 없다(『초간선생연보』).

이러한 의식이 조선 백과사전을 편찬케 하는 원동력이 되었다. 그리하여 일반 유학자들이 비루하다고 여기는 것, 참람하다고 여겨 배제되었던 것을 추슬러 담았던 것이다. 이 책의 첫머리에는 중국 제서와 동국제서로 구분하여 인용 서목을 밝히고 있는데, 중국 서적은 10종, 우리나라 서적은 172종이다. 이 인용 서목 중에는 『편년통록』, 『주관육익』 등 이 책에서만 인용하고 있을 뿐, 자취를 찾을 수 없는 가치 있는 책들이 많이 포함되어 있다.

『대동운부군옥』 목판 『대동운부군옥』을 찍어낸 목판이다. 예천 권씨 종택 백승각에 600여 목판이 보존되어 있다. 목판과 고본은 보물 제878호로 지정되었다.

서문을 쓴 정범조는 "『운부군옥』은 천 년의 사실을 모아 107운 아래 배열하였으니 진실로 운학의 넓은 바다라고 할 수 있지만, 이는 중국의 책이지 우리나라의 일은 아니다. 초간 권문해 선생이 이 책을 쓰게 된 이유가 바로 이것이다."라고 칭송하였다.

선조의 뜻을 저버리지 않고 간행에 힘을 모은 예천 권문의 정성 또한 갸륵하다. 후손들은 목판을 보관하기 위해 서고를 짓고 백승각이라 이름하여 여기에 목판을 보관하였다.

1986년 10월, 국가에서는 이 목판을 보물 878호로 지정했다. 글자를 새겨 놓은 나무판이 왜 보물이 될까. 아마도 그것은 중국 중심의 사고가 팽배했던 당시, 조선의 책을 간행하여 후손에게 남겨주고 싶었던 편집자 권문해의 뜻, 그리고 그 뜻을 저버리지 않기 위해 대를 이어 노력한 예천 권문의 바른 정신이 거기 함께 새겨 있기 때문이다. 경상한문학연구회의 젊은 한학자들이 이 책을 현대화하여 10권으로 간행한 바 있다.

옛사람들의 책 읽기

역사 이래 외국인이 우리 민족의 특성을 표현한 기록은 많다. "고구려 사람은 책을 매우 귀중하게 여겨 경당扃堂이라는 큰 집을 짓고 젊은이들이 밤낮으로 책 읽고 활쏘기를 익혔다." 『구당서』 동이전에 나오는 기록이다. 이 책이 완성된 해가 서기 945년이니 외국인이 우리 민족을 평한 글로는 아마 최초일 것이다. 이 기록을 대할 때마다 문무를 겸비한 고구려 젊은이의 기상을 다시 보는 것 같아 흐뭇해진다.

책을 왜 읽었나

책을 왜 읽는가 하는 문제는 새삼스러울 것이 없다. 책을 만드는 사람은 독자와의 정서적 접촉을 생각하게 된다. 어디에 비중을 두느냐 하는 차이는 있겠지만, 강력한 메시지를 발신하고자 하는 저자의 노력은 치열하다. 이 메시지가 독자의 지적 욕구나 정서적 충동을 자극하게 된다. 책을 통해서 발신된 메시지는 독자의 정서로 수신된다. 메시지를 수신하는 순간, 강력한 전기적 전도가 일어난다. 이것이 감동이다. 전기적 전도는 인생의 방향도 바꿀 수 있는 힘을 갖고 있기 때문에 세상의 그 무엇보다 소중한 것이 된다. 옛사람들이 생각한 독서의 효용적 가치는 여기에서 한발도 물러서지 않는다. 그러나 그런 책만 만들 수도 없고, 그런 책만 읽을 수도 없다.

거슬러 올라가 조선시대의 어느 지점에 이르면 한 점 흐트러짐 없는 바른 자세로 근엄한 글 읽기만을 강조한 때가 있었음을 발견하게 된다. 마음을 닦는 수양의 도구, 사유의 폭을 넓혀가는 사색 과정으로서의 책 읽기가 강조되었던 것이다. 조선시대 책을 읽어야 하는 이유와 방법, 절차 등은 주자의 『주자어류』에 수록된 '독서법'을 금과옥조로 여겨 변함없이 수용되었지만, 율곡 선생의 『격몽요결』에 수록된 '독서장'의 내용은 당시 청소년의 독서 의욕을 자극하는 촉진제가 되었다. 사물에 이끌리지 않는 주관적 자세를 강조한 율곡 선생은 삶의 지향점인 도의 터득과 실천은 책을 통해서만 가능하다고 보았다.

도에 들어가기 위해서는 사물의 이치를 깊이 탐색하는 것이 가장 먼저 해야 할 일이다. 또 이치를 탐색하기 위해서는 책 읽는 것을 가장 먼저 해야 한다. 성현이 마음을 다스린 자취와 본받을 만한 착한 행실, 경계해야 할 악행, 이 모두가 책에 담겨 있기 때문이다(『격몽요결』 독서).

도의 터득은 깊은 사색을 통해서 가능한데, 그 사색을 가능하게 하는 것은 독서라고 본 것이다. 실학의 초기를 장식하고 있는 안정복도 "학문하는 데 있어서 궁리보다 앞서는 것이 없고, 그러한 궁리의 요체는 반드시 독서에 있다."(『하학지남』 권상 독서)라고 하여 율곡 선생과 같은 선상에서 독서를 강조하고 있다.

이러한 독서 인식을 기반으로 할 때, 한 권의 책을 수천 번 반복하여 읽는 끈기가 나올 수 있고, 책의 내용 전체를 머릿속에 넣을 수도 있었던 것이다. 율곡 선생은 또 『격몽요결』에서 "글을 읽는 사람은 반드시 단정하게 바로 앉아 공경스럽게 책을 대하여야 한다. 마음을 극진히 하여 바르게 생각하고 깊이 파고들어 뜻을 이해하여야 한다. 만일 입으로만 외우고 몸으로 행하지 못하면 글은 글이요, 나는 내가 되고 말 것이니 무슨 이익이 되겠는가."라고 하였다.

바른 자세로 독서하는 옛 선비의 모습을 떠올린다. 빈틈없는 완벽함으로 내면을 단련하고, 읽은 것을 실천하는 강인한 의지도 보인다. 이러한 책에 대한 기본적 인식은 책에 대한 신성성을 부여하게 되고, 책은 도를 담는 그릇이라는 정형화된 인식의 틀을 마련하는 데 기여한다. 책을 숭고하게 만들기는 하지만, 소위 실용적 가치, 정보의 교류, 오락적 욕구를 반영하지는 못하여 다양한 분야의 발전을 저해하는 요인으로 작용할 수도 있었다.

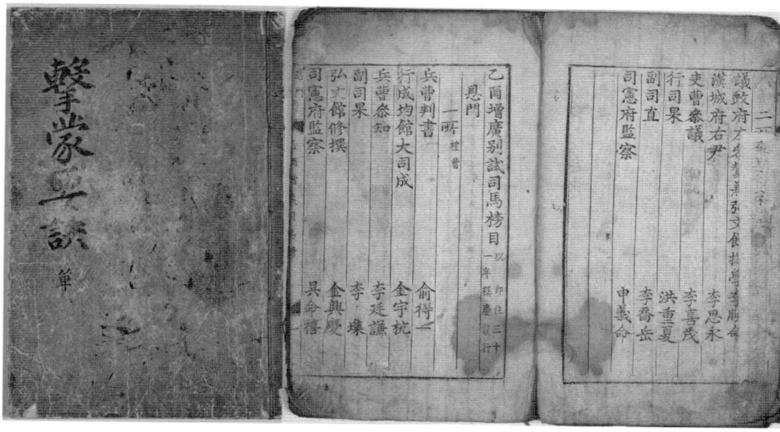

『격몽요결』 1577년(선조 10) 이이李珥가 학문에 뜻을 둔 제자들을 가르치기 위하여 지은 책이다. 제4장 〈독서〉에서는 독서의 중요성, 읽을 책의 핵심 등을 밝히고 있다.

어떤 책을 읽었나

유교 경전 중심의 독서관이 지배적인 가운데에도 어떤 책을 읽어야 하는가 하는 문제는 꾸준하게 논의되었다. 학자들 사이에는 나름대로 필독도서 목록을 제시하기도 하였지만 책 읽기의 기본은 잡서를 보지 말라는 것이었다.

퇴계 선생은 공부하는 학생들이 "사서오경과『소학』,『가례』를 중심으로 하되, 여러 역사책이나 자집子集, 문장文章, 과거학문科擧學問은 본말·경중·완급의 차서를 지켜 널리 통하도록 해야 한다."고 했다. 또 사탄邪誕·요이妖異·음벽淫僻한 책을 가까이하여 지혜를 어지럽히는 일이 없도록 할 것을 강조하였다(『퇴계집』 권41 이산원규伊山院規). 이렇듯 퇴계 선생은 유교 경전에 독서의 중심을 두되 다른 분야에도 관심을 가져야 함을 말하고 있지만, 어명철 같은 이는 다른 학문에 눈돌리는 것을 용납하지 않는다.

> 10년 동안 독서를 안 하면 다만 몽매해질 뿐이지만, 속학을 가까이할 경우에는 비록 얻은 바가 조금은 있다 하더라도 가장 중요한 본심을 잃게 되니, 차라리 독서를 안 하는 편이 훨씬 낫다(『둔재사고遯齋私稿』 권2).

윗글은 잡글을 읽으면 오히려 본심을 잃어버리는 피해가 있음을 강조하고 있다. 정도의 차이는 있으나, 이러한 경전 중심의 독서 인식이 지배적이었다. 조선 후기 서명서는 필독서 선정에 유가 서적뿐만 아니라 불가·도가 서적, 우리나라 사람들이 저술한 책을 포함하고 있어 주목된다. 그런 점에서 그는 포괄적 독서의 필요성을 강조한 사람이라고 할 것이다. 그는 '독서론'에서 원나라 정단례程端禮가 나이에 따라 읽어야 할 책을 선정하여 '독서분년일정讀書分年日程'을 만든 것과 같이 당시 우리나라 사람들이 읽어야 할 책을 나이에 따라 단계를 구분하여 제시하기도 했다.

기억력이 왕성한 6세부터 15세 사이의 소년기에는 『효경』, 『소학』, 『대학』과 우계·율곡의 문집 등을 읽어야 하고, 16세부터 25세 사이의 청년기에는 사서육경四書六經 성리제서性理諸書 등을 읽어야 한다고 했다. 또 이후 35세까지는 『이십이사二十二史』, 고금문집, 유서, 자통 등 전 분야의 서적을 두루 섭렵토록 하며, 35세 이후부터는 덕업德業이 숭광崇廣하니 경학에 전심할 것을 주장하였다(『만옹집晩翁集』 권3 도설).

심성의 발전에 따른 나름대로 읽어야 할 분야를 제시하고, 읽어야 할 책을 다양한 분야로 확대해 간 것은 종전의 학자들이 제시한 도서 목록에서 찾기 어려운 점이다. 그만큼 그의 독서 의식은 정형화된 틀을 벗어나 근대정신에 접근하고 있음을 보여주는 것이다.

이단인가, 자유로움인가

어떤 책을 읽어야 할 것인가 하는 문제는 상당히 중요한 문제였다. 성종은 천성이 학문을 좋아했던 인물이다. 당시 신하들과 학문을 논의하는 경연에서 『노자』, 『장자』 등 이단의 서적을 텍스트로 하여 강독할 것을 주장하였다(『성종실록』 성종 14년 1월 18일). 요즘으로 치자면 기독교 신자들이 불경을 함께 읽고 공부해 보자는 것과 같은 혁신적 발상이었다.

당연히 승정원에서는 강력히 반발할 수밖에 없었다. 안 된다고 거부하는 승정원 승지들을 향하여 "노장서를 읽는 것을 잘못이라면 경전 가운데 『장자』를 인용한 곳이 한두 군데가 아닌데, 그것을 모두 없애 버린 뒤에 읽어야 되지 않겠느냐"고 호통을 치지만 신하들의 강경한 반대는 수그러들지 않았다. 왕의 설득은 일주일간 계속되었다. 하지만 노장서 강독은 결국 이루어지지 못했다.

이러한 일이 있은 1년 뒤에는 『문한유선』을 가지고 같은 논란이 벌어졌다. 성종은 이 책을 읽다가 이해하지 못할 곳이 많아 이를 경연에서 강

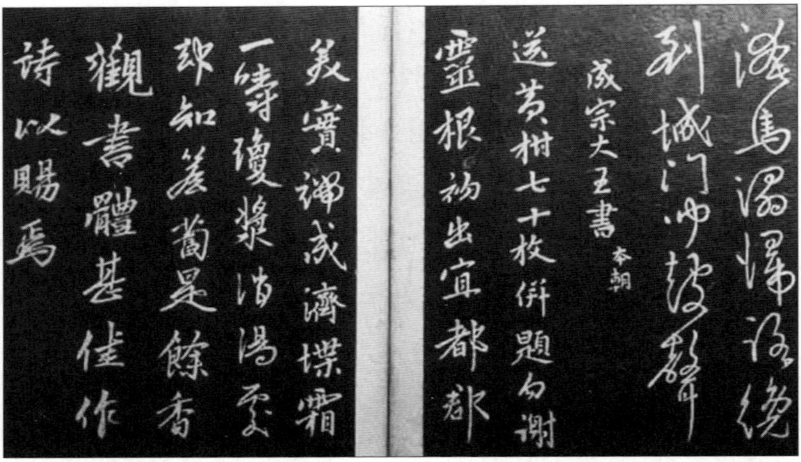

성종의 필적 성종은 우리 실정에 맞는 도서 간행에 힘썼으며 당시 사대부들의 생각과 달리 다양한 분야의 독서를 주장했다.

할 것을 승정원에 전교하였다. 『문한유선』은 중국 역대 문인들의 글을 분류 편찬한 문학 서적이다. 그런데도 좌승지 성건成健은 이 책이 음란한 내용임을 들어 강독을 거부하였다.

음란한 내용이라야 요즘 음란의 개념과 비교할 것은 아니다. 남녀의 이별, 그리움을 노래한 순수한 작품이다. 성종은 분개하였다. "『시경』의 국풍에는 이러한 내용이 허다한데도, 그것은 강의하면서 왜 이 책은 못하게 하는가. 지금 너희들은 국풍을 진강할 수 없다는 것과 무엇이 다른가?" 답답한 신하들을 책망하지 않을 수 없었다.

신하들은 대답하였다. "국풍은 성인의 경전인 까닭에 음란한 글이 실려 있다고 하더라도 이로 인하여 경계할 수 있으니 임금이 알지 않으면 안 됩니다. 『문한유선』은 사조를 편집한 것인데 어찌 감히 국풍에 비할 것이겠습니까"(『성종실록』 성종 15년 10월 9일). 신하들도 답답하기는 마찬가지였다. 임금께서는 왜 이 좋은 책을 두고 굳이 다른 데로 눈을 돌리고 있느냐는 식이다. 성종은 물러서지 않았다.

> 이러한 책들은 보지 못한다면 단지 경서만 읽어야 마땅하다는 말인가. 그렇다면 궁궐에 간직해둔 여러 책을 모두 찾아 내보내고 단지 사서오경만 남겨두어야 하지 않은가(『성종실록』 성종 24년 12월 29일).

오늘의 시각에서 다양한 책을 읽어야 한다는 성종의 생각은 당연히 옳은 것이었다. 그렇다고 해서 그러한 생각을 받아들이지 못했던 신하들은 지극히 고루한 생각의 소유자였던가. 유교 이념을 치도의 도구로 삼아야 할 백성의 어버이가 사도에 빠져서는 안 된다는 것이 신하들의 생각이었을 것이다.

그들의 독서관과 책의 선택에 관한 논란이 따뜻하게 느껴지는 것은 무엇 때문일까. 책의 가치를 그만큼 소중하게 생각했던 당대인들의 순수한 마음이 읽혀지기 때문이다.

조선 문인의 시정신을 키운 편집자들

여러 사람의 시를 모아 간행하는 시선집 출판은 나름대로 한 흐름을 형성하면서 근대출판으로 이어진다. 찬시집纂詩集이라 불리기도 한 이 출판물은 시 감상이라는 기본 역할과 함께 시작품의 평가, 정리, 그리고 전승이라는 차원에서도 큰 의의를 지닌다.

이 시선집 출판에 있어 전제되는 것은 편자가 어떤 기준으로 시를 가려 뽑는가 하는 선의식과 시선집 출간에 부여하는 문화사적 의미이다. 선의식은 시선집의 내용을 결정하는 근원이 되며, 출간의 의미 부여는 시선집 존재 원인이 된다.

이렇듯 시선의 주체는 시선집 편찬을 통하여 단순히 시작품을 모은다는 의미보다는 나름의 분명한 편찬 의도를 갖고 있었다. 이에 따라 작품의 질적 선택, 양적인 안배, 또는 작품의 의도적 배열 등 편집 행위가 시도되었다. 시선집은 바로 이러한 편집자의 의식적 노력의 결과물이다.

선하기 전에 먼저 시를 알아야

우리나라에서 시선집 편찬이 이루어지기 시작한 것은 고려시대다. 중국에서 간행된 『문선』 등을 읽어오던 당대 시인들은 우리 문인의 작품을 뽑아 간행할 필요성을 절실히 느꼈다. 김대현이 『동국문감』을, 최해가 『동인지문』을, 조운흘이 『삼한시귀감』을 편찬하였다.

고려조 시선의 전통은 조선조에 이어져 초기에 『동문선』의 간행을 보게 된다. 이는 시뿐만 아니라 신라에서부터 고려·선초에 이르기까지의 각 체의 시문을 선하여 당시 예문각 대제학으로 있던 서거정(1429~1488)이 주도적 역할을 하여 성종 9년(1478)에 133권으로 간행을 본 대표적 시문선집이다.

시선집 편찬에 필요한 일차적 행위는 시를 가려 뽑는 일이다. 이는 시선집의 성격을 결정짓는 근본적 원인이 되기 때문에 중요한 의미를 지닌다. 시선에 대한 기본적 태도와 주체자가 지녀야 할 자질의 문제에 있어서 당대인들은 어떻게 의식하고 있었는가.

> 시를 안다는 것은 시를 짓는 것보다 어려운 일이다. 예부터 시에 능한 사람도 선시하는 것을 어렵게 여겼다…. 시를 선하는 자는 박학굉량하지 않으면

시의 정핵을 선하는 데 어려움이 있을 것이다(홍만종, 『시화총림』 附證正).

시를 뽑는 사람의 자질을 들고 있다. 시선의 최고의 지향점은 뛰어난 작품을 선하는 데 있으며, 이를 수행하기 위한 자질로 넓은 도량이 있어야 한다고 보았다. 또한 정만조(1858~1936)는 〈대동시선서〉에서 시를 뽑은 사람의 자질을 다음과 같이 말하고 있다.

> 시를 선하는 자는 문장의 법안法眼이 있어야 한다. 뿐만 아니라 반드시 인인지공심仁人之公心이 있어야 한다. 그래야만 중미를 고루 갖추어 집대성할 수 있다.

문장에 대한 법안과 인인仁人의 공심公心을 시선자로서 갖추어야 할 기본 자질로 본 것이다. 법안은 앞에서 홍만종의 지시와 상통하고, 인인지공심은 박학굉량과 통한다. 결국 숙종조의 홍만종이나 근대 정만조의 시선에 관한 관점은 근본적인 면에서 큰 차이를 보이지 않는다. 다만 시선의 지향점이 정핵精覈과 중미衆美라고 하는 차이를 드러내고 있을 뿐이다. 이렇듯 시선집을 편찬한 옛사람들은 시를 가려 뽑는 사람의 자질로 시적 능력뿐만 아니라, 인품을 들고 있었다.

시선집 편찬의 역동성

시선집의 서문 등을 검토해 볼 때, 편찬자들이 지니고 있는 관점 중의 하나가 앞서 간행된 시선집에 대한 부족한 점의 지적이다. 이러한 지적은 시선의 태도에 집중되고 있다.

> 서거정의 『동문선』은 하나의 유취類聚에 불과할 뿐 선한 것은 아니다. 양곡 소세양이 편한 『속동문선』은 취사가 공평하지 못하여 애증에 끌린 것이 있으며, 점필재 김종직이 편한 『청구풍아』는 다만 정간精簡만을 취하고 발월發越한 것은 버렸다. 유서형이 편한 『속청구풍아』는 여탈與奪이 불명하여 요령을 얻지 못하고 있다(홍만종, 『시화총림』 附證正).

홍만종의 이 말은 『동문선』, 『속동문선』, 『청구풍아』, 『속청구풍아』 등에 있어서 각각 문선이 잘못되고 있음을 지적한 것이다. 즉 『동문선』은 문선의 개념이 도입되지 않은 채 유별로 분류해 놓은 것에 불과하며, 『속동문선』은 문선에 애증이 개입되고 있어 공정한 선이 되지 못함을 지적하였다. 『청구풍아』의 발월한 것을 놓치고 있는 것, 『속청구풍아』의 여탈 불명 등을 부정적인 요소로 지적하였다.

문선에 있어서 편집자의 주관이 완전히 배제될 수는 없다. 단지 그 주관성이 보편성을 획득할 때 시선의 의미는 독창성으로 작용한다. 선행 시선집에 대한 비판적 시각은 지속적으로 나타나고 있다.

성현은 『청구풍아』의 선문 태도를 비판하고 있다.

> 김계온은 오로지 글이 번화한 것을 싫어하고, 다만 온후한 글만 취하니 비

록 규범에는 뜻을 이루었으나 메마르고 기세가 없어 볼만한 것이 못 된다. 그가 찬한 『청구풍아』는 비록 시가 문과 같지는 않다 하더라도 조금 호방한 시들은 버리고 채록하지 않았으니 이는 어찌 지극히 편벽된 일인가(성현, 『용재총화』 권10).

김종직이 문을 선하여 편한 『동문수』와 시를 선하여 편한 『청구풍아』를 함께 비판하고 있는데, 선한 시문의 내용적 경향에 대한 비판이 주류를 이룬다.

이렇듯 선행 시선집에 대한 비판 대상은 주로 시선의 관점에 주어지고 있으나, 이 점을 비판하고 간행한 후대의 시선집 역시 또 후대의 비판을 받고 있다는 점이 주목된다. 남용익은 『동문선』이나 『청구풍아』의 시선의 태도를 비판하고 『기아』를 편찬하였지만, 이 역시 후대의 『대동시선』을 편한 장지연, 정만조 등의 비판을 받게 된다.

이런 연쇄적 비판의 고리가 시선집 출판의 발전을 가져오는 역동적 힘이다. 뿐만 아니라, 이러한 비판적 시각은 편집자를 벗어나 시인으로 확대되면서 그들의 시정신을 자극하게 된다.

조선 시, 조선 정신

시선집 편찬의 중요한 기제로 작용하고 있는 것 중의 또 다른 하나가 자주적 문화의식이다. 이는 중국의 문화권에서 우리의 것을 찾으려는 독자적 노력이라 할 수 있다. 구체적으로 문학 작품에 있어서 비록 표기는 같

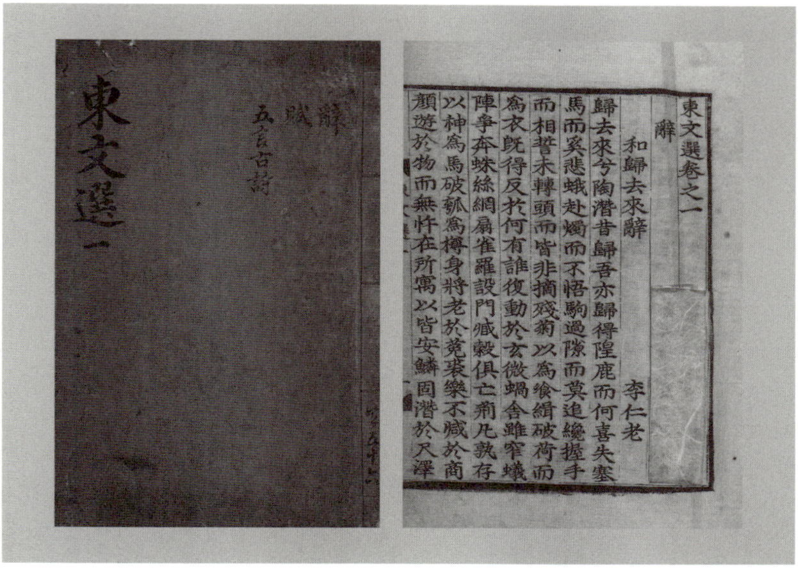

「**동문선**」 성종의 명으로 서거정이 중심이 되어 1478년에 편찬된 우리나라 역대 시문선집이다. 130권과 목록 3권 합 45책이다. 서거정은 수록 작품의 선택의 기준을 '사리詞理가 순정醇正하고 치교治敎에 도움되는 것'에 두었다.

이하고 있지만, 분명히 중국의 그것과는 구분되어야 한다는 생각이다. 조선 초에 서거정이 『동문선』을 편찬한 근본적 원인도 그가 쓴 서문에 따르면 이 자주의식에서 출발한다.

> 우리나라에서는 여러 성군이 서로 이어 함양하기 백 년 동안에 나온 인물들은 위대하고 정수精粹하여 문장을 지음에 있어 동탕발월함이 옛날에 손색이 없습니다. 이것은 우리 동방의 문이 송원의 문도 아니요, 한당의 문도 아니며 바로 우리나라의 문이기 때문입니다(서거정, 〈동문선 서〉).

중국『문선』의 체에 따라 류로 구분하여 선록하였지만, 그 이면에는 우리의 작품을 송원宋元·한당漢唐의 글과 같이 취급할 수 없다고 하는 자주적 인식이 자리하고 있다. 또한 시선집의 편찬이 상고적인 태도에 의해서 이루어진 것이 아니라, 자신의 시대를 가장 문화가 찬연히 발현된 시기로 인식하고, 이를 수용할만한 문화적 기반이 충분히 갖추어졌다고 인식하는 태도이다.

앞에서와 같이『동문선』이 비록 일부 관련 문인들로부터 문선의 방향에 있어 비판 받기는 하였으나, 중종 13년(1518)에는『속동문선』이 간행되고 숙종 39년(1713)에는 전후의 동인 시문을 새로 뽑아 목록과 함께 33권을 인출하여 청나라에 보내는 일련의 활동은 자주의식의 발로라고 보아도 무방할 것이다.

이러한 문화적 자주의식은『대동시선』을 편찬한 장지연에게서도 찾을 수 있다.

> 세상에 시를 말하는 자들은 항상 중국을 높이고, 우리 것을 낮춘다. 우리나라 사람이 외국 것을 좋아하고 멀리 있는 것을 귀하게 여기는 것이 어찌 여기에 머물겠는가……. 다만 성운·체제·사구의 공졸만을 논하는 것은 시를 알지 못하는 자들이다. 우리나라에는 우리의 시가 있고, 중국에는 중국의 시가 있다(『대동시선』 서).

우리나라 시를 폄하하는 데 대하여 반박하고 '중국에는 중국의 시가 있고, 우리에게는 우리의 시가 있다'는 인식은 우리 문화에 대한 자주적 인식이라고 할 수 있다. 이러한 중국시와의 변별적 태도는 이미 최해의 글에서도 나타나는데, 그는 『동인지문』 서에서 "우리나라의 말은 이미 중국과 다른데 그 뜻을 얻음에 있어 어찌 스스로 낮추고 양보하겠는가"라 하였다. 이는 물론 성운, 체제, 사구 등에 있어서 중국 것과 비교 평가하는 태도를 지양해야 한다는 뜻으로 파악된다.

개인적 취향에 치우침 없는 공평한 시선의 태도, 선행 시선집에 대하여 바른 방향을 제시한 비판정신, 중국 문화에 대한 확고한 자주성, 이것이 바로 조선시대 시선집 편찬이 지속적으로 이루어지게 되는 힘이며 문인들의 시정신을 지키고 키워왔던 편집자 정신이라고 할 것이다.

옛날식 도서 유통

책이 귀했던 시절의 이야기다. 강담사라는 직업을 가진 사람이 있었다. 그들은 시장을 떠돌며 구수한 입담으로 청중을 사로잡았다. 인기도 있었고 돈도 벌었다. 소설책을 전문으로 읽어주는 강독사도 있었다. 책도 귀했고, 글을 아는 사람도 드물던 시절이라, 사람들을 빙 둘러앉게 하고 『장화홍련전』을 감정 넣어 읽어내려가면 듣던 사람들은 눈물을 줄줄 흘렸다. 클라이맥스에 다다르면 여기서 오늘은 중단, 다음 장날을 기약해야 했다.

동대문 밖에 살던 이업복이라는 사람은 당대 장안에 이름을 날리던 강독사였다. 이들은 종로 바닥을 정기적으로 돌며 책을 읽어주고 돈을 벌었고, 부잣집을 다니며 마나님들에게 소설책을 읽어주었다. 그만큼 책은 많지 않았고 귀했다.

그 시절 국제도서 무역상

외국 낯선 도시의 서점에 들렀을 때, 잘 만든 책과 만나는 일은 큰 즐거움이다. 여유가 있어 그 책을 선뜻 사들고 돌아올 때의 기쁨은 더하다. 옛사람들도 마찬가지였다. 중국에 가는 사신들은 출발하기 전에 미리 그곳에서 구입할 서적 목록을 작성해서 가지고 갔다. 서명, 저자, 권수 등 도서정보를 적었는데 이를 '구무서책단자求貿書冊單子'라 하였다. 종사관이 가지고 가는 이른바 '뇌거사목賚去事目'에도 구입해야 할 서적에 관한 유의 사항을 기록하기도 했다.

사은사·정조사·성절사 등 중국을 오가는 사신은 중국 조정의 요구에 따라 우리 책을 가져가기도 하고, 반대로 중국 책을 들여오기도 하는 공식 도서무역상 역할을 했다. 이들이 구입해 오는 책은 당연히 신간이거나 귀중본이었다. 한명회가 중국에서 『신증강목』 등 7종의 책을 가지고 와 임금께 올리며 "이 책은 중국에서도 드문 것인데, 한번 잃어버리면 다시 사기 어렵습니다."(『조선왕조실록』 성종 6년 6월 5일)라고 하며 임금 앞에서 으스댔다. 또 성절사로 북경에 다녀온 이창신(1449~?)이 『소문충공집』을 임금께 올렸더니 임금은 "참 좋은 일을 하였구나. 잘하였다."라고 크게 칭찬했다(『조선왕조실록』 성종 17년 12월 28일). 책을 매개로 임금과 신하의 푸근한 정을 느낄 수 있는 일들이다.

일본과는 항상 우리가 베푸는 쪽이었다. 그들이 조선 조정에 와서 요구하는 것은 주로 불교 경전이었다. 올 때마다 매번 불경을 요구하니 조정에서는 짜증이 날만도 했다. 한 번은 전국을 뒤져 간신히 경전을 마련해 주면서 "우리나라는 불교를 신봉치 않으니 공사간에 불경이 남아 있는 것이 하나도 없다. 이번에도 너희들 때문에 전국의 절을 다 뒤져 겨우 마련하였다."라고 마지막임을 강조했다(『조선왕조실록』 성종 21년 9월 계유).

유교 경전이나 문학 서적을 내려주는 데는 관대했다. 『논어』·『맹자』 등 유가 경전, 『동파시』·『두시』 등 문학 서적을 일본 사신 편에 보낸 기록도 보이는데, 성종은 『논어』와 『맹자』만을 내려 주자는 예조의 계를 묵살하고 "의방은 사람을 살리는 일이다. 지금 객인이 구하는 것이 많은데 다만 이 책을 허락하는 것은 불가하지 않겠는가. 만약 좋은 방서를 얻는다면 『동파시』와 『두시』, 황산곡의 『시학대성』 등의 책을 허락하는 것이 가하지 않은가"(『조선왕조실록』 성종 20년 8월 26일) 하며 일본의 의서를 구할 수 있는 방안의 하나로 여러 종류의 책을 내려주기도 했다.

이렇듯 중국 도서가 우리나라에 들어오는 데는 왕래하는 사신이 중계 역할을 했고, 우리 책이 일본으로 전파되는 데도 사신이 중계 역할을 했다. 책은 곧 문화라는 관점에서, 당시의 고급문화를 담아 실어 나르는 역할을 충실히 수행했던 것이다.

국내 유통의 기반, 반사와 진상

국내 유통은 어떻게 이루어졌을까. 발행되는 양이 그리 많지 않았고 수요자도 일부 특수 계층에 한정되었던 것이 당시의 상황이었으니, 서점이나 유통 체계가 절실하게 필요하지는 않았다. 중앙 관서에서 간행한 관찬본의 경우는 반사頒賜의 절차를 통하여, 개인이 편찬한 사판본私板本은 증여의 형식으로 유통이 이루어졌다. 반사는 중앙의 편찬기관이나 지방 감영에서 간행한 책을 임금의 명에 의하여 여러 관서, 사고, 서원, 특정 문신 등에 보급시키는 서적 유통의 방법이다.

기록에 의하면 서적의 반사는 고려조에서 시작되었다. 고려 정종 11년(1045) 4월에 경전과 전적을 관장하는 비서성에서 『예기정의』 70본과 『모시정의』 40본을 간행하여 그중 한 부를 어서각에 소장하고 나머지는 문신에게 반사한 것이 최고의 기록이다. 조선조에 와서 반사제도가 제도화된 것은 세종 때의 일이다. 도서 판매 방법이 없었던 당시 상황에서 반사는 관판본을 개인이 소유할 수 있는 유일한 제도였다.

이러한 반사제도는 오랫동안 유지되어 왔으나, 점차 수요가 많아지자 이를 충족시키기에는 부족했다.

> 우리나라는 서적이 적어 학문에 뜻을 둔 유생들이 책을 구하기 매우 어렵습니다. 반사가 있기는 하나, 홍문관과 성균관에만 책을 내리고 사학에는 미치지 못하니, 선생이 책을 읽을 수 없어 강론하는 데 지장이 많습니다.
> 신은 생각건대 여러 도에서 개간한 책을 관찰사로 하여금 출간하게 하여 여러 고을에 나누어 보내게 하고, 책을 반사할 때에도 사학과 외방의 계수관에도 내려주셔서 사람마다 모두 얻어보게 한다면 나라에서 학문을 숭상하는 뜻에 어찌 아름답지 않겠습니까(『성종실록』 성종 16년 4월 22일 임인).

우리나라는 서적이 적어서 참고하고 열람하기 어려우니, 지방 관리들은 마땅히 주의를 기울여 널리 배포할 수 있도록 힘써야 하는데 으레 여사로 보고 게을리하고 있다. 이는 내가 학문을 숭상하고 교화를 일으키려는 뜻이 아니다. 도내에서 간행한 여러 책 가운데 유학에 절실한 것은 빠짐없이 인출하여 우선 계수관界首官과 인재가 있는 여러 고을에 각각 세 부씩 나누어 주고 그 수를 기록하여 치계하되 그 나머지는 여러 고을도 마땅히 점차 인출하여 보내라(『성종실록』 성종 16년 4월 22일 임인).

위 신하와 임금의 대화에서 확인되는 바와 같이 학문 장려를 위하여는 도서의 보급이 절대적으로 필요한데, 반사제만으로는 충당할 수 없으니 사학私學 계수관界首官까지 확대하고, 유학에 절실한 것은 지방의 여러 고을까지 갈 수 있도록 하라는 것이다.

전적을 반사하는 경우는 신간을 반사하는 경우와 그렇지 않은 경우로 나누어 볼 수 있다. 또 공적인 것과 개인적인 것으로 나누어 볼 수 있는데, 개인에게 나누어주는 것은 일종의 시상 형식을 취하고 있다. 과거 시험 성적이 우수하거나 활쏘기를 잘하는 등 칭찬해야 할 일이 있는 개인에게 책을 선물로 내려주어 격려했다.

반대로 개인이 책을 편찬했을 때도 조정에 올렸는데, 이 진상의 경우에 자칫 왕에게 아부한다는 평을 받고 있음이 주목된다. 물론 어떤 경우이든 왕에게 서적이 전달되면 왕은 직물이나 말안장과 같은 필수품을 내려주었다. 책을 간행한 노고를 치하하는 장려 정책의 하나였다.

여주 목사 최숙정이 『사월』, 『아음회편』을 올렸을 때 "올린 책이 임금이 반드시 읽어야 할 책이 아닌데 올렸다."는 비난을 받았고, 김려석이 『성리군서』를 올렸을 때는 "재임하고 있을 때 올리지 않고, 좌천된 뒤에 올리는 것은 사은을 바라는 속뜻이 있다."는 비난을 받았다(『성종실록』 성종 19년 3월 21일). 책을 임금이 선물로 내려 칭찬하고, 책을 간행하면 임금께 올려 마음을 사고 싶어 했던 것은 책 만들기 어렵고 귀했던 그때의 이야기다.

서점은 언제 생겼나

책을 개인에게 판매하는 서점 설치의 주장은 이미 세종 때에 있었다. 책에 대한 수요가 늘어난다는 것은 그만큼 지식에 대한 열망이 커지는 시기라고 할 수 있다. 서점 설치의 주장이 세종 때 처음 나오게 된 것은 바로 이런 사회적 현상을 반영한 것이라 할 수 있다. 영의정 허조(1369~1439)는 다음과 같이 서점 설치 방안을 제안하였다.

> 『집성소학』은 일상생활에 필요한 책인데 배우는 사람들이 알지 못하여 애를 쓰고 있습니다. 혜민국에서 약을 파는 것과 같이 책을 파는 서점을 만들면 어떻겠습니까. 종이나 쌀, 콩을 알맞게 주어 밑천을 삼게 하고 관리 1명과 장인 1명을 두어 그 일을 맡게 하고, 만여 본을 인쇄하여 이를 팔아 본전을 관에 다시 바치게 한다면 그 이익이 끝도 없고 배우는 자는 이익이 있을 것입니다(『세종실록』, 세종 17년 4월 8일).

일정 금액의 출판비를 정부에서 보조해주어 책을 인쇄케 하고 이득을 남기고 판매하여 원금을 갚도록 하자는 것이다. 그렇게 한다면, 책을 판매하는 자와 사는 자 모두에게 이익이 될 것이라는 것이다. 비록 '서점'이란 말은 쓰고 있지 않지만 오늘날 서점의 역할과 별반 다를 것이 없다. 이 허조의 주장에 대하여 "주자소에 있는 책판을 모두 찍어내는 것이 좋을듯하니 의논하여 아뢰라"고 하였지만 구체적 보고가 없을 것을 보면 하나의 제안에 그쳤던 듯하다.

이후 중종 14년에 서점의 설치를 명하기도 하고(『증보문헌비고』 예문고 권242), 서점 설치를 위한 절목이 마련되기는 하였으나 민간에 널리 배포되지는 않았다. 명종조에도 서점의 설치를 다시 청한 적은 있었으나 본격적인 시행은 되지 못했다.

서점 설치에 관하여 가장 적극적인 제안을 하였던 사람은 어득강(1470~1550)이다. 그는 전후 세 차례에 걸쳐 매우 현실적인 제안을 하였는데, 서점을 설치함으로써 얻어지는 이로운 점을 여러 측면에서 말하고 있다. 그의 제안은 다음 몇 가지로 요약된다. 첫째, 신간뿐만 아니라 오래된 책까지 매매할 수 있고, 둘째 읽고 난 책은 물물 교환하면 좋을 것이고, 셋째 책값은 감정원을 두어 조정하면 비싸질 폐단이 없고, 넷째 돈이 없는 사람은 굳이 책을 사지 않더라도 서점에 가서 자유롭게 책을 읽을 수 있다(『중종실록』 중종 17년 3월 신해, 중종 24년 5월 기미, 중종 37년 7월 을해). 어득강의 이 주장은 오늘의 서점 모습을 연상하게 한다. 후에도 서점 설

회동서관 1897년 고유상高裕相이 서울 광교 근처에 세운 근대 서점 겸 출판사다. 이해조의 『화성돈전』을 시작으로 한국 최초의 베스트셀러인 지석영의 『자전석요』, 한용운의 『님의 침묵』, 이광수의 『무정』 등 총 201종의 출판물을 간행하였다.

치에 대한 논의는 계속되었지만, 영·정조를 거쳐 순조 30년 무렵까지 관영 서점은 설치되지 못하였다.

책은 필요로 하는 사람이 가지고 있을 때, 책으로서의 가치를 더하게 된다. 필요로 하는 사람을 찾아내는 것, 또 무엇이 필요한지를 고민하는 것도 책을 만드는 사람이 하는 일이다. 중국에서 좋은 책을 들여와 임금 앞에서 자랑하던 신하들, 험난한 뱃길을 달려와 불경 한 벌을 간절히 요구하던 일본 사신들, 서점을 설치하여 여러 사람이 책을 읽게 해야 한다고 주장했던 사람들, 새삼 그들이 그리워진다.

옛 책의 아름다움

옛 책에서 풍기는 은은한 아름다움은 풍파를 견디고 달관의 경지에 와 있는 원숙한 사람에게서 풍기는 격조 높은 아름다움과 같다. 오랜 세월을 기다려야 하는 이 아름다움은 내적인 깊이를 지닌다. 그래서 그 향기는 오래 지속된다. 내용을 창작하는 사람, 종이 만드는 사람, 활자 만드는 사람, 그림 그리는 사람, 글 쓰는 사람, 장정하는 사람, 또 세월의 손때를 묻혀 가는 사람, 책에 관여하는 모든 사람들이 어울려 만들어내는 지혜의 어울림이 책의 아름다움을 만들어 간다.

정성으로 쓰는 사경

책에서 구현되는 아름다움은 종교정신과 만났을 때 더 커진다. 정성으로 불경을 옮겨 쓰거나, 그림을 그려 부처님께 공양하는 것을 큰 공덕으로 여겼던 사람들은 한 획 한 획에 온 정성을 모았다. 종이를 물들이는 지장, 경전을 옮겨 쓰는 필사장, 변상變像을 그리는 화장, 이들이 오로지 한 마음으로 목욕재계하고 사경에 착수했다. 때로 범패 등 장엄한 종교의식이 행해지기도 했는데 신라 때부터 있었던 전통이다.

사경은 일반적으로는 흰 종이에 먹으로 옮겨 썼으나, 감지紺紙나 상지에 금박, 금분, 은박, 은분 또는 금묵을 풀어 쓰기도 하였다. 감지란 동을 부식시킨 녹물에 닥나무 종이를 담가 색을 낸 것이고, 상지는 도토리 삶은 물로 염색한 종이다.

종교적 신앙심에서 발원한 사경은 당대 최고의 장인이 참여한 가운데 정성을 모았을 것이다. 신비로운 빛깔의 종이 염색, 한 자 한 자 집중하여 쓴 글씨, 세밀한 변상도, 그리고 제첨題簽 등이 예술의 경지까지 끌어올리고 있다.

지혜로 만드는 아름다움

책의 외형은 아름다움을 표현하는 중요한 요소의 하나가 된다. 옛 책의 형태가 정착되기까지는 많은 변화 과정을 거쳐 왔다. 변화의 전 과정에서 끊임없이 작용한 것은 조형적 아름다움, 그리고 편리성과 견고성의 추구이다. 오랜 세월을 사용한 죽간 시대를 거쳐 종이를 발명한 후의 초기 단계 책은 권자본이라 하는 두루마리 형태의 책이었다.

내용을 인쇄한 종이를 길게 이어 붙이고 그 한 끝에는 둥근 축을,

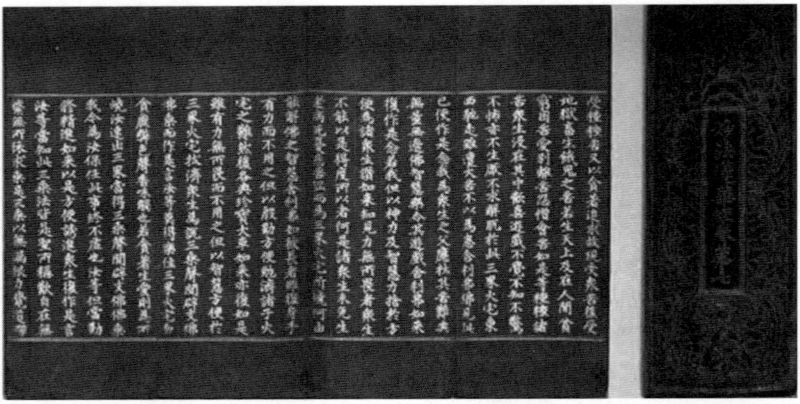

묘법연화경妙法蓮華經 1373년 갈색 종이에 은니로 글을 썼다. 당시 봉상대부 지옥주사로 있었던 허칠청의 시주로 이루어졌다. 한때 일본으로 유출되었다가 최근 되찾아왔다. 국보 제185호. 국립중앙박물관 소장.

다른 한 끝에는 끈과 표죽褾竹을 단 두루마리 형식의 장정이다. 요즘 책처럼 읽고 난 후 덮어두는 것이 아니라 말아두는 형식이다. 죽간에 비하면 여간 편리한 게 아니었다. 책의 내용에 따라 목단, 산호, 유리, 칠 등 축의 재료, 색깔을 달리하여 아름다움을 나타냈을 뿐 아니라 분류도 수월하게 했다. 실용성을 겸한 아름다움을 생각했던 것이다. 우리가 자랑하는 불국사 석가탑에서 발견된 〈무구정광대다라니경〉이 세계 최고 현존 목판 권자본이다.

이러한 두루마리 책도 세월이 흘러감에 따라 불편한 점이 나타나기 시작했다. 풀었다 감았다 하는 번거로움, 특히 중간에 있는 내용을 확인하기 위해서는 처음부터 풀어가야 하는 불편함이 있었다. 그래서 말지 않고 접는 방법을 생각해 냈다. 접고 나니 표지가 필요했다. 말던 것을 같은 크기로 접고 앞뒤에 표지를 붙인 형식이 절첩장이다. 읽기에 편리해야 한다는 요구를 반영한 한 단계 발전한 장정 양식인 셈이다. 책을 읽을 때는 한 장씩 넘기면 되고, 또 책의 어느 곳을 참고하려 할 때도 쉽게 찾을 수 있게 되었다. 읽고 난 후에도 덮어 놓으면 되었다.

그러나 이 장정도 완전하지는 않았다. 오래 사용하는 동안 접은 부분이 파손되어 흩어지는 단점이 있었다. 그래서 이를 보완하여 나타난 것이 호접장이다. 낱장의 인쇄물을 인쇄면이 안으로 들어가게 접고 접힌 부분을 표지의 안쪽에 붙이는 장정법이다. 이 장정법의 단점은 한 장 한 장 떨어져나간다는 것이다. 그리하여 낱장을 한꺼번에 묶어 튼튼하게 하고, 이를 덮어 싼 장정을 생각했는데, 곧 포배장이다. 내용물이 떨어져 나가는 불편은 사라졌으나 책의 내용과 표지가 분리되어 있었다.

고서의 장정 변천에서 마지막으로 등장한 것이 선장본이다. 포배장과 같이 내용을 튼튼하게 꿰매 묶되 표지를 앞뒤로 하여 견고하고 편리하게 했다. 편리성, 견고성, 그리고 아름다움을 염두에 둔 최종의 결과라고 할 수 있다.

이 장정법은 황색 표지에 홍색실을 쓴 오침철장법이 일반적이다. 황색은 중앙의 색이고, 홍색은 제왕의 색이다. 색의 상징성으로 본다면 황색의 상징성을 반영하여 책을 가장 존귀한 것으로 여겼던 것이다. 다섯 번 꿰맨다는 것은 오행사상의 반영이다. 오행의 운행, 우주 만유의 운행 법칙과 진리가 책 안에 있음을 상징하고 있다. 또 황색의 표지에는 연화, 당초, 능화, 국화, 매화, 목단, 구름 등 자연 문양을 능화판을 사용하여 은근하게 나타냄으로써 책을 생활 속으로 끌어들이려 했다. 선장본 형태의 책에서 느끼는 아름다움은 소박하면서도 담백한 선비적 기풍이다.

판면에서 반영된 변화미

책을 펼치면 그 안에서도 미적 요소를 발견할 수 있다. 아름다운 여러 서체를 개발하여 사용하였음은 물론이고, 시선을 집중시키거나 내용을 강조하는 조형적 요소도 나타난다. 판면의 네 변을 두른 먹선은 형태적 안정감을 가져다 준다. 굵은 하나의 선으로 네 변을 처리하는 경우도 있고, 굵은 선에 가는 선이 곁들여 돌려진 경우도 있다. 또 위아래는 단선, 좌우에는 두 선을 두른 경우도 있다. 물론 이 선들은 시선을 판면 안으로 집중시키는 역할을 했다. 고려 후기부터는 본문의 행간을 구분하는 선을 넣기도 했다.

판심을 중심으로 표현되는 여러 조형적 요소 또한 중요한 역할을 한다. 옛 책은 한쪽 면이 인쇄된 낱장을 하나하나 접어 철하게 되는데, 그 접힌 중앙을 판심이라 한다. 판심의 중앙에는 물고기 꼬리 모양의 장식문양을 넣는데 이것을 어미라 한다. 물고기 꼬리 모양이 아니라 꽃무늬를 쓰는 경우도 나타나고, 그 꽃잎도 2엽, 3엽 등 다양하다. 이러한 변화는 텍스트 위주의 단조로움에서 벗어나려는 생각의 반영이다.

또 판심에는 표제·권수·장수 등이 표시되어 있는데, 이를 판심제라 한다. 오늘날의 면주와 같은 역할을 했다. 책에 따라서는 각수 이름도 표시하여 그 공을 판에 새겼다. 두주, 각주, 협주 등 위아래 여백도 빈틈없이 활용하고 있다.

책에서 느끼는 아름다움은 주관적일 수밖에 없고 시대에 따라 그 기준도 달라진다. 형태적 발전을 통해서 확인되는 바와 같이 옛사람은 끊임없이 미적 요소를 추구해 왔다. 그리고 그 전통은 단절되지 않고 오늘로 이어지고 있다. 그러나 책에서 발견하는 가장 큰 아름다움은 세상을 살아가는 지혜를 발견하는 일일 것이다.

되짚어보는 一然의 생각

많은 사람들이 일연의 『삼국유사』를 민족고전으로 들기를 주저하지 않는다. 그동안 간행된 많은 책 중에서 『삼국유사』를 꼽는 것은 그만큼 이 책에 내포된 정서의 공유 폭이 넓을 뿐만 아니라, 우리의 정서 체계에 가까이 닿아 있기 때문이다. 『삼국유사』는 어떤 모습으로 옛사람의 눈에 비쳤고, 오늘을 살고 있는 우리에게 다가오고 있는가. 조선의 유학자들은 이단의 허황된 이야기로 보았고, 오늘의 우리는 민족문화유산의 보고라고 한다. 일연은 어떤 생각으로 『삼국유사』를 썼을까. 또 그의 생각은 지금 우리들에게 가까이 와 있는 것일까.

옛사람들이 본 『삼국유사』

일연의 『삼국유사』가 출간된 것은 고려 충렬왕 때이다. 몽고의 침입으로 민족문화유산은 파괴되고, 민족 정통성마저 흔들릴 지경에 이른 힘겨운 시기였다. 피지배 사회로 전락한 참담한 현실은 일연에게 민족적 위기감을 갖게 했다. 이 어두운 현실의 대응으로 『삼국유사』 저술은 시작되었다.

일연은 따뜻한 눈길로 우리 국토와 그 안에서 살아가는 사람들의 삶의 모습을 바라보았다. 파괴되어 형체를 찾을 수 없는 민족문화유산의 존재를 글로라도 남겨 놓아야 했기에 당연히 배경 설화가 나올 수 있었다. 우리의 근본 뿌리가 그들과는 다르다는 것을 보여주어야만 했기에 단군신화의 정착도 가능했다. 우리 생활에 녹아든 진실한 삶의 모습을 문자로 되살려낸 것이다. 이런 것들이 민족문화 전통 확립에 커다란 영향력으로 작용하였음도 부인할 수 없다.

이 책에 인용되고 있는 많은 종류의 사료들은 주관적으로 서술한 것이 아니라, 당시의 국내외 문헌들을 널리 인용하고 있다. 이 인용한 고전들은 대부분 정사 기록에서 빠졌거나 자세히 드러나지 않은 자료들이라는 점에서 이 책의 가치는 크다. 사실을 사실대로 보려는 일연의 역사인식, 민중 속에 존재하는 문화가 진정한 가치를 가진다는 그의 문화의식이 책을 쓰게 한 원동력이고, 그 내용이 지금까지 전하게 되는 까닭이다.

최남선은 이 책을 "조선 상대사를 혼자 담당하는 문헌으로 조선의 생활과 문화의 옛 모습을 보여주는 오직 한 권의 책"이라고 평가하였다.

조선조 유학자들은 현실적이지 못한 기술 태도를 문제 삼아 큰 가치를 두려하지 않았다. 성호 이익도 "맹랑한 속설들을 취급한 우리나라 역사가들의 식견이 고루하다."라고 폄하하였다. 순암 안정복은 '동사강목채거서목'에서 이 책을 언급하면서 이단의 괴설이라는 점에는 동조하고 있지만 그래도 실전되지 않음을 다행으로 여기고 있다.

> 이 책은 이단의 허탄한 설이었는데, 본조에서 『통감』을 찬술할 때 많이 인용되었고 『여지승람』의 지명도 이것을 많이 따랐다. 이렇듯 이단의 괴설이 후세에 전해지고 있는데, 당시 글 쓰는 사람이 없어 모두 전하지 않아 없어졌겠는가. 다만 없어져 전하지 않을 따름이다.

한편 조선의 정사인 『조선왕조실록』에는 경창부윤 이선제李先齊가 올린 상소문에 단군신화의 전 내용이 수록되어 있다. 창궐하는 전염병을 막기 위해서는 단군을 모신 삼성당을 복구해야 한다는 것이 이 상소문의 주지이다. 황해도 지역에 전염병이 발생하여 연일 사람들이 죽어나갔다. 구월산 민가에서 처음 발생한 전염병은 재령·신천 등지로 걷잡을 수 없이 번져 민심은 극도로 흉흉했다. 단군의 사당을 평양으로 옮긴 뒤부터 괴이한 기운이 뭉쳐 하늘을 떠다니고 사람은 죽어간다고 하였다. 사람들은 구월산을 단군신화에 나오는 아사달산으로 믿고 있었다. 실제로 이 산의 동쪽에는 환인, 환웅, 단군을 모신 삼성당이 있었다. 질병이 창궐하는 이유가 이 삼성당을 평양으로 옮겼기 때문이라고 굳게 믿고 있었던 것이다.

이선제는 상소를 올려 이러한 정황을 보고하며 『삼국유사』 단군왕검조의 내용을 빠짐없이 들고, 삼성당을 수리하여 새로 단군상을 모시면 질병도 나을 것이라고 하였다.

> 사람들은 천제가 신단수 아래에 내려와 단군을 낳았다는 것을 괴탄하게 여겨 믿으려 하지 않는다. 하지만, 신인神人의 출생은 보통 사람과 달라 간적簡狄은 검은 새의 알을 삼키고 설契을 낳았고, 강원姜嫄은 천제의 발자국을 밟고 후직后稷을 낳지 않았는가. 어찌 용이하게 의논하겠는가(『조선왕조실록』 단종 즉위년 6월 28일 기축).

그는 상소문을 올리면서도 단군신화 내용에 대한 당대의 인식을 의식하고, 이는 괴이하게 생각할 것이 아니라 당연하게 받아들여야 한다는 점을 강조하고 있다. 당시 유학자들의 견해와는 달리 신화적 요소를 인정하는 적극적인 태도를 보이고 있는 것이다.

서문으로 읽는 『삼국유사』

『삼국유사』 완질이 전하는 것은 조선 중종 때 간행된 정덕본이다. 순암 안정복이 소장하면서 그의 필적을 남기고 있어 순암 수택본이라 한다. 처음 간행된 충렬왕대를 기준으로 삼으면 700년, 연활자로 처음 조판 간행된 1904년을 기준으로 하면 100년이 넘는 동안 100여 종의 『삼국유사』가 간행되었다.

정덕본은 1512년 경주부윤 이계복이 중심이 되어 간행하였다. 그때에도 한 행에서 알아볼 수 있는 글자가 4, 5자 밖에 안 될 정도로 파손이 심각하여 재간은 불가피한 상황이었다. 이계복은 자신이 살고 있는 나라에 대한 역사는 최소한 알고 있어야 한다는 점을 중간의 이유로 들었다.

> 세상 만물은 오래되면 반드시 쇠해지고, 쇠해지면 반드시 일어나게 마련이다. 이렇게 일어났다가 폐해지고 폐해졌다가 다시 일어나게 되는 것이 이치의 떳떳함이다. 이치의 떳떳함으로 일어날 때가 있는 것을 알고 그 전하는 것을 영구하게 해서 또한 후세의 배우는 자들에게 도움이 되기를 바라는 바이다(『삼국유사』 발문).

이렇듯 『삼국유사』를 중간하는 이계복의 뜻은 비장하기까지 하다. 이때가 『삼국유사』 4차 판각이 이루어진 때인데, 이러한 비장함이 결국은 지금까지 완질을 전하게 하는 계기를 마련했던 것이다.

최남선은 순암 수택본과 고려대 소장본을 대본으로 교감하여 1927년에 『삼국유사』를 간행하였고, 이후 왕력, 기이편을 송석하 소장본에 의해 교정하고 고문헌 11종을 부록으로 하여 신정본 『삼국유사』로 간행하였다. 이 책은 다시 1954년 서문문화사에서 증보 『삼국유사』로 간행된다.

> 왕년에 『삼국유사』의 보급판을 계명구락부로부터 간행하야 호평을 엇고 더욱 해제가 세상의 謬許를 입었으나 인본이 만치 못하야 강호의 수요에 遺

應치 못함이 遺憾이얏다. 이래 재간을 종용하는 소리가 높되 생각하는 바 있어서 주저하더니 晩近에 이르러 坊人의 청이 더욱 간절하기로 그 권의를 뿌리치기 어려워서 이에 약간 舛錯을 바로잡고 고쳐 手民에게 내여주었다(최남선, 『삼국유사』 서문) .

최남선이 문을 연 활자본 원전 출판은 판본 영인, 교감 영인, 색인 수록 등의 발전 과정을 보이는 가운데 별도의 색인집 출간, 연구 논저목록 출간 등으로 이어지고 있다. 이는 『삼국유사』 원본이 갖고 있는 표기상의 취약점을 보완하여 완벽한 체제를 갖추기 위한 출판 단계로, 연구 자료의 기본을 확고히 다진다는 학술적 의의를 지닌다.

지금 우리가 만나는 『삼국유사』는 국역본들이다. 국역본의 출발은 윤백남이 번역하여 1934년 『조선야사전집 3』(계유출판사)으로 간행한 이래 여러 종의 번역 출판이 있었다. 나름대로 특징을 갖고 있겠지만 원전의 뜻을 살려 쉽게 번역한다는 기본 취지는 같다. 현존 최고의 판각 선본으로 알려진 만송문고본을 부록으로 수록하고 있는 박성봉·고경식 역의 『삼국유사』도 쉽게 읽히기 위함을 간행 취지로 삼고 있다.

『삼국유사』는 5권 9편 144항목으로 구성되어 있다. 여러 종류의 국역서가 간행되었지만 독자층은 두텁지 않다. 상상력이 중요시되면서 독자층도 넓어질 전망이다.

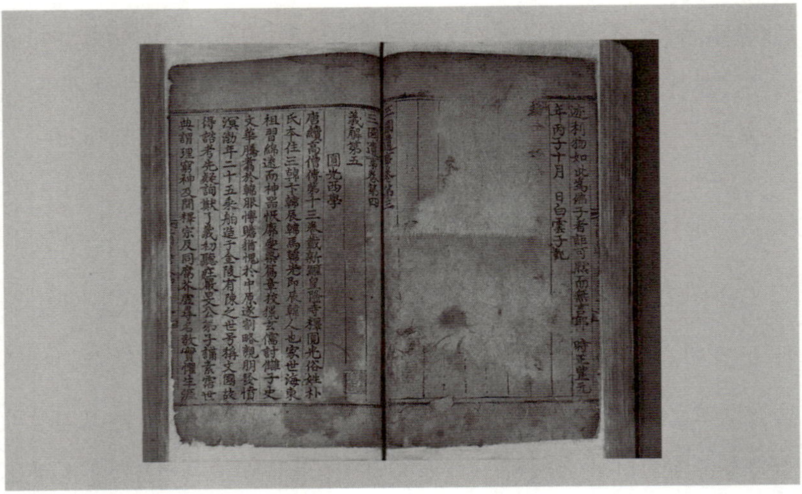

『**삼국유사**』 5권 9편 144항목으로 구성되어 있다. 고려 후기 일연이 편찬한 삼국시대의 역사서이다. 정사正史에 없는 유문遺文과 일사逸事를 바탕으로 했다. 최남선은 "조선의 생활과 문화의 옛 모습을 보여주는 오직 한 권의 책"이라 평했다.

> 우리 문학, 사학, 철학에 뜻을 둔 이는 누구나 『삼국유사』를 읽고 옛것을 상고하여 오늘에 재생산할 거리로 삼아야 할 것인데 사실은 그 반대이니 딱한 일이 아닐 수 없다……. 일반 국민 누구에게나 쉽게 읽을 수 있는 고전의 번역이 절실하여 이에 『삼국유사』의 역해를 시도한 것이다. 그동안 여러 가지 역주본이 있어 왔지만 너무 어렵거나 또 간략화된 것이 많아 그 양면을 아울러 고려한 새 읽을거리로 만들고자 노력하였다.

민족고전 『삼국유사』 각각의 내용이 재생산의 요소로 작용할 수 있도록 완벽한 이해와 해석이 있어야 함에도 그간의 번역서는 여기에 기여하지 못했다는 지적이다. 그래서 일반 국민이 누구나 쉽게 읽을 수 있는 고전 번역을 지향하고 있다. 원전이 갖는 의미를 손상하지 않으면서 원전의 맛을 느낄 수 있도록 쉽게 번역하기는 어려운 일이다.

일연 1219년 강원도 진전사에서 고승 대웅의 제자로 입문하였다. 1283년 국존國尊으로 책봉되어 원경충조圓經沖照라는 호를 받았다. 만년에 군위 인각사에 머물며 많은 저술을 남겼다.

『삼국유사』 읽기에 장애를 주는 요소는 조선 유학자들이 지적했던 바와 같이 현실을 뛰어넘는 환상적 이야기가 많다는 점이다. 이 환상적 이야기가 현실을 중시했던 유학자들의 관점에서 벗어난 것은 당연하다. 그러나 오늘의 관점에서 본다면 그 신이성은 상상력과 창의력의 바탕이 되고 있다.

고전 속에 관통하는 의식을 기반으로 시대성을 반영한 재창조가 이루어질 때, 비로소 고전은 새로운 문화 창조로 이어지는 정신적 힘을 갖는다. 일연이 쓴 『삼국유사』의 바탕이 되고 있는 신이성神異性은 당대인의 의식구조일 수도 있다. 단지 우리의 잣대로 바라보기 때문에 황당한 기사가 되는 것이다. 창의력을 중시하는 이 시대에 『삼국유사』에 스민 상상력을 되살려 내는 것도 책이 갖는 힘이다.

인사동에서 만난 목판

인사동에서 목판을 만났다. 허름한 골동품 가게, 낡고 오래된 물건들이 진열되어 있는 한구석에 목판 하나가 쓸쓸히 놓여 있었다. 어느 누구의 손에 이끌려 여기까지 왔을까. 제 수명 다하고 이제는 장식품이 되어 낯선 거리에서 언제 올지도 모를 주인을 기다리고 있다. 한때는 어느 명문가의 꼿꼿한 선비정신의 상징처럼 당당하게 제 위치를 지키고 있었겠지만 지금 인사동 골동품상에서 주인을 기다리고 있는 목판의 모습에서 그때의 위엄을 찾기 어렵다.

각수의 날카로운 칼날로 제 살점 사정없이 깎여 나가도 그것이 아픔만은 아니었다. 자신을 버려 나무 아닌 지식으로 다시 태어나는 짜릿한 쾌감이 있었다. 날카로운 칼자국은 희망이었다. 그 몸에 향기 나는 먹물

묻혀 찍어내면 펄펄 살아 움직이는 산지식이 되어 젊은 선비의 가슴을 설레게 했고, 때로 그의 머리맡에 놓여 밤잠 못 이루게도 했다. 이제 그 목판은 골동품이 되어 인사동 골목에 누워 있다. 다시 소생할 기약 없이 먼 옛날을 꿈꾸면서.

지식 소통에 기여하는 문화양식

책은 한 번 읽고 버리는 소모품이 되어 가고 있다. 내용이 가벼워진데도 원인이 있겠지만, 어느 때고 쉽게 구할 수 있기 때문이다. 서재를 장식하고 대를 물리던 것은 책 만들기 어려웠던 그 시절의 일이다. 읽고 읽어 떨어져 나가 더 이상 알아볼 수 없게 될 때, 그제서야 책은 수명을 다하고 주인의 곁을 떠난다. 책이 없어 읽지 못하는 시대가 아닌 요즘, 책의 수명도 당연히 짧아질 수밖에 없다.

옛사람들이 개인 창작물을 엮어 간행한 것이 문집이다. 문집은 지식인의 맑은 정신과 정제된 정서를 실어 나르는 문화양식이었고 지식 소통의 한 통로였다. 여러 분야의 옛 전적 가운데 가장 많은 양을 차지하고 있는 것도 문집이다. 많은 문집은 목판을 통해서 책이 되었다. 엄격한 편찬 과정을 거침으로 객관성을 유지하려 했던 선인들의 출판 방식이 문집의 권위를 갖게도 했다.

문집은 글재주가 있다고 해서, 또는 경제적 여유가 있다고 해서, 누구나 간행할 수 있었던 것은 아니다. 한때는 내용은 물론이고 명망과 인품을 두루 갖추고 있어야 간행할 수 있었다. 당사자가 세상을 뜬 다음에 간행한 이유도 여기에 있었다. 문집의 간행은 한 인물에 대한 사회적 평가인 셈이었다.

문집은 어떤 절차로 세상에 태어났을까. 방법에 차이는 있었지만 요즘의 도서 출간 절차와 크게 다르지 않았다. 문집 간행의 여론이 형성되면 문중이나 후학 중에서 간행준비위원회를 조직하고 각계를 대표할 만한 유지들에게 통문을 돌려 편집회의를 소집했다. 사람들이 모이면 먼저 좌장을 선임하고 선임된 좌장이 회의를 주재하게 했다. 이 회의에서는 업무 분담이 가장 중요한 일인데, 원고정리, 편차결정, 교정 등 업무에 따라 담당 인원을 선정하여 임무를 맡겼다. 요즘의 편집부에서 하는 일과 같다.

또한 책판 조달, 각수 선정 및 진행, 인쇄 감독 등 인쇄와 관련된 일도 담당자를 두었다. 책판의 재질을 살펴 판각하는 과정에서 차질이 없도록 했고 인쇄 과정에서의 잘잘못도 꼼꼼히 살폈다. 장재는 회계를 맡은 사람으로 간행에 사용되는 모든 경비의 수입과 지출을 담당했다.

관자전이라는 출판기금

문집에는 저자가 남긴 모든 작품을 수록하는 것이 일반적인데, 원고교정이 무엇보다 중요한 문제였다. 교정을 담당한 사람들이 재실 등에 합숙하면서 글자의 잘못은 물론이고 내용에 있어서도 신중을 기하여 물의가 일어날 소지가 있는 것이면 합의교정으로 처리하기도 하였다. 이렇게 하여 교정 초고본이 만들어지면 글씨 잘 쓰는 사람이 정서하고, 여기에 서문과 발문을 붙이면 인쇄를 위한 최종 원고본이 된다.

잘 다듬은 판목에 이것을 뒤집어 붙이고 글자대로 새기는 작업이 진행된다. 판목은 대추나무, 가래나무, 자작나무, 산벚나무 등과 같이 산과 들에 자생하는 단단하고 새기기 수월한 것을 골라 여러 차례의 가공과정을 거쳐 사용하였다. 깨끗하게 정서한 내용을 나무판에 똑같이 새기는 작업이 계속되었으니 아무리 능숙한 각수라 하더라도 많은 공력과 오랜 시간, 그리고 경비가 들게 됨은 당연하다. 판목에 내용을 새기는 작업이 모두 끝나면 이 목판에 먹을 묻혀 내용을 인쇄하여 교정본을 만든다.

먹은 주로 송연묵을 썼다. 송연묵은 소나무를 태운 그을음을 아교와 섞어 만든 것으로 색이 선명한 것이 특징이다. 종이는 한지를 썼는데, 특히 고려에서는 종이 생산 기술이 발달하여 매끄럽고 질긴 종이를 생산하여 중국에도 널리 알려질 정도였다. 중국에서는 고려에서 생산되는 종이를 계림지라 하여 이를 수입하여 역대 제왕의 진적眞蹟을 기록하는 데 사용하기도 했다.

교정본이 완성되면 처음부터 끝까지 글자나 부호 따위의 잘못된 것을 바로잡는다. 수정해야 할 것은 붉은색으로 표시하였다. 교정이 끝나면 책 첫머리에 '교정인'을 찍고 이에 따라 목판에 잘못된 부분을 수정했다. 잘못된 글자는 그 부분을 파내고 고친 글자를 그 자리에 메우게 되는 데, 이를 매목이라고 한다. 원래부터 원고가 잘못되었을 때는 각수에게 그만큼의 비용을 더 지불해야 했다.

이러한 교정 과정을 거쳐 판각이 완성되면 한 판 한 판 인쇄한 후 제책하여 드디어 책으로 탄생되게 된다. 표지는 종이를 여러 번 붙여 두툼하게 만들고 그 표면에 황백 또는 홰나무의 열매로 산뜻하게 염색한 다음, 문양판으로 여러 문양을 나타내어 운치를 더했다. 초판의 발행 부수는 수요량, 또는 종이의 공급 사정 등에 따라 달리하였다.

출판이 끝나면 관여했던 모든 사람과 관계자들이 모여 낙성 고유를 올렸다. 요즘의 출판기념회다. 새긴 목판은 다음 인쇄를 위하여 통풍이 잘되는 곳에 보관하였다가 다음에 다시 인쇄할 때 사용하게 하였다.

이 과정에 소요되는 비용도 만만치 않았다. 경제적으로 여유가 있는 사람이 기부하는 경우도 있었지만, 주로 혈연을 중심으로 갹출하여 충당하였는데 문중회의를 열어 자손 중 성인의 수효에 따라 경비를 할당하기도 하였다. 이것을 '관자전冠者錢'이라고 했다. 또 문집에 자기 조상의 묘갈문이나 행장 등이 들어 있는 집안에서는 부조금을 보내어 보태기도 하였다. 이렇게 어렵게 책이 만들어졌으니 책이 소중하지 않을 리 없었다.

그리고 세월이 흐른 뒤

목판본은 모든 내용을 나무판에 새겨야 하기 때문에 제작 경비가 많이 들어가지만 한번 판본을 만들어 놓으면 언제고 다시 인쇄하여 필요한 양만큼의 책을 만들 수 있는 장점을 갖고 있다. 필사로 책을 만들던 것에 비하면 엄청난 발전이다. 좀더 쉬운 방법으로 다량 복제의 필요성을 느낀 것은 지식에 대한 무한한 열망과 욕구에서 비롯된다. 경주 불국사 삼층석탑에서 나온 신라 경덕왕 때의 『무구정광대다라니경』, 1007년(목종

장판각藏板閣 도산서원에서 간행한 책의 목판을 보관하던 곳이다. 퇴계 선생의 문집, 유묵과 『주서절요』 등의 목판이 보존되어 있다. 도산서원에는 책을 보관하던 광명실도 갖추고 있다.

10) 개성 총지사에서 간행한 『보협인다라니경』, 이들이 바로 그 필요성의 결과다. 이 목판 인쇄는 조선조 말기까지 성행하였는데, 비용이 많이 드는 것이 단점이지만, 언제라도 필요한 만큼 찍어낼 수 있다는 장점을 갖고 있었기 때문이다.

초간본이 간행된 후, 오랜 시간이 흘러 다시 간행의 필요성이 있을 때, 재간을 추진하게 된다. 목판이 온전히 보존되어 있으면 다시 찍기만 하면 되지만, 소실되었거나 파손되었을 때는 다시 만드는 수고로움이 따르기 때문에 여간 소중하게 보관했던 것이 아니다.

목판은 완전히 소실되었지만 다행히 인쇄본이 남아 있을 때는 이 책

『보협인다라니경』 1007년(목종 10)에 간행된 목판본이다. 간기에 개경에 있던 총지사 주지 진념광제대사 眞念廣濟大師 홍철弘哲이 정성으로 간행하여 불탑에 공양한다고 했다.

을 풀어 목판에 다시 새겼다. 이렇게 해서 만든 책을 복각본이라고 한다. 단지 글을 쓰는 수고로움만을 덜게 된 것이지 나무에 새기는 번거로움이 있기는 마찬가지였다.

목판이 남아 있다고 하더라도 오래되어 갈라지고 틈이 생겨 글자를 알아볼 수 없다거나 또는 유실된 부분이 있어 이를 보수하여 다시 간행한 책을 보각본이라 한다. 여러 장의 목판을 완전히 갈아 교체한 것도 있고, 한 판목의 완결된 곳 또는 정정을 필요로 하는 곳만을 부분적으로 기운 것도 있다. 이렇듯 없어진 부분은 새로 만들고 닳아진 부분은 파내고 다시 새겨 새로운 책으로 탄생할 수 있었다.

수많은 지식과 정보가 넘쳐나고 순식간에 무한 복제가 가능한 디지털 시대를 살고 있는 우리들에게 목판은 무엇인가. 지금 보면 새로울 아무것도 없는 그저 죽은 나무조각일 뿐이다. 그러나 그 시대 사람들의 강렬한 지식 욕구가 없었다면 목판은 탄생되지 않았다. 목판은 우리 선인들의 그런 창조적 의지를 담고 있는 것이다. 창조적 의지로 목판을 바라볼 때, 목판의 제 모습이 보인다. 오늘의 출판도 바로 그렇다.

序跋, 싫증나도록 읽고 붓을 들다

책을 구성하는 여러 요소 중 어느 하나 중요치 않은 것이 있을까만, 책의 앞과 뒤에 놓여 독자와의 만남을 주선하는 서발은 소통을 강화한다는 점에서 중요하다. 서발은 만남의 인사, 헤어짐의 인사다. 서발에 쓰인 한 줄 글귀로 수백 년 전 간행의 내력을 밝히는 단서가 된다는 서지적 차원의 문제를 떠나 책을 더욱 빛나게 한다.

서발은 본인이 쓰든, 다른 사람에게 부탁하든 본문을 완성시킨 다음에 쓰게 된다. 본문을 쓸 때의 강력한 긴장에서 벗어나 조금은 냉정함을 되찾은 상태에서 쓰기 때문에 객관적 입장에서 한 번 더 생각할 수 있는 기회를 마련한다. 서문을 쓸 때는 독자도 함께 떠올린다. 독자를 생각하면 겸손해질 수밖에 없다. 서문이 없는 책은 그래서 허전해진다. 서발은 독자에 대한 배려인 동시에 자신을 단속하는 계기가 된다.

홍석주가 생각한 서발

책의 앞에 붙는 서와 뒤에 붙는 발을 일러 '서발序跋'이라고 통칭한다. 언제부터 서발이 나타나기 시작했는지는 분명치 않으나 『시경詩經』의 서문을 그 출발점으로 보는 사람도 있다. 서문에는 어떤 내용이 포함되어야 할까. 간행 동기, 절차, 핵심 내용, 감회 등 독자를 염두에 둔 다양한 내용들이 기록되고 있다. 서문을 글자대로 풀이하면 '실마리를 풀어내 듯 일의 이치를 차례 있게 풀어쓰는 글'로 정의될 수 있지만, 서사증徐師曾은 『문체명변』에서 서문에는 의논議論과 서사敍事 등 두 가지 체가 있다고 보았다.

서와 발은 동일한 서적을 대상으로 하고 있다는 점, 대상 서적의 내용을 비판하기 보다는 좋은 점을 드러낸다고 하는 점에서 공통점을 지닌다. 단지 쓰는 사람의 관점과 시각에 따라 차이가 있고, 내용이나 형태적 측면에서 각각의 특징을 명확하게 구분하기는 어렵다. 서문과 발문이 같이 붙을 때, 서문만 있을 때, 발문만 있을 때 등 경우에 따라 내용도 달라진다.

서발은 저자가 직접 쓰지 않고 특별한 인연이 있는 사람에게 부탁하거나 간행에 참여한 사람이 기술하는 경우도 있다. 서문은 문체로 구분되기도 하는데, 『목은시문고』에 이르러서야 서와 발이 구분되어 배열되고 있다. 이 책에서는 서序, 후서後序, 제후題後, 발跋, 제題를 따로 배열함으로써 서와 발을 구분하였다. 『퇴계문집』에서는 서와 발을 각기 설정한 후 발문을 서후, 발, 후어, 지, 제후 등으로 세분하고 있는데 이와 같은 문체 분류는 성호 이익의 『성호전서』에도 그대로 이어지고 있다.

조선 후기의 문장가 연천 홍석주는 "서발류의 문장을 지음에 있어 그 책에 실려 있는 어느 한 글자, 한 구절이라도 마음에 싫증이 날 정도로 남김없이 다 보지 않고서는 결코 붓을 들 수 없다."고 하였다. 이러한 견해는 서발류의 글이 형식적이고 의례적인 측면으로 흐르고 있는 점을 지적한 것으로 볼 수 있다. 서발은 쉽게 쓰여지는 가벼운 글이 아니라, 글의 내용을 완벽히 이해하고 써야 서발의 내용도 충실해진다는 뜻으로 이해된다.

서발에 얽힌 몇 가지 이야기

서문은 보통 한 사람이 쓰는 것이 일반적이지만, 여러 사람의 글을 동시에 수록하기도 한다. 월산대군의 문집도 그중 하나이다. 성종은 당연히 왕이 되었어야 할 그의 맏형 월산대군의 문집을 간행하고 싶었다. 그리하여 승정원에 전교하여 문집에 서문을 쓸 사람을 가려 아뢰게 하니, 어세겸, 이육, 성현, 신종호 등 당대 쟁쟁한 문인 11명을 천거해왔다. 성종은 누구를 가리지 않고 천거한 사람 모두에게 서문을 쓰게 하였다(『성종실록』 성종 20년 10월).

조선 사람의 문집 서문을 중국 사람이 쓴 경우도 있다. 잘 알려진 바와 같이 여류 문인 허난설헌의 시문집 『난설헌집』의 서문은 중국의 뛰어난 문장가 주지번朱之蕃이 썼다. 허균이 명나라 사신 주지번에게 누이동생의 글을 보여 주게 되고, 뛰어난 글솜씨에 감탄한 그는 바로 서문을 써 중국에서 간행하게 한 것이다. 초간 이후 1692년 동래부에서 중간본을 간행하였는데 이 책에는 유성룡의 발문을 수록하고 있다.

세종 때는 신하가 쓴 서문의 내용을 임금이 수정하도록 한 기록도 보인다. 세종 14년 직제학 권채가 『삼강행실도』의 서문을 써서 임금께 올렸다. 내용 중에는 세종의 덕을 "이남二南보다 원매(遠邁: 덕이 훨씬 멀고 길다)하다."고 표현하였는데, 자신을 지나치게 치켜올린 것이 민망했던지 세종은 "원매遠邁란 두 자字를 고쳐 올리라."고 하였다. 이에 권채는 즉시 무양無讓으로 고쳤다(『세종실록』 세종 14년 10월).

정조 때에는 국가에서 간행하는 책의 경우는 관각의 신하들이 서문을 쓰도록 하였다. 『명의록』이 완성되자 강화유수 김종수에게 발문을 지어 올리라 하였다. 김종수는 사양하는 상소를 올렸다.

> 성상께서 신으로 하여금 『명의록』의 발문을 지어 올리도록 하였는데, 발문의 체제는 특히 중대하여 차자箚子나 전문箋文 등과 비길 바가 아닙니다. 더구나 나라에서 간행하는 책의 서문과 발문을 둘 경우 반드시 관각館閣의 신하에게 맡기도록 했던 것은 그 일을 중시했기 때문입니다. 분수에 넘는 부끄러움은 신 한 사람에 속한 일이지만, 국가의 막중한 서책이 장차 신으로 인하여 체단이 가벼워지는 것을 면하지 못할 것이니, 이것이 신이 크게 두려워하는 바입니다. 감당할 수 있는 사람으로 바꾸어 주시기를 삼가 바랍

니다(『일성록』 정조 1년 정유).

발문을 짓지 못하겠다고 상소를 올린 김종수의 생각은 자신의 신분으로는 분수에 맞지 않는 일이기 때문에 다른 사람이 쓰게 해야 한다는 것이다. 의례적 겸양으로 볼 수 있다. 『명의록』은 1776년(정조 즉위년)에 세손(世孫: 정조)의 대리청정을 반대하던 홍인한, 정후겸 등을 사사한 일을 기록한 책이다. 겸양의 뜻을 나타냈지만 결국 "이미 명이 있었으니 경은 사양하지 말고 즉시 지어 올리도록 하라." 하여 발문을 쓰게 된다.

그 시대의 소중한 판권

2001년 유네스코 세계기록유산에 등재된 『직지』는 1377년 청주 흥덕사에서 간행한 세계 최초의 금속활자본이다. 『직지』가 세계 최초의 금속활자로 인정받게 된 것, 금속활자로 책을 간행한 곳이 흥덕사라고 하는 것은 이 책의 말미에 간기가 있었기 때문이다.

> 선광 7년 정사 7월에 청주목 교외에 있는 흥덕사에서 금속활자로 이 책을 찍어 보시하다. 부처님 제자 석찬과 달담이 인쇄에 관여했고, 비용은 비구 묘덕의 시주로 충당했다.

짤막한 글이지만 간행 연도, 주체, 방법, 장소 등을 알려주고 있다. 요즘의 판권과 같은 역할을 충실히 수행하고 있다. 『직지』는 1901년 모리

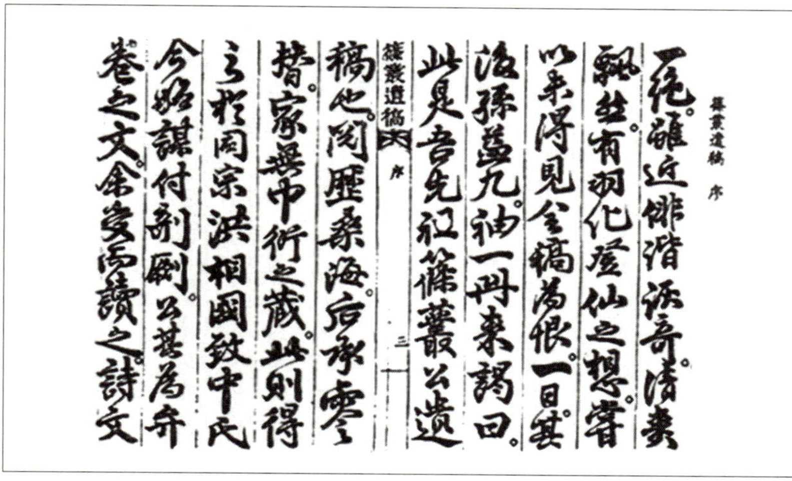

『소총유고』 서문 소총 홍유손의 문집 서문이다. 선조 때 저자의 아들 지성이 일차로 간행하였다. 서문은 퇴사 이경일이 지었다.

스 쿠랑의 『조선서지』 보유판에 수록됨으로써 세상에 알려지게 되었지만 실물과 내용은 확인되지 않다가, 1972년 '세계 도서의 해'를 기념하기 위한 책 전시회에 출품됨으로써 세계의 주목을 받게 되었다.

흥덕사에서 간행한 금속활자본은 하권 1책만이 프랑스 국립도서관 동양문헌실에 전하고 있다. 백운화상이 만년에 기거했던 취암사에서 간행한 『직지』 목판본 상하권은 국립중앙도서관과 한국정신문화연구원 장서각 및 영광 불갑사에서 소장하고 있다.

서문은 칭찬만 있는 것이 아니라, 주체자의 문학론이나 인품, 주요 사항을 기술하게 된다. 정조가 쓴 『격몽요결』의 서문을 보면 학자를 아끼는 군주의 생각이 잘 나타나 있다. 정조는 평소 『율곡전서』를 읽고 그의

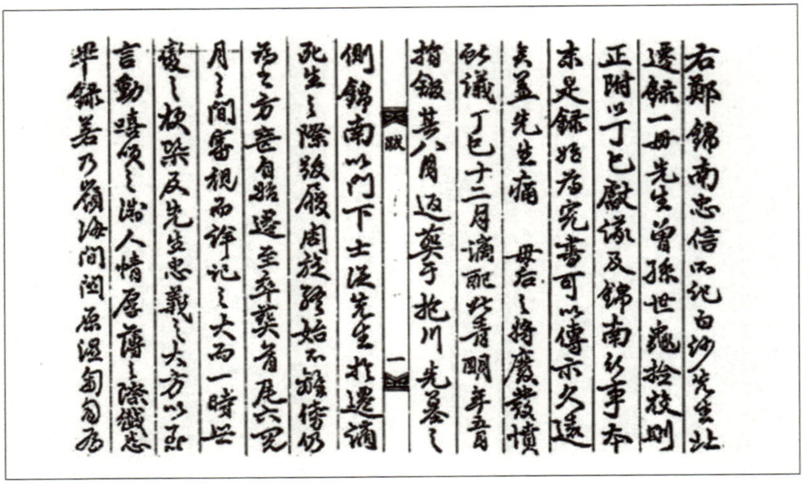

『백사선생북천일록』 발문 북천일록은 금남군 정충신이 귀양 가는 백사 선생을 수행하며 적은 일기이다. 발문은 홍문관 대제학을 지낸 이민서가 썼다.

인품을 흠모해 오던 중 강릉에 율곡이 직접 쓴 수초본『격몽요결』과 사용하던 벼루가 전하고 있다는 이야기를 듣고 곧바로 사람을 시켜 가져오게 했다.

글을 읽으면서 절실한 그리움이 가슴에 와 닿았다. 시원하게 흐르는 점과 획에서 온화한 품성, 광활한 기상을 함께 느낄 수 있었다. 둘 사이에는 200여 년의 간격이 가로놓여 있었지만 바로 옆에 있는 듯했다. 정조는 그 느낌을 적어 '격몽요결서'를 짓고 율곡의 후손 이병모에게 글씨를 쓰게 했다. 뿐만 아니라 그가 쓰던 벼루에도 명銘을 지어 보냈다. 1788년 정조 12년이었다.

서발은 저자나 독자에게 다 유용한 문학적 양식이다. 본인이 서문을 쓸 경우에는 공식적 자리를 떠나 독자와 마주앉은 솔직한 자리가 될 것이고, 다른 사람이 쓸 경우에는 저자를 다시 한 번 진지하게 생각하는 계기를 마련한다. 독자들은 그 서발을 통해서 보다 선명한 저자의 모습을 그리게 된다. 한 글자 한 글자 명확히 읽어 제대로 된 서발을 써야 한다고 강조한 연천 홍석주의 생각이 다시 그립다. 서발은 때에 따라 성찰과 지적 자극의 출발이 될 수 있기 때문이다.

독서당이 그립다

동호독서당으로 향하는 옥수동 고갯길, 지금은 '독서당길'이란 이름으로 남아 있다. 선비들의 느린 발걸음과 깊은 사색이 있던 곳, 새벽 공기 가르며 카랑카랑하게 들려오던 글읽는 소리 멎은 지 오래지만, 이름만이라도 남아 있다는 것은 퍽 낭만적이다. 그 길을 바쁘게 오가는 우리들에게 잠시 책 읽는 여유와 한가함을 생각할 수 있게 한다.

독서당은 국가적 차원에서 독서를 권장하고 학자를 양성하는 독서전문 기관이었지만, 궁극적으로는 필자를 양성하는 기관이기도 했다. 독서당은 사가 독서제의 발전된 형태이다. 세종은 집현전을 설치하여 학문과 덕행을 갖추고 큰 뜻을 실천하는 어진 신하들을 키우고 싶었다. 집현전은 연구 기능을 주로하여 관원들은 학문 연구에만 집중할 수 있도록 했던 것이다. 하지만 이것저것 밤낮없이 업무에 시달리다 보면 학문 연마는 뒷전이 될 때가 었다. 그렇게 허둥대는 신하들을 안쓰럽게 생각한 세종은 중신회의를 소집하여 "집현전의 관원 중에 젊고 유능한 사람을 선발하여 휴가를 보내 책을 읽도록 하라."고 지시하였다. 이른바 사가독서의 시작이다.

> 내가 그대들에게 집현관을 제수한 것은 그대들의 장래를 믿은 때문이다. 쉼 없이 글을 읽어 능력을 키워야 할 것이지만, 직무에 바빠 독서에 전심할 겨를이 없으니, 지금부터는 본전本殿에 출근하지 말고 글을 읽는 데 전력하도록 하라. 글 읽는 규범에 대해서는 변계량의 지도를 받는 것이 좋겠다(『세종실록』 세종 8년 12월 11일 경오).

선발된 사람은 출근하지 않고 아무런 걱정 없이 책을 읽을 수 있었다. 집안 살림걱정을 하지 않아도 될 만큼 풍족한 녹봉도 주어졌다. 하는 일은 종일토록 책 읽고, 사색하는 일이었다. 가끔씩 시상이 떠오르면 계절의 변화와 진실한 삶의 가치를 운율에 담기도 했다. 읽고, 사색하고 글을 쓰는 일, 가끔씩 마음 맞는 벗들과 어울리는 풍류, 그것이 사가독서를 하는 선비의 일과였다.

1442년 제2차 사가독서를 시행할 때 세종은 독서의 능률을 높이기 위하여 신숙주, 성삼문 등 6인을 진관사에 보내어 독서하게 하는 소위 상사독서上寺讀書를 실시하였다. 복잡한 시정을 떠나 경관이 수려한 산사에서 독서에만 전념할 수 있게 한 것이다. 이 상사독서는 1451년(문종 1)과 1453년(단종 1)에도 실시되다가, 세조가 왕위를 찬탈하여 집현전을 혁파함으로써 폐지되었다.

어진 임금 아래 어진 선비가 나게 마련이었다. 성종은 용산나루 부근에 일정한 장소를 마련하게 하고, 독서당 제도를 정착시켰다.

그 출발이 남호독서당이다. 성종 24년 승정원에 전교하기를 "용산강의 독서당이 낙성되었으므로 편액扁額과 기記를 내일 안에 걸어야 하겠으니 홍모관의 관원은 모두 그곳에 모이게 하라" 하여 축하의 자리를 마련했다.

그리고는 가끔 독서당에 들러 학문하는 신하들을 격려했다. 어떤 때는 잘 익은 술과 맛난 안주를 준비해 가기도 하고, 어떤 때는 신하들이 겨울에 입을 두툼한 솜옷을 챙겨 가기도 했다. 또 어느 때는 그 자리에서 글재주를 시험하여 훌륭한 글을 지은 사람에게 수정으로 만든 진귀한 술잔을 내려 감동시켰다. 이 모두가 학문에 열중하는 신하를 생각하는 임금의 마음 씀씀이였다.

이때는 독서당 문신들이 해야 할 절목도 만들었다. 각각 몇 권의 책을 읽었는지 계절마다 적어 올려야 하고, 매달 세 번씩 예문관의 관원들과 함께 글을 지어야 하는 의무도 주어졌다. 그리하여 우수한 사람은 예문관의 예에 따라 시상했다. 반면에 모든 업무는 벗어나고, 다만 정월, 동지 등 큰 의식에만 참여하게 하였다. 세종 때에 비하면 조금은 제한을 둔 것이었다.

성종 7년 6월 이조에서 다음과 같이 임금께 아뢰었다.

> 지금 전교를 받들건대 연소한 문신을 택하여 한적한 곳에서 독서하게 하는 절목을 상의하여 아뢰라고 하였는데, 세종조에는 문신으로서 연소하고 총명한 여섯 사람을 택하여 여가를 주고 경외京外의 한적한 곳에서 마음대로 독서하는 것을 허락하였습니다. 이제 또한 이러한 예에 의거하여 시행하게 하고, 주문당상主文堂上으로 하여금 때에 임하여 고강考講을 기록하고 혹은 제술製述하게 하여 근만勤慢을 규찰하게 하소서.

성종은 이조에서 제안한 이 말을 그대로 따라 시행했다. 아마 태만한 학자들이 있었던 모양이다. 세종 시절에는 없었던 일이다. 세종 때에는 아무런 제약 없이 글 읽는 그야말로 자유로운 자기 향상의 시간이었다. 하지만 성종조에는 강의를 들어야 하고, 근무의 태만을 측정하기 위해서 의무적으로 글을 써야 하는 임무를 부여한 것이다. 이러한 조치에 대하여 사신은 한마디 한다.

> 사신은 논한다. 문장의 학문이 과연 시나 읊고 소리를 내어 글을 외우는 데 있겠는가. 도덕과 예악의 글을 힘쓰지 아니하고, 다만 구구하게 사륙병려문四六倂儷文의 말단에 매이니 문장이 날로 낮아져서 점차 옛만 못함이 마땅하다(『명종실록』 명종 12년 9월 갑자).

동호독서당이 지금의 한강이 내려다보이는 옥수동 언덕배기에 자리 잡은 것은 중종 때의 일이다. 시정에서 그리 멀지 않으면서 자연 경관이 빼어난 곳을 택한 것이다. 지금은 고층 아파트가 빼곡하게 들어서 숲을 이루고 있지만, 그때는 산과 강이 조화를 이루어 책을 읽기에 안성맞춤인 곳이었다. 가까이 두모나루에는 고깃배들이 한가롭게 떠 있고, 흰 모래 사장엔 갈매기가 날개를 접는 곳, 아득히 압구정 정자도 눈에 들어왔다. 새벽의 강안개, 황혼녘의 황금물결이 그들을 사로잡는 곳이었다.

독서당이 지속적인 환영만을 받으면서 운영된 것은 아니었다. 흉년이 들어 나라 살림이 어려워지자 일부 신하들은 낭비적 요소가 많다 하여 독서당을 폐하여야 한다는 의견을 들고 나오기도 했다. 대사헌 남곤南袞이 말했다.

> 들으니 흉년이라 하여 독서당 폐할 것을 청했다 하는데, 신은 폐해서는 안 된다고 봅니다. 지금 변방의 일이 많으니 군비를 튼튼히 하는 데 힘써야 하겠지만, 가르치는 일 또한 중요합니다. 하물며 독서당은 선왕께서 설치하신 바요, 인재를 선발해서 독서당을 가득 메우는 일 또한 매우 중요한 것입니다. 폐조 이래로 문교를 소홀하게 하였으니, 전하께서는 더욱 중시하셔야 할 것입니다. 이제 만약 사학유생四學儒生까지 줄인다면, 문교를 중히 여기는 뜻이 어디에 있겠습니까?(『중종실록』 중종 6년 10월 4일)

흉년이 들었다고 독서당을 폐해야 한다는 여론을 반박한 남곤의 생각은 절실한 것이었다. 중종은 남곤의 말을 받아들여 독서당은 그대로 존속된다. 그 뒤 광해군 때에 와서 독서당은 폐지된다. 광해군이 비변사에 전교하였다.

> 군사를 일으켜 일이 많고 경비가 모자라는 때를 당하여 제향祭享이나 어공御供 외에 경비를 줄일 수 있는 일은 할 수 있는 데까지는 다 해보아야 한다. 독서당을 설치한 것은 사신詞臣을 양성하려는 것이니, 태평 시대를 장식하는 도구이다. 임진왜란 이후 오랫동안 폐하였다가 다시 설치한 지 몇 년이 되었는데, 포진鋪陳·공억供億 및 하인의 요포料布의 숫자가 한 도감의 경비에 맞먹는다. 마침 지금 관원이 3명 밖에 안 되고 모두 사한詞翰에 노성한 사람들이니 반드시 번을 나누어 연습할 것이 없다. 독서당을 우선 일이 안정될 때까지 폐지하고, 그들로 하여금 집에서 익히게 하도록 하라(『광해군일기』 광해 14년 2월 27일).

광해군은 독서당을 태평한 시대를 장식하는 도구라고 했다. 나라가 어려울 때는 당연히 폐지하여 경비를 줄여야 한다는 것이다. 앞의 여러 임금들과는 생각이 달랐다. 독서당은 폐지되었지만 정조 때에는 규장각을 설치하여 독서당이 새롭게 태어났다.

독서당은 글을 읽는 사람들의 꿈과 같은 것이다. 며칠만이라도 아무런 걸림 없이 책을 읽을 수 있다면 오죽 좋을까. 독서당을 지키던 옛사람들은 무엇을 위해서 책을 읽었을까. 책에는 모든 것이 들어 있다고 생각했다. "집안을 일으켜 부유하게 만들려고 하는 사람, 굳이 기름진 논

독서당계회도讀書堂契會圖 조선시대 인재양성을 위한 독서연구 기구인 독서당을 배경으로 그린 계회도이다. 계회는 소속이 같은 문인들이 친목을 도모하고 풍류를 즐기기 위한 모임이다. 사가독서賜暇讀書하던 선비들이 한강변에서의 모임을 그린 그림이다. 서울대학교 박물관 소장

밭 장만하지 않아도 된다. 마음 편히 살고 싶어 하는 사람, 굳이 좋은 집을 사지 않아도 된다. 문밖 나설 때 호위하며 따르는 사람 없다고 한탄할 필요도 없다. 아름다운 여인을 아내로 맞으려고 안달할 필요도 없다. 이 모든 것이 책 안에 있기 때문이다." 송나라 진종眞宗이 책을 말한 것이다.

보통 사람이 추구하는 현실적인 소망과 바람, 그것 뿐 아니라 그 정신의 힘을 키우는 것도 책이라는 것을 강조한 것이다.

지금 조선시대의 독서당과 같은 제도가 없는 것은 아니다. 더 좋은 환경과 더 좋은 여건이 주어질 수도 있다. 독서당에 들어가 책을 읽던 선비들은 책을 통해서 내면을 다스리는 법을 배우려 하였고, 지금의 책 읽기는 과정보다는 현실에 무게 중심이 놓여 있다. 그래서 사람을 사람으로 평가하기 보다는 그 사람이 있는 자리가 사람을 평가하는 시대를 만들고 있다. 내면을 다스릴 줄 아는 방법을 터득하기 위해 책을 읽던 독서당, 소나무 숲을 울리던 그들의 책 읽는 소리가 그리운 것이다.

세종이 우리에게 다시 묻다

책 읽는 군주

역사는 우리가 살고 있는 오늘을 비추어 볼 수 있는 거울이 된다. 문화의 황금기를 출판으로 꽃 피운 세종 시대, 오늘의 상황과는 분명 다르겠지만 그때도 출판이 안고 있는 문제는 있었을 것이고, 그 문제를 해결하기 위하여 부단히 고민했었을 것이다. 15세기 한 호학의 군주가 출판의 진흥을 위해서 무엇을 고민했고 어떻게 해결했는지, 그를 거울로 삼아 오늘의 우리를 들여다본다.

세종은 재위기간 동안 각 분야에 걸쳐 약 80여 종의 도서를 편찬하여 출판의 전성기를 이루었다. 과학기술, 법제, 문학, 예술, 역사, 지리, 여러 방면을 포괄하면서 흩어져 있던 것을 체계적으로 정리하고 새로운 사실을 찾아 보탰다.

역대 어느 왕보다도 문치에 힘썼던 세종은 무엇보다 학문의 기본 틀을 잡으려 노력했다. 그의 아버지 태종은 강력한 통치체제 구축에 힘쓰는 한편, 계미자 주조, 조지소 설치 등을 통하여 세종 시대의 도서 편찬의 기본 여건을 마련해 주었다. 이러한 아버지의 뜻에 세종의 호학성과 탁월한 지도력이 보태졌다.

세종은 식사자리에서도 책을 놓지 않을 만큼 독서열이 대단하였다. 아버지는 밤새워 책을 읽는 아들이 몸을 상하게 될까봐 밤에 책 읽는 것을 금지시킨 적도 있었다(『태종실록』 18년 6월 임오). 스스로 신하들에게 "나는 한가롭게 앉아 있을 새 없이 늘 책을 가까이하여 경전은 물론 본국 역대의 사대문적事大文籍까지 읽지 않은 것이 없다. 책을 읽은 뒤에는 잊은 일이 없었다."고 한 적이 있다. 재위 21년 3월까지 1,898회에 이르는 경연도 열었다. 곧 세종의 독서열은 독서하는 신하를 만들었고, 또 그들의 독서열은 출판의 발전을 가져오는 힘이 되었다. 그러한 독서와 토론 과정에서 연구의 싹을 틔웠고 책의 필요성과 요구도 증대되었다.

도서 수집활동은 세종이 관심을 갖고 추진한 사업의 하나였다. 일차적으로 학문 연구 활동을 위해서 책의 수집이 필요했던 것이다. 사신을 중국에 보내어 구하기도 하고, 국내 곳곳에 문신文臣을 파견하여 널리 수집하였다. 책을 바치는 사람은 포상도 하였다(『세종실록』 3년 3월 무자).

세종 시대 도서를 편찬한 기관으로는 집현전, 춘추관, 언문청 외에도 육전수찬색, 의례상정소, 종부시, 서운관 등 여러 기관들이 있었다. 집현전의 학사들에 대한 세종의 배려 또한 컸다. 그 관원을 각 품의 반두에 두었고 사헌부의 규찰을 받지 않게 하여 신분상 특혜도 주었다. 연구에 필요한 도서를 수집 제공하였고, 사가독서제를 마련하여 연구에만 전념할 수 있도록 하였다.

종이 수급을 위한 여러 방안들

문풍은 진작되고 연구 실적은 쌓여 갔다. 이들을 출판으로 완성시키기 위해서는 종이 부족이 가장 큰 문제였다. 세종은 종이의 원활한 수급을 위하여 1차적으로 조지소를 확장하였다. 조지소는 이미 태종 시대에 설치된 관청이었지만, 그때는 단지 지폐를 만드는 데 필요한 종이를 표준화하기 위한 것이 주목적이었다.

세종 때에는 이를 확대하여 서적을 인쇄할 여러 가지 종이도 만들게 하였으니, 품종도 다양했고 품질도 뛰어났다. 조지소 관리들의 업무가 과다해지자 기구 확대도 꾀하여 제거提擧, 제조 등을 별도로 두게 하였다. 직접 종이를 생산해내는 장인은 지장紙匠 81명, 목장木匠 2명, 염장染匠 8명으로 구성되었다.

여기서 생산하는 종이로도 수요에 충족할 수 없자 국고로 종이 원료인 닥나무를 사들여 지방에서 종이를 만들어 바치도록 하였다. 이렇게 하여 만든 책이『사기』,『성리대전』,『오경』,『사서』,『자치통감』등이다. 책지의 주원료인 닥나무의 생산이 많지 않아 절이나 넓은 공터에 재배를 장려하기도 했다. 수입에도 관심을 기울여 세종 12년에는 대마도에서 왜

저를 구해오게 하기도 하였다(『세종실록』 12년 8월 정유). 그래도 출간을 기다리는 도서는 많았고 종이는 부족했다. 드디어 세종은 혼합용 종이를 만들 것을 제안한다.

> 닥은 국고의 쌀로 바꾸고, 경내의 중들을 시켜 종이 뜨는 일을 하게 하되, 의복과 음식을 주어라. 흔한 쑥대와 밀 · 보릿짚, 대껍질, 삼대 등에 닥을 5:1로 섞어 종이를 만들면 종이의 힘이 강할 뿐만 아니라 인쇄에도 적합하다. 닥나무의 사용도 줄게 될 것이다(『세종실록』 권65, 16년 7월 임진).

궁여지책이 아닐 수 없다. 관영 조지서에서 종이 생산을 늘리고, 지방에서 사들이고, 그래도 부족하여 수입도 하였지만, 닥나무의 부족은 출판의 순조로운 진행을 막고 있었다. 밀짚과 보릿짚을 섞어서 인쇄할 종이를 만들 생각까지 하게 한 것이다. 현실을 극복하려는 의지의 소산이다.

필요하면 길은 열리고

세종 시대에는 활자 개량 등 인쇄기술 면에 있어서도 혁신을 가져왔다. 앞서 태종은 주자소를 설치하고 활자 주조와 인쇄를 담당하게 했다. 당시 인쇄를 관장하는 승정원은 궐내에 있고 실무를 담당하는 주자소는 궐 밖에 있어 업무의 효율이 떨어졌다. 세종은 1435년(세종 17) 9월에 주자소를 경복궁 안으로 옮겨 업무의 효율을 꾀했다. 업무의 중요성을 감안

하여 유능한 관리를 배치하였고, 교대할 때에는 전임자와 후임자 간에 업무 인계를 철저하게 하도록 했다. 또 자주 바꾸면 업무가 소홀해져 만기가 되어야만 교체할 수 있게 하였다.

세종은 즉위 초부터 경자자, 갑인자, 병진자 등의 활자 주조에 직접 관여하여 2단계의 개량을 보았다. 세종대에 처음으로 만든 활자 경자자는 세종 2년(1420) 11월에 착수하여 7개월에 걸쳐 완성했다. 『세종실록』에 "경자자에 이르러 조판용 동판과 활자를 평평하고 바르게, 또 튼튼하게 만들어 서로 잘 맞도록 개량하니, 밀랍을 녹여 사용하지 않아도 활자가 움직이지 않고 매우 해정楷正하여 인쇄 능률이 올랐다."(『세종실록』 세종 3년 3월 24일)라고 적고 있다.

다음에 만들어진 활자가 갑인자다. 두 달 동안에 20여 만 개에 달하는 대자와 소자를 만들었다. 경자자의 자체가 작은 단점을 보완하여 크기를 키웠다. 이 활자에 어울리는 한글활자도 처음으로 만들었다. 조판도 새로운 방법을 찾아 밀납 대신 죽목竹木으로 빈 틈을 메우는 단계로 발전되었다. 두 배 이상의 능률이 올랐다. 닳은 활자, 부족한 글자는 새로 만들어 1580년(선조 13)에 재주再鑄할 때까지 140여 년간 사용되었다. 이 활자는 1777년에 여섯 번째 만들어 사용할 만큼 완벽한 활자였다.

1436년(세종 18)에는 연활자를 만들게 되는데, 이 활자가 병진자다. 자체는 둘째 왕자인 진양대군의 글씨를 썼다. 세종은 『자치통감강목』의 풀이가 미진하고 구두점이 명확하지 못하여 보기에 불편함을 느끼게 되자, 강목에 관련된 자료를 수집하고 사건마다 주를 달아 보기에 편하도록 강

세종대왕신도비 1452년(문종 2) 건립되었다. 세종대왕기념관 경내에 있다. 비문의 글자는 닳아 없어졌지만 백성을 사랑하는 마음으로 책을 만든 그 정신은 살아 있다.

목의 훈의訓義까지 만들게 하였다. 이 책이 완성되자 그 간행에 필요한 종이 35만 권(700만 장)을 중앙과 지방에 만들게 하여 총 권수 139권에 달하는 방대한 책을 간행해 냈다. 중간 글자와 작은 글자는 갑인자를 사용하고, 강綱의 대자는 새로 만든 활자를 써서 인쇄하였다. 연활자의 초조

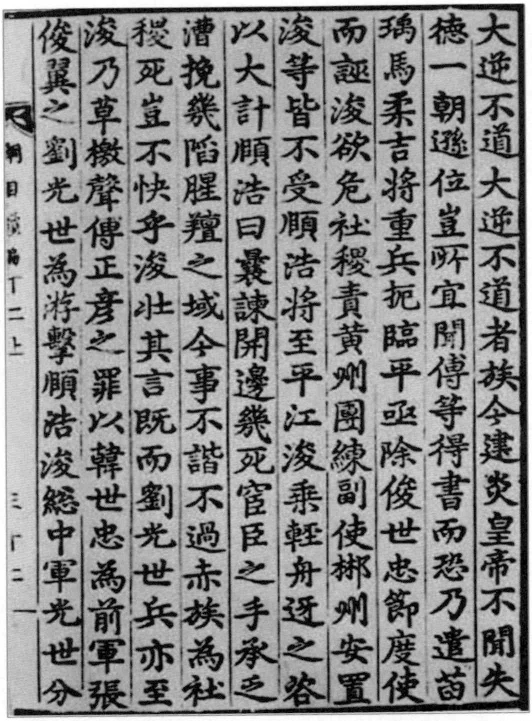

大逆不道大逆不道者族今建炎皇帝不聞失
德一朝遜位豈所宜聞傅等得書而恐乃遣苗
瑀馬柔吉將重兵扼臨平亟除俊世忠節度使
而詆浚欲危社稷責黃州團練副使郴州安置
浚等皆不受頤浩將至平江浚乘輕舟迓之咨
以大計頤浩曰曩諫開邊幾死宦臣之手承乏
漕挽幾陷腥羶之域今事不諧不過赤族爲社
稷死豈不快乎浚壯其言旣而劉光世兵亦至
浚乃草檄聲傳正彦之罪以韓世忠爲前軍張
俊翼之劉光世爲游擊頤浩浚總中軍光世分

오주갑인자본 신정자치통감강목속편. 정조가 동궁으로 있던 1772년(영조 48) 임진년에 다섯 번째 갑인자로 찍은 활자본이다. 1차 갑인자는 1434년(세종 16)에 주조되었다.

인 것이다.

세종은 독서와 학문 진작을 통하여 문풍을 크게 일으켰다. 이는 출판의 필요성이 강조되는 결과를 가져오게 했다. 관련 부서의 정비를 통하여 생산성을 극대화하였고, 필요하면 새롭게 신설하기도 했다. 책을 찍어낼 종이와 활자의 부족, 인쇄 방식의 비효율성은 세종이 해결해야 할 문제 중의 하나였다. 밀짚 종이를 생산하게까지 이르고 갑인자라는 한국 정서에 맞는 활자를 개발하였다.

세종은 우리에게 말한다. 너희들이 진정으로 최선을 다했느냐. 독자를 사랑하는 마음으로 책을 만들었느냐. 필요로 하면 반드시 길은 있다. 나 또한 너희와 똑같이 책을 사랑했던 사람이다. 단지 밤잠을 설쳐가며 길을 찾았을 뿐이다. 독자를 사랑하는 마음으로 책을 만들었을 뿐이다. 바로 너희들이 그 길을 용기로 가야 할 시기인 것이다.

농업경쟁력 대안 제시한 북학파의 농서들

18세기 지배계층이었던 사대부는 유교적 명분론에 빠져 있었고 생산계층이었던 농민은 생활고에 시달렸다. 이때, 농민의 어려운 현실에 눈을 돌린 사람들이 있었다. 당대 사대부들의 의식을 지배하던 형식적인 '북벌'이 아니라 오히려 상대방의 장점을 소화함으로써 어려운 시대를 헤쳐가야 한다고 주장한 소위 북학파들이 그들이다. 이들은 우리의 농사법을 개발하여 생산성을 높이는 것이 피폐한 농촌 현실을 구하는 길이라고 생각했다. 이들이 남긴 일련의 농업 서적은 당시의 농촌이 처한 현실과 이를 타개하기 위한 절실한 고민이 담겨 있다.

체계적 농서 편찬의 필요성을 느낀 정조는 선왕 영조가 적전籍田에 친경한 지 50년 되는 날을 기하여 농서를 널리 구하는 윤음綸音을 내렸다.

그 해가 1798년(정조 22)이다. 정조는 윤음의 첫머리에 "농정을 바로 세우고 농서를 체계적으로 편찬하는 일은 농부들이 가을 수확을 고대하는 것보다도 더 간절한 일"이라고 적고 있다(『정조실록』 정조 22년 11월 30일). 농업 장려에 관한 윤음을 내린 것은 어느 왕 때나 있었던 일이지만 정조에게는 더없이 절실한 문제였다.

이러한 윤음에 답하기 위하여 박제가는 『북학의』의 내용을 간추리고 체제를 고쳐 올렸는데 이것이 『진소본북학의進疏本北學議』다. 또 지방 군수로 있으면서 농사에 관심을 갖고 있었던 박지원도 오래전에 써두었던 『과농소초』를 다시 정리하는 한편, 여기에 '한민명전의限民名田議'를 덧붙여 임금의 뜻에 답했다. 이 농업 서적은 당대 피폐한 농업현실에 대한 선각자의 반성이며 농업 경쟁력을 위한 새로운 대안이기도 했다.

혈맥이 통하도록 해야

박제가의 혁신적 개혁사상을 담고 있는 『북학의』는 1778년 여름 사은사 채제공을 따라 연경에 갔다가 돌아온 그해 9월에 쓰여졌다. 정조가 윤음을 내리기 20년 전에 쓰여진 것이다. 서문에 보면 "청나라의 습속 중에서 우리가 본받을 만한 것, 사용하기에 편리한 것을 보고 들은 대로 적었다. 또 우리가 시행해서 이로운 것과 해가 되는 것을 덧붙여 풀이하였다."라 하여 항목의 취사 선택과 서술 기준은 우리에게 필요한 것, 우리 실정에 맞는 것임을 분명히 하고 있다. 이렇듯 우리에게 필요한 것이면 배워야 한다는 관점은 북벌론이 사고의 중심이었던 당대 사대부들의 생각과는 큰 거리가 있는 것이었다.

그가 본 당시의 농민의 실상은 말이 아니었다. "화전을 일구고 나무뿌리를 캐내느라 열 손가락은 모두 모질어졌고, 허리를 굽혀야 겨우 들어갈 수 있는 그을린 집에서 낡은 솜옷으로 추위를 견뎠다. 깨진 주발의 거친 밥, 소금도 치지 않은 풋나물뿐이다." 이렇듯 민생은 날로 곤궁해지고, 생활은 궁핍해지는데 사대부는 옛 법에만 얽매어 있었다.

박제가는 이러한 현실의 타개책으로 농업 생산성 향상과 유통의 합리성 확보를 들었다. 『북학의』는 내편과 외편으로 나뉘어지는데, 농업에 관련된 내용은 외편에 수록하고 있다. 외편은 다시 밭·거름·농잠총론·과거론·재부론 등 여러 항목으로 분류하여 설명하고 있는데 생산성 향상을 위한 기술적인 문제와 유통, 사대부의 의식변화 촉구 등이 핵심 요지이다.

박제가는 사대부와 과거시험이 농사를 망치는 것이라 했다. 사대부는 농사를 경시하고 과거에만 전념하여 결국 농사짓는 사람은 무지한 사람과 부녀자뿐이니 농사가 잘될 리 없다고 본 것이다. 또한 "농사는 사람의 창자와 같고 수레는 혈맥과 같아, 혈맥이 통하지 않으면 사람이 윤택할 수 없다."고 하여 수레를 만들어 생산된 농산물을 유통시켜야 함을 강조하였다.

이처럼 생산성 향상의 기반을 사대부의 의식 개혁에 두고, 발전된 청조 문화의 과감한 수용을 통한 생산 기술의 혁신, 여기에 유통의 원활을 꾀해야 한다는 것이 그의 농업 발전에 관한 기본 생각이었다.

필요하면 오랑캐에게서라도 배워야

박지원의 생각도 이와 멀지 않다. 이용후생에 근거하여 "백성에게 이로움이 있는 것이라면 오랑캐에게서라도 배워야 한다."는 것이 그의 변함없는 주장이다. 박지원은 중년 이후 서울을 떠나 황해도 금천군 연암협에 은거하면서 우리나라 농업의 현실을 가까이서 살필 수 있었다. 그가 파악한 당대 농업 현실은 어두웠다.

> 말기末技가 농본農本을 이기고 경제는 소홀해지고, 공허한 문장만을 숭상하여 있는 자는 배부르고 등 따뜻하여 편안한 것만 알고, 의식이 생겨나는 곳을 알지 못하며 가난한 자는 송곳 꽂을 땅조차 없으니 어떻게 농사를 배우고 포전이나마 만져 보겠는가?

실질적인 학문과는 거리가 먼 명분론에 치우쳐 민생을 등한시하였던 관리의 각성을 촉구하고 있는 것이다. 『과농소초』는 15편으로 이루어졌는데, 농업의 중요성과 관리가 해야 할 일, 전제의 개혁, 땅을 가는 법, 거름 만드는 법과 시비, 수리시설 개량법, 곡종 선택법, 곡식의 품종, 파종법, 농기구, 수확 및 저장법 등 농업기술과 경제 전반에 걸쳐 언급하고 있다.

그는 또 자연 현상에서만 의지하여 농사짓던 재래의 방법을 버리고 자연 재해를 극복할 수 있는 근본적인 대책을 마련해야 한다는 현실적

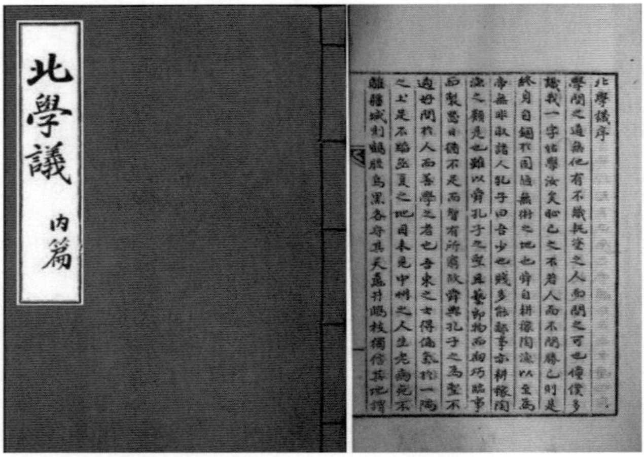

『북학의北學議』 1778년(정조 2)가 박제가가 청나라의 풍속과 제도를 보고 돌아와 쓴 책이다. 정조가 농서를 구하는 윤음을 내리자 우리 농업현실에 맞도록 체제를 달리하여 '주의본 북학의'를 편찬했다.

문제를 제시하기도 하였다. '점후占候' 항목에서는 구름의 변화로 날씨를 점치는 것이 중요한 것이 아니라, 수리시설을 완벽하게 하는 것이 더 중요함을 강조하였다. 견종법畎種法의 시행, 수차水車의 이용, 제방과 저수지 건설 등을 주장한 것은 이용후생에 관심을 두었던 연암의 정신적 소산이다.

나아가 농촌 경제를 안정시키기 위해서는 토지제도를 개혁해야 한다고 보고, 한전제限田制를 주장하게 된다. 토지 소유에 한도를 정해 토지 점유를 막으면, 토지는 상속이나 매매 등의 방법으로 자연히 소유가 집중되지 않게 된다는 논리이다.

북학파 이전에도 농서는 있었다. 그러나 북학파의 농서는 이들과 다르다. 화초 키우고, 물고기 기르고, 술 빚는 법 등 사대부의 한가한 취미생활을 위한 농서는 아니었다. 제도를 개선하여 농민들의 생산 의욕을 높이고, 우리 풍토에 맞는 농업 기술을 개발해야 함을 강조하고 있다. 여기에 유통망을 확충해야 농업은 살아나고 농민의 생활은 안정된다고 본 것이다.

실학자들이 파악한 2백여 년 전의 농촌 현실은 오늘과 크게 다르다. 그때는 먹고 살기 위한 생산성 향상이 가장 절실한 문제였지만, 지금은 넘쳐나는 것이 문제다. 당연히 고민해야 할 문제도 다르다. 그러나 현실을 바로 보고, 구체적 대안을 제시하려고 했던 실학자들의 생각은 예나 지금이나 다르지 않다. 자신의 입장에서 농업현실을 본 것이 아니라 농민의 입장에서 현실을 보고, 이를 개혁하는 것이 모두를 위하는 길이라고 생각했던 북학파의 생각, 그때 써놓은 농서에서 발견하게 되는 가르침이다.

하늘이 내린 노래

넘을 수 없는 벽

붉게 타는 저녁놀, 가을 산사의 새벽 종소리, 무리지어 날아가는 철새 떼, 꽃피어 잠 못 드는 봄밤, 모두가 마음을 움직였다. 솟구치는 마음의 움직임을 표현할 수 있는 문학 양식은 시였다. 그들의 느낌은 세련된 형식에 담겨 시로 세상에 나타났다. 그런 점에서 그들은 분명 시인이었다. 그러나 세상은 그들을 시인이라 하지 않았다. 표현력의 부족이나 형식의 미완이 아니라, 신분이 그렇게 만들었다. 태어난 그 순간, 이미 결정된 중인이라는 신분은 벗을 수 없는 굴레가 되어 그들을 제약했다. 통역을 담당하는 역관, 마음의 병까지 다스리는 의원, 그리고 첩의 소생 서얼, 소위 중인계층으로 불렸던 그들은 신분사회의 처절한 벽을 뛰어넘지 못한 채 그들만의 시인으로 남아 있었다.

그들은 문화의 생산자였고, 수용자였고, 또 전파자였다. 사대부들에 버금가는 지식과 품격을 갖추었지만, 중인이라는 신분적 제약으로 주변 인물로 만족해야 했다. 양반들은 중인을 행정 관리, 기술관으로 묶어두기 위해 관념적으로도 철저히 차별하였다. 이들이 갖추고 있는 지식이나 담당 업무는 양반사회에서는 2차적인 것이었겠지만, 오늘의 사회에서는 1차적인 것이 된다. 그래서 그들이 느끼는 신분의 벽은 더 높게만 느껴졌다.

그들이 일하는 곳은 사역원, 내의원, 관상감 등의 관서였기 때문에, 광교 부근에 집단 거주지를 형성하기도 하였다. 이를 '중촌中村'이라고 했다. 역관들은 사신을 따라 외국에 자주 드나들면서 무역을 부업으로 하여 상당한 부를 축적할 수 있었다. 서얼들은 제도에 불만을 품고 과거 응시를 허용하라는 집단 상소를 여러 차례 올렸다. 1724년(영조 즉위년)에는 5천 명이 집단 상소하였고, 1823년(순조 23)에는 만 명에 달하는 서얼 유생들이 허통을 요청하는 집단 상소를 올리기도 했다. 지식과 경제력을 가진 역관과 의원, 그리고 신분 때문에 운신의 폭이 제약되었던 서얼들, 그들은 결집의 필요성을 공통으로 느끼고 있었다.

그들만의 풍류

그들대로 세를 규합하는 한편 사대부의 전유물이었던 문학활동을 전개했다. 한 장소에 모여 시를 읊고 평가하는 시회詩會도 자주 열었다. 시회의 장소는 시심을 자극할 수 있는 경관 좋은 곳이었고, 참여하는 사람은 같은 처지에 있는 비슷한 또래의 사람들이었다. 재정적으로 후원하는 사람도 나타났고 시를 지도하는 사람도 생겼다. 바로 시사詩社의 형성이다.

중인층이 중심이 된 시사가 형성된 것은 17세기 숙종조 무렵이다. 이들은 절차탁마하는 가운데, 시작詩作에 충실하였다. 때로 사대부 시인에게 평가를 받기도 하며 그들과의 교유도 확대해 나갔다. 낙사시사, 직하시사, 송석원시사, 서원시사, 육교시사 등이 신분에 제약을 받았던 중인들이 모여 조직했던 시회들이다.

이들은 시작뿐만 아니라, 송석원시사에서는 '백전白戰'이라는 전국 규모의 문학 백일장도 열었다. 봄·가을 1년에 두 차례 열리는 이 백일장은 중인층의 시적 재능을 발휘하는 기회가 되었다. 남북 두 패로 나누어 서로 다른 운韻을 사용하게 함으로써 공정을 기하여, 수백 명이 참가하는 성황을 이룰 정도로 성장하였다.

시사의 출발을 연 것은 낙사시사다. 내수사에 근무하던 임준원이 축적된 부를 중심으로 후원하였고 시적 재능이 뛰어난 홍세태가 앞에서 이끌었다. 10명의 자녀를 모두 먼저 보낸 홍세태洪世泰는 자신의 시문집을 엮어 스스로 서문을 써 부인에게 맡길 정도로 시에 대한 애착이 강했다. 7, 8세에 글을 지을 만큼 뛰어난 재주를 타고났으나 중인이라는 신분의 제약은 항상 그를 따라다녔다.

평생 시만 쓰다 간 천수경千壽慶은 송석원시사를 이끌었다. 넉넉지 못한 집안에서 태어난 그는 인왕산 옥류천 소나무 아래에 초가를 짓고 '송석도인'이라 자처하며 친구를 모아 시를 읊었다. 남긴 작품은 불과 7수에 지나지 않지만, 그가 세상을 떠난 뒤 묘비에 '시인천수경지묘詩人千壽慶之墓'라고 새겼을 만큼 시인으로서의 자부심이 대단한 그였다. 이 모임은 1786년(정조 10)에 결성되어 1818년(순조 18)까지 이어졌다.

시사의 마지막을 장식한 것은 육교시사다. 1870년대 후반 강위姜瑋를 중심으로 결성된 육교시사는 중인의 집단거주지였던 육교(六橋: 청계천 하류로부터 여섯 번째 다리, 곧 광교)를 시사의 명칭으로 삼았다. 참여한 동인들은 모두 의역에 종사하는 중인 출신이었다. 이들은 개화기를 맞아 개화파로 변모를 보이게 됨으로써 신분의 질곡에서 벗어나는 전기를 마련하기도 하였다.

하늘이 준 노래

시사를 조직하여 시적 역량을 키워 온 중인들은 사대부의 시집에 자신들의 시가 수록되지 못함을 안타깝게 여겨 그들만의 공동시집 간행을 준비하게 된다. 공동시집의 출발은 1668년(현종 9)에 간행된 『육가잡영六家雜詠』이다. 최기남·남응침·정예남·김효일·최대립·정남수 등 여섯 사람의 2백여 편을 모아 간행된 이 시집은 최초의 위항시집이라는 의의를 지닌다. 위항시인들을 크게 고무시켰을 뿐만 아니라, 이후 약 200년간 중인의 문학활동이 동인그룹을 형성하여 발전하게 되는 전기를 마련하였다.

이보다 한 단계 발전된 것이 1712년(숙종 38)에 홍세태가 간행한 『해동유주海東遺珠』다. 홍세태는 서문에서 "시를 짓는 데 있어서 신분의 높고 낮음이 무슨 문제가 되겠는가. 사람이 빈천하다 하여 작품이 세상에 전하지 않는 것은 슬픈 일이다."라고 위항시집 간행의 동기를 밝히고 있다. 『육가잡영』이 동인지 성격을 띤 것이라면, 『해동유주』는 당시까지 이름난 위항시인의 시를 망라한 본격적인 위항시선집이라 할 수 있다. 이 책이 간행됨으로써 시인으로서 중인계층의 문학활동을 세상에 알리는 계기가 되었다.

이후 20여 년이 지난 1737년(영조 13)에는 『소대풍요』가 간행된다. 채팽윤이 선하여 간행한 이 시집은 위항시인 162인의 시 685수를 시체별로 수록하고 있다. 수록된 시인은 중인·서인을 비롯하여 상인·천예까지도 망라하고 있지만 그 중심은 의역醫譯 중인과 서리이다. 이 책에 이르러 조선 초기부터 숙종 때까지의 위항시인의 시작품을 정리하는 작업이 마무리된 셈이다.

이 책의 편집에 참여한 고시언은 말한다.

> 이 책은 사대부의 『동문선』과 표리를 이룬다. 사람이 만들어 놓은 신분에는 귀천이 있을 수 있지만 하늘이 준 노래는 같은 소리다.

어려운 작업을 해낸 그들은 앞으로 60년마다 중인들의 시작품을 모아 공동시집을 간행하자고 굳게 다짐했다. 그들의 뜻과 같이 『소대풍요』가 간행된 지 꼭 60년이 지난 1797년(정조 21)에는 『풍요속선』을 간행하고, 다시 60년 뒤에는 『풍요삼선』을 간행하였다. 『풍요속선』 간행의 중심에는 편집을 담당한 천수경과 교열을 담당한 장혼張混이 있었다. 천수경은 송석원시사를 주도하던 인물이고, 장혼은 평생을 규장각 서리와 외각의 교서校書로 있으면서 책과 씨름해 온 인물이다. 『소대풍요』 이후의 위항시인 333명의 시 723수를 싣고 있는 이 책에는 당시 대제학이던 홍양호와 정창순·이가환의 서문을 싣고 있다.

다음 시기의 『풍요삼선』에는 더욱 방대한 양의 위항시를 수록하게 된다. 『풍요속선』이 간행된 지 60년 되는 해인 1857년(철종 8) 『풍요속선』 이후의 위항시인 305명의 시를 수록하고 있다. 직하시사의 동인 유재건·최경흠 등이 중심이 되어 간행하였다. 위항인의 시만을 묶어 펴내는 전통은 이 『풍요삼선』에서 그치게 된다. 1917년 『풍요삼선』이 간행된 지 60년이 되자 풍요사선의 간행이 논의되기도 하였지만 다수 중인출신 시인들은 출간을 반대하였다. 더 이상 중인이라는 신분적 한계를 갖지 않아도 되었기 때문이었다. 대신 장지연이 신분을 초월한 시선집 『대동시선大東詩選』을 간행함으로써 작품이 아닌 신분으로서의 한계는 끝을 맺게 된다.

숨겨진 보배들

중인계층의 공동시집 출간과 함께 공동전기의 간행은 주목해야 할 사항이다. 19세기 중반 직하시사 동인들이 중심이 되어 편찬된 『호산외사壺山外史』, 『이향견문록里鄉見聞錄』, 『희조일사熙朝軼事』 등이 그것이다. 조희룡

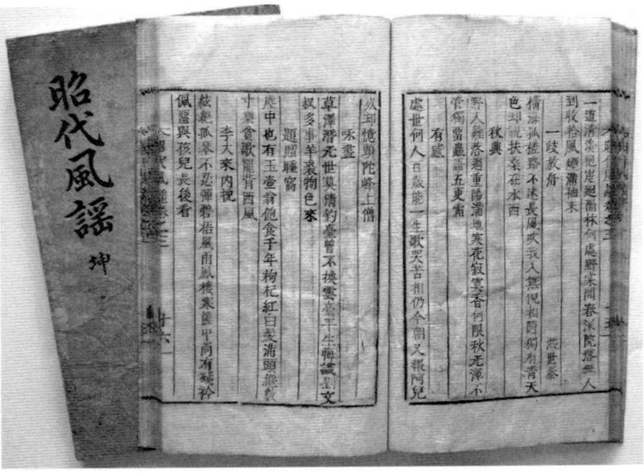

『소대풍요』 조선후기 고시언과 채팽윤이 위항시인의 시편을 정리하여 1737년에 간행한 시선집. 9권 2책. 활자본이다. 중인·서인 등 162인의 시 685수가 시체에 따라 수록되어 있다.

에 의하여 1844년(헌종 10)에 간행된 『호산외사』는 39명의 위항시인들의 행적을 정리하여 싣고 있다. 18년 후에 간행된 『이향견문록』은 직하시사 동인이자 『풍요삼선』을 편찬한 유재건이 308명의 위항시인 전기를 학행, 충효, 지모, 열녀, 문학, 서화, 잡예, 승려·도류道流 등으로 분류해 수록하였다. 조희룡이 쓴 서문에 저자가 "금강산을 탐승하고 나서 뛰어난 절경이 심산유곡에 파묻혀 있듯 이항里巷에 묻혀 사는 유능한 사람들 또한 많을 것이라는 생각에서 각 방면에 뛰어난 하층 인물의 행적을 찾아 기록하였다."고 하였다.

다시 4년 후 1866년(고종 3) 같은 직하시사 동인 이경민은 『희조일사』 상하 2권 1책을 펴냈다. 학문, 충의 등 여러 분야에 걸쳐 역사의 기록에 빠진 내용을 널리 수집해 편찬한 위항인들의 공동전기이다. 예조판서 남병

『**풍요속선**』 조선후기 천수경 등이 『소대풍요』의 속편으로 『소대풍요』가 간행된 지 60년이 되는 1797년에 『소대풍요』 이후의 위항시인 시를 뽑아 간행한 시선집이다.

길이 쓴 서문과 목록, 편자가 인용한 31종의 도서목록도 수록하고 있다.

이 공동전기의 간행은 제도에 묻혀 빛을 보지 못한 위항인들을 조명함으로써 그들의 행적을 세상에 드러나게 했다는 데 큰 의의가 있다. 이후 장지연이 이들 중인이 간행한 공동전기를 종합 재편하여 1922년 『일사유사逸士遺事』를 간행함으로써 위항인 공동전기의 통합을 이루었다.

세상에는 보이지 않는 보배도 있다. 신분의 벽에 가려 세상에 드러나지 않은 보배를 찾으려고 노력한 사람들이 중인계층이다. 그들은 시사를 조직하여 시작에 열중하였고, 그 시를 묶어 공동시집을 간행하였다. 그리고 그들의 행적을 찾아 공동전기를 간행하였다. 그렇게 한 힘은 무엇인가. 비록 신분은 차별이 있을 수 있으나 하늘에서 내려준 감성은 막을 수 없다는 공동인식, 그것이었다. 그래서 그들이 간행한 여러 전적은 이 시대에 더욱 값지게 다가오고 있는 것이다.

어둠 속
희망의 책들

밀폐된 캄캄한 어둠의 공간에서 영원을 꿈꾸고 있던 책들이 있다. 불복장물에서 발견되는 책들이 그것이다. 불가에서 불상을 봉안할 때, 불상의 배 부분 빈 공간에 넣어 공양하는 것이 불복장물佛腹藏物이다. 불상을 완성하고 봉안할 때는 그 배 속에 전적을 비롯하여 사리, 곡식, 의복, 다라니 등과 조성 내력을 적은 복장기나 발원문 등을 넣는 것이 일반적이다. 이들은 내세의 극락왕생과 현세에서의 행복을 염원하며 지극한 정성으로 복장되는 것이겠지만 몇 백 년의 시간이 흐른 뒤, 전혀 낯선 사람들과 만나 새로운 생명을 잉태하게 된다.

이러한 복장은 중국에서는 8세기부터 시작된 것으로 알려져 있다. 우리나라의 경우에는 그보다 앞선 통일신라까지 올라간다. 복장한 시주자는 내세를 염원하지만, 오늘의 우리는 발견된 책의 가치를 따진다. 또 도굴범들은 재화적 가치만을 따진다. 중생의 고뇌와 어리석음을 미소로 감싸고 있는 불상, 그 배 안에 책을 품고 있어 성스러움을 더한다. 그 어둠 속에서 희망을 꿈꾸고 있다가, 다시 시방세계에 출현한 몇몇 복장 전적을 살펴본다.

1973년 서산 문수사 극락보전의 주불인 금동여래좌상에서 많은 복장물이 발견되어 학계의 관심을 끌었다. 불상조성기와 복장기를 통하여 제작 연대(1346년 고려 충목왕 2년)를 확인할 수 있었고, 300여 명이나 되는 불상 조성에 관련된 인물 등도 확인할 수 있었다. 『구역인왕경』과 『묘법연화경』 등의 전적도 발견되었다. 이 불상은 도난당한 상태이고 복장 유물만 전하고 있다.

같은 해 안성 청원사에서도 대웅전 삼존불의 개금불사 도중 「감지은니보살선계경」 권8 1권 1축이 발견되었다. 이 경은 1280년(충렬왕 6년)에 제작한 것으로 감색 종이에 은니로 화려하게 장엄하고 있는데, 구나발마求那跋摩가 한역한 9권 가운데 제8권이다. 권말의 사성기寫成記에는 충렬왕이 발원하여 은자대장도감銀字大藏都監에서 사성한 내역을 기록하고 있다. 이렇듯 고려시대는 금자원金字院·은자원銀字院 등 사경 전문기관을 두어 금은으로 대장경을 필사하기도 하였다. 충렬왕의 발원경은 여러 종이 전해지고 있는데, 사경도감에서 사경승이 정성으로 쓴 것이기 때문에 내용에 앞서 그 빛깔만으로도 마음을 움직인다. 이 경은 출처가 확실하다는 점에 있어서도 가치를 더하고 있다.

경주 기림사 대적광전에는 비로자나불, 약사여래불, 석가모니불 등 삼존불이 봉안되어 있다. 1986년 9월, 도굴범이 비로자나불 뒤쪽에 구멍을 뚫고 복장 유물을 도굴하려는 사건이 일어났다. 다행히 이들을 수습한 것이 『화엄경』 권제26, 『능엄경』 권4~7, 권8~9 등 54권 71책에 달한다. 양적인 면에서뿐만 아니라, 질적인 면에서도 복장 전적으로는 가장 뛰어나다는 평가를 받고 있다. 11세기에서 17세기 사이에 제작된 사경과 목판본으로 구성되어 있는데, 첩장·호접장·포배장·선장 등 다양한 제책 형태를 갖추고 있다.

사경으로는 상지橡紙에 은니로 쓴 것이 6첩, 자색지에 은니로 쓴 것이 1첩, 백지에 금니로 쓴 것이 1첩, 감지紺紙에 은니로 쓴 것과 금니로 쓴 것이 각각 1첩씩이다. 이들은 1348년(충목왕 4)에 제작된 것으로 추정하고 있다.

필사본도 출현하였는데, 1459년(세조 5)에 신유信柔가 백지에 먹으로 쓴 『지장보살본원경』 한 권이 있다. 이 필사본은 일반적인 사경과 달리 판각을 위한 판하본으로 썼던 것으로 주목된다. 이 밖에 간경도감에서 고려본을 중수하여 간행한 『선문삼가염송집』은 희귀한 자료적 가치를 지닌다.

합천 해인사 대적광전 목조비로자나불에서도 복장 전적이 출현하였다. 이 목조비로자나불은 본래 성주군 금당사에 봉안되어 있었으나 1897년 해인사로 옮겨 봉안한 것이라고 하는데, 1992년 개금불사 때 여러 복장 유물이 발견되었다. 그 가운데 「문수최상승무생계법」은 1326년(충숙왕 13)에 만든 것으로 지공화상의 수결로 여겨지는 감지에 금니로 쓴 것이다.

가지산파의 중심 사찰이었던 장흥 보림사에서는 사천왕상에서 복장 전적이 발견되었다. 보림사는 6·25 때 많은 당우가 소실되기 전까지는 20여 동의 전각을 갖춘 큰 가람이었다. 공비들이 소굴로 이용하다가 불을 지르고 도주하여 대부분의 건물들이 불타고, 다행히 사천왕과 외호문外護門만 남았다. 사천왕상은 왼쪽에 동방지국천과 남방증장천이, 오른쪽에는 서방광목천과 북방다문천이 안치되었다. 이 사천왕상은 현존하는 조선시대 사천왕상 중 가장 오래된 사천왕상일 뿐만 아니라 임진왜란 이전에 제작된 유일한 상이기도 하다.

1995년 2월 이 사천왕상의 해체 조사 작업 중 무릎과 발 등에서 『월인석보』 권제25(보물 제25호), 『금강경삼가해』(보물 제772~3호), 『상교정본자비도량참법』(보물 제1252호) 등 고려말과 조선초의 국보급 희귀본을 포함해 133종 198책에 달하는 복장 유물이 발견되었다. 특히 『금강경삼가해』는 조선 성종 때 『금강반야바라밀경』에 대한 삼가三家의 해석을 합편하여 국역한 책으로 1482년(성종 13) 세조의 비 자성대왕대비의 명에 의해 내수사에서 을해자를 써서 인출, 간행한 것이다. 중간된 일이 없고 원간본만 전하기 때문에 발견 의의는 크다. 이 전적들은 복장의 결구 수법을 조사하는 과정에서 발견된 것으로 팔과 다리에서 복장물이 나온 것은 이 복장물이 처음이다.

영주 흑석사 목조아미타여래좌상에서도 복장기와 불상조성권선문 등이 발견되었다. 이 목조아미타여래좌상은 1458년(세조 4)에 효령대군이

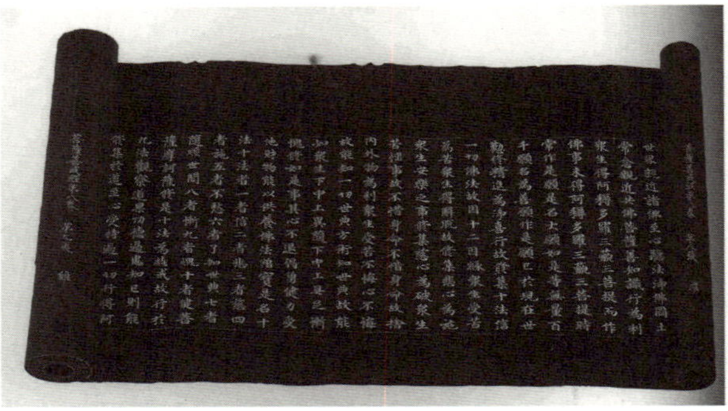

「감지은니보살선계경」 권제8 청원사 불복장에서 발견된 것으로 1280년(충렬왕 6년)에 제작한 것이다. 권말의 사성기에는 충렬왕이 발원하여 조성한다는 기록이 있다.

권선하여 세조 등 왕실에서 법천사에 봉안하였던 것으로 조선전기의 대표적 목조 불상이다. 복장 전적 가운데 「백지묵서불조삼경합부」는 최초로 한역漢譯한 『사십이장경』과 부처님이 마지막 설했다는 『불유교경』, 그리고 위산영우潙山靈祐의 법어를 필사한 것이다. 우리나라에 유통되고 있는 판본은 모두 송나라 수수守遂의 주가 붙어 있는 데 반해, 이 사경은 원문만 필사되어 있다. 권말에는 저본의 서를 쓴 지원 병술년(1286) 몽산덕이의 글이 수록되어 있다.

예산 수덕사 대웅전에 봉안되어 있는 목제삼세불좌상을 개금할 때도 다량의 복장물을 발견하였다. 전적류는 발원문을 비롯하여 『묘법연화경』, 『대방광원각수다라료의경』, 『불설관세음경』 등 17세기 초반에 간행된 목판이 주를 이루고 있다. 복장에서는 아래와 같은 복장발원 동참기도 발견되었다.

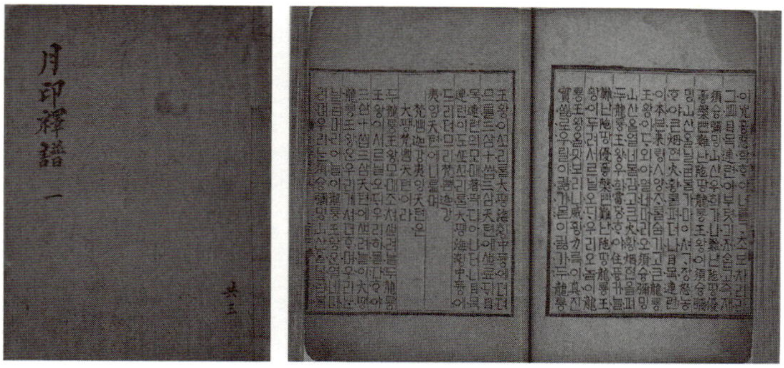

『**월인석보**』 장흥 보림사 사천왕상에서 권제25가 발견됨으로써 『월인석보』가 전체 25권으로 구성되어 있다는 것을 밝히게 되었다.

원컨대 이 공덕으로 모든 중생 불도 이루어 극락 왕생케 하옵소서

엎드려 바라옵건대 주상전하 만세토록 수명장수하시고,

왕비전께서도 장수하옵시고, 세자전하께서도 천추 누리기를 축원합니다.

원하옵건대

이 불상시주로 만선장엄하고 법계 연화생을 기원합니다.

삼보의 공덕으로 증명하옵소서

몇 해 전 수덕사에서는 그동안 복장물에서 발견된 여러 장엄구와 전적, 복식, 직물 등을 한자리에 모아 전시회를 가졌다. 시간을 뛰어넘는 신앙심과 만나는 귀중한 시간이었다. 도록 제목은 『지심귀명례』다. 복장물은 바로 지극한 정성, 그 깨끗한 마음에서 출발한다. 우리들은 여러 명목으로 그 정성을 오염시키고 있는 것은 아닌지, 한번 생각해야 한다.

의례서 다시 읽기

세상에 변하지 않는 것이 어디 있으랴. 지금 새로운 것이라 하더라도 바로 옛것이 된다. 태어나 삶을 꾸려가고, 목숨 다하여 저승으로 갈 때, 그리고 저승에 있는 조상에 대한 이승의 후손된 도리, 그 절차와 방법을 옛사람들은 의례라는 이름으로 철저하게 지켜왔다. 이 정해진 도리를 극진히 행할 때, 비로소 사회의 구성원으로 대접받을 수 있었다.

옛날『가례』라는 책이 있었다. 중국 송나라 때 주희朱熹가 편찬한 책으로 관혼상제의 절차와 방법, 의의 등을 기록하고 있다. 유교원리를 삶의 근본으로 삼았던 조선에서 관혼상제의 절목을 종합한『가례』를 들여와 그 세부 절차를 연구하는 한편, 내용을 실천에 옮기는 것은 지극히 자연스러운 일이다. 한때 지나치게 형식에 치우친 적도 있어 통치이념을 확립하기 위한 목적으로 실천을 강요했다는 비판도 함께 받고 있는 이 책은 그 시대 사대부들의 생각을 지배했던 것만은 사실이다.

지금은 영향력을 잃고 도서관에나 가야 찾을 수 있는 책이 되었지만 조선에 유입된 후 전 시대를 통하여 권위를 유지하고 있었다. 유교적 이념과 전통을 기반으로 하던 시대에 생활 기본 도서로의 역할을 했기 때문에 큰 영향력을 행사할 수밖에 없었다. 지금은 세월의 저편에서 그저 지난 시대의 유물처럼 오늘을 살고 있는 우리를 지켜 볼 뿐이다.

주희는 『가례』의 서문에서 "예는 근본根本과 문식文飾으로 이루어지는데 명분을 지키고 예경禮敬을 행함은 근본이 되고, 관혼상제에 관한 의식 절차는 문식文飾이 된다. 근본과 문식을 동시에 이루기 위하여 이 책을 쓴다."라고 하여 편찬 의도를 밝히고 있다. 곧 예의 근본은 공경하는 마음에서 나오는 것이지만, 그 완성은 사례의 지극한 실천에 있다고 본 것이다. 그러므로 이 책에 수록된 의식 절차를 철저히 따르는 것은 당연한 도리라고 생각했던 것이다.

의례서 『가례』는 글자의 해석에 매달린 나머지 현실적 시행에 있어 여러 가지 문제점도 있었다. 『가례』에 근거한 예론의 시비로 노론과 소론으로 갈리어 다투기도 하였고, 숙종 때는 신임사화의 참화를 입기도 하였다. 주희라고 하는 명분에 있어서는 준용해야 할 당위성이 있었지만 실제 적용에 있어서는 현실성이 전제되어야 했다. 이것이 『가례』에 대한 여러 종의 저술을 가능하게 만든 한 요인이 되었다.

조선시대 출판된 가례류 도서는 30여 종에 이르고 있다. 조선 김장생이 『가례』를 증보·해설한 『가례집람』을 비롯하여 가례류 출판이 하나의 출판현상으로 자리잡게 되는 데는 현실성의 문제와 더불어 여러 가지 내재적 원인이 존재한다. 먼저 사회적 변화의 수용을 생각할 수 있다. 예의 절차를 하나의 형식으로 보았을 때 이것은 시대의 흐름에 따라 당연히 변화하게 되니 변화에 맞는 새로운 규범 설정이 필요했을 것이다. 반대로 절차의 완벽한 정형화를 이루려는 보수적 입장을 생각할 수 있다. 절차를 행함에 있어 조금이라도 변형의 여유를 주지 않고 규범화시키려는 입장이다. 이는 가례의 모든 절차를 조금도 흐트러짐 없이 완벽하게 수행해야 한다는 필요성에서 출발한다.

관점을 달리하여 30여 종의 가례류의 도서를 내용별로 분류해 보면 원전 충실의 유형, 학문적 접근의 유형, 현실 강조의 유형 등으로 구분될 수 있다.

원전 충실의 유형은 원전 『가례』의 내용을 충실하게 전달, 확산하려는 의도를 지닌다. 의례에 밝은 신식申湜이 언해한 『가례언해』 등이 이 유형에 속한다. 이 책은 신식의 아들 득연이 강원도 관찰사로 있을 때 언해에 원문을 첨가하여 1632년에 목판본으로 출간하였다. 연호·인물·서명 중에서 중요한 단어의 주석을 면 위에 달아 열람의 편리성을 도모하고 있다.

조선 중기 이항복이 편찬한 『가례훈몽』은 사례 시행을 계몽하기 위하여 저술한 것으로 『가례』에서 제시하고 있는 절차보다는 정신적인 예의 본질을 강조하고 있다. 조선 후기에 간행된『가례원류』는『가례』의 본문을 기본으로 삼고 의례·주례·예기의 삼례에 관계되는 사항을 뽑아서 주석으로 삼아 이를 '원源'이라 하고, 주희 이후의 여러 학자들의 사례에 관한 예절을 모아 '류流'라 하였다. 여러 고전에서 관계 사항을 발췌하여 엮은 것일 뿐 엮은이의 주장은 존재하지 않는다. 이 책은 1711년(숙종 37)에 유상기가 간행하였는데, 유계, 윤선거, 윤증 등이 원고 집필에 참여하였음에도 자신의 조부 유계가 단독으로 저술했다고 하여 많은 시비가 벌어지기도 했다. 또 간행 당시에는 서인이 노론과 소론으로 분당되던 무렵이었기 때문에, 유상기가 속해 있던 노론과 윤증이 속해 있던 소론의 분쟁 요인의 하나가 되기도 했다. 한편, 발문을 쓴 정호鄭澔가 윤증을 비난함으로써 시비는 더욱 확대되어 결국 정호는 부제학에서 파면당하고『가례원류』의 발문이 삭제되는 수난을 겪기도 했다.

조선조에 간행된 가례류 도서에는 주자의『가례』자체를 학문적으로 접근한 책들도 나타나고 있다.『가례』에서 미진한 부분에 주석을 달고 관련 자료를 찾아 보완하는 단계다. 1801년 김종후가 편찬한『가례집고』등이 이 유형에 속한다. 이 책에서는 유교관계 문헌에만 국한하지 않고 여러 분야의 자료에서 사례에 관련된 내용을 찾아 제시하는 등 시야를 확대하고 있다.

조선 후기 정위가『가례』중에서 해석상의 문제가 있는 어휘와 구명하기 어려운 내용에 대해 여러 학자의 설을 인용하고 자기의 의견을 붙여 해석한『가례휘통』, 숙종 때 김경유가『가례』의 발달 과정을 기술한『사례정변』, 이진상이 예학서를 참고하여 사례에 관한 사항을 집대성한 『사례집요』 등도 여기에 속한다.

마지막으로 현실적 수용을 강조한 가례류 저술도 나타난다. 외래의 예서는 그 실행에 있어 당연히 현실적 실행의 문제와 충돌할 요소를 갖고 있다. 유교문화를 통치이념의 기반으로 삼고 있다고 하더라도 실현성을 외면할 수 없기 때문이다. 『가례질서』, 『가례집람』, 『사례편람』 등이 이 유형의 대표적 서적이라 할 수 있다. 『가례질서』는 실학자 성호 이익이 1731년에 가례에 관하여 여러 학설을 종합, 분석하고 우리 실정에 맞도록 해석한 책이다. 그는 편찬 동기에서 "예는 시대의 변천에 따라 변하는 것이니, 시의에 맞도록 고칠 필요가 있다."는 점을 강조하고 있는데 종래의 가례류 도서에 비해 실증적, 비판적 태도를 보이고 있다. 예를 역사적 관점에서 고찰하여 현실에 맞는 새로운 모형을 추구하려고 하였다는 점에서 중요성을 지닌다.

이재李縡가 편찬한 『사례편람』은 『가례』의 미비점을 보완하고 현실적으로 사용하기 편리하도록 편집하였다는 데 의의가 있다. 상례에서는 현실적으로 통용되고 있는 관행을 그대로 인정해 참작하였고, 제례 역시 민간에서 시행되고 있는 절차를 도외시하지 않고 있다. 관례와 혼례에서는 여러 학자들의 주장을 대폭 보충해서 서로의 차이점을 찾고 그 옳고 그릇됨을 밝히려고 노력하였다. 『가례』의 원칙을 지키되 시속과의 절충을 모색하는 가운데 예의 보편성을 추구하고 있다는 점에서 가례서 정착의 의의를 지닌다. 이후 간행된 사례 관계의 예서는 대부분 이 책을 기준

도암 이재(1680~1746) 조선후기 대제학을 지낸 문신이다. 예문관 검열로 『단종실록』 부록 편찬에 참여하였고 예학에 밝아 『사례편람』 등을 편찬하였다.

으로 편술되었고, 일반인들도 이 책을 기준으로 의례를 행하였다. 조선조 대표적인 영향력을 행사한 주희의 『가례』는 예의 절차에 있어 기준이 되기는 하였으나 실질 적용의 확산은 『사례편람』에 와서야 이루어지게 되는데, 『사례편람』이 현실성을 반영하는 가운데 우리의 정서를 토양으로 하고 있기 때문이다.

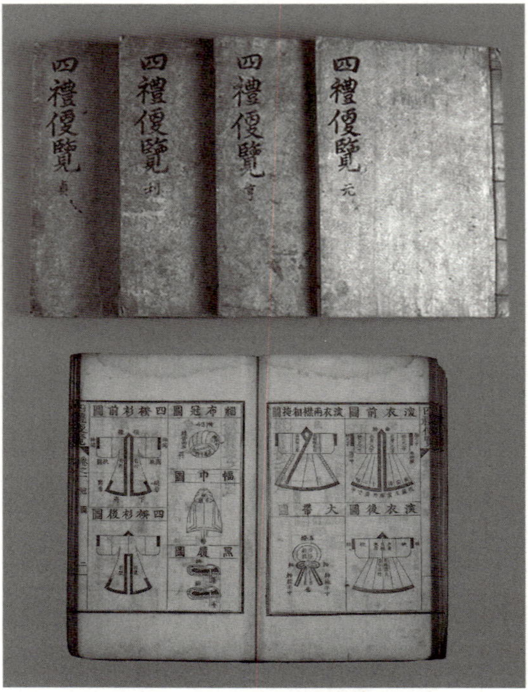

『**사례편람**』 조선 후기 학자·정치가 이재가 관혼상제의 사례四禮에 관해 편술한 의례서이다. 당시 가례를 진행함에 있어 현실에 맞지 않는 점이 있었던 주자의 『가례』를 보완하여 사용하기에 편리하도록 엮은 책이다.

옛사람들이 그렇게 존중했던 『사례편람』도 지금 묵은 자취가 되었다. 제사는 어떤 순서로 진행하는 것이 옳은지, 제사상에 올릴 음식을 어떤 순서로 놓아야 할지, 이런 것이 오늘의 우리에게는 큰 문제가 되지 않는다. 단지 마음가짐을 중시하고 있을 뿐이다. 절차보다 마음이 더 중요하다는 생각에서다. 그런데 옛사람들은 왜 그토록 그 절차를 소중하게 여긴 것일까. 절차를 바르게 지키면, 그에 따라 마음도 저절로 우러나게 된다고 생각하였다. 우리는 그 절차를 형식이라고 여기고 있다. 예의 근본으로 생각했던 공경의 마음까지도 흔들리고 있는 것은 아닌지 생각해 볼 일이다.

『조선왕조실록』과 만나다

조선 태조부터 철종에 이르기까지 25대, 472년간의 생생한 역사 기록. 양으로 따져 1,893권 888책. 적지 않은 분량의 역사 기록이다. 1993년에는 26년이란 오랜 세월에 걸쳐 『조선왕조실록』 국역서를 완간했고, 1995년에는 이를 디지털화하여 CD롬으로 간행하였다. 1991년 북한에서도 총 400책의 『조선왕조실록』 국역서를 간행하였다. 2006년부터 원문과 국역 문 웹서비스가 시작되었고, 2015년 다양한 검색 기능을 갖춘 조선왕조실록 홈페이지가 구축되었다.

472년간의 왕조사를 하루도 빠짐없이 기록하고 있는 방대한 『조선왕조실록』은, 체계를 세워 간행하는 것도 힘든 일이었지만, 여러 차례의 전란을 겪으면서 온전하게 전해질 수 있게 한 것은 철저한 역사인식 없이는 불가능한 일이다.

이 책은 양의 방대함뿐만 아니라 당시의 정치, 경제, 사회, 문화 전반을 아우르는 귀중한 자료들이 담겨 있다. 그렇기 때문에 연구서로서의 자료적 가치는 물론이고, 일반인의 독서를 위한 재가공의 원천이 되고 있다. 당대 사람들은 어떤 생각을 가지고 이 책을 편찬했을까. 왜 그토록 소중하게 여겨 후세 사람들에게 전하려 했을까. 『조선왕조실록』은 글로 쓰인 역사만을 말하지 않는다. 역사를 기록하여 책을 만들고 이를 후세에 전하려 했던 그들의 출판정신까지 말해주고 있다.

3중의 거름장치

『조선왕조실록』은 조선의 정사다. 사서는 본 대로, 들은 대로, 있는 그대로 기록하는 춘추필법을 기본으로 삼는다. 포폄 없는 사실 기록이 역사서로의 가치를 더하게 만드는 것이다. 사실을 왜곡한 역사서는 존재 의의를 상실하게 된다. 조선 역대 왕조의 실록 편찬에 관통하는 것은 바로 이 직필의 정신이었다. 현재의 삶을 통해서 후대 사람들에게 무엇을 귀감으로 삼게 할 것인가, 이것이 역사서 편찬의 뜻이기도 했다.

실록은 단순한 역사서만은 아니었다. 왕의 일거수일투족이 가감 없이 기록되었고, 백관들의 말 한 마디도 놓치지 않았다. 왕과 신하는 자신의 언행이 낱낱이 기록되고 있다는 사실을 의식하면서 권력을 행사해야만 했다. 곧 실록은 기록하는 그 자체로 왕권을 견제하는 역할도 수행했던 것이다.

권력으로부터 자유로울 때 직필은 가능하다. 실록의 기본이 되는 사초는 왕이라 하더라도 볼 수 없도록 했다. 바른 역사를 쓰기 위한 제도적 장치였다.

왕이 세상을 뜬 뒤에 실록 편찬에 착수한 것도 같은 이유에서였다. 실록 편찬은 임시 관청인 실록청이 주관하여 진행하였는데, 총재관과 당상 낭청 등의 직함을 주어 업무를 담당하게 하였다. 부서로는 도청都廳과 방房 등을 두었다. 조선시대에 있어서 가장 많은 관원이 투입된 실록청은 『숙종실록』을 편찬할 때로, 당상관 68인, 당하관 188인, 총 256인의 관리가 참여하였다.

실록 편찬에 활용되는 자료는 춘추관시정기春秋館時政記와 전왕 재위시의 사관들이 작성한 사초史草, 『승정원일기』, 『의정부등록』 등 주요 기관의 기록과 개인 문집 등이었다. 조직이 구성되고 구체적인 편찬 지침이 마련되면 본격적으로 편찬에 들어갔다.

원고를 완성하기까지는 세 단계의 과정을 거쳤다. 이 세 단계는 바른 역사를 쓰기 위한 3중의 거름장치였다. 각 방의 낭청이 각종 자료에서 실록에 실릴 만한 기사를 가려 뽑아내면 당상관은 이것을 면밀하게 검토했다. 신중한 일차 검토가 끝나면 각 방에 소속한 편수관이 초초를 작성하여 도청에 제출했다. 도청에서는 각 방에서 올린 초초初草를 살펴 불필요한 부분을 삭제하고 빠진 내용은 보충했다. 이렇게 해서 만들어진 것이 중초中草이다.

총재관은 도청의 당상관과 의논하여 중초를 검토하여 문장과 체제를 통일했다. 여러 차례의 검토 과정을 거쳐 최종적으로 완성된 원고가 정초이다. 이 정초를 실록이라 했다. 정초가 완성되면 각 사고에 보관할 사본을 만들었다. 조선 초기에는 필사하였지만 세종 때부터는 인쇄하기 시작하였다. 인쇄본이 만들어지면 편찬에 이용한 기본 자료인 춘추관시정기와 사관의 사초, 실록의 초초와 중초는 기밀 누설을 방지하고 종이를 재생하기 위하여 조지서가 있었던 자하문 밖 차일암 시냇물에서 세초하였다.

실록의 편찬에 참여하는 관리는 역사서를 편찬한다는 자부심도 컸다. 수찬관으로 『성종실록』 편찬에 참여한 홍귀달은 '성묘보전세초록成廟寶典洗草錄'에서 실록 편찬을 끝낸 감회를 다음과 같이 적고 있다.

> 아, 영예롭다. 이미 취하여 돌아옴에 여러 신하들이 말하기를 "대대로 역사가 있었고 실록을 편찬하는 일은 예사로운 일이다. 그러나 우리 성종의 치세와 같음이 있겠는가. 이러한 역사를 편찬한 사람은 행운이 아니겠는가. 어찌 이 일을 영원토록 보존하기를 모도하지 않으리요" 하고 이에 성명을 나열하여 기록하고 각각 두루마리를 만들어 나누니 전후 참여한 관원이 모두 93인이었다.

역대 실록 중 『광해군일기』는 유일하게 중초본과 정초본이 남아 있는 실록이다. 중초본은 원고의 교정 상태까지 보여주는 중요한 자료가 된다. 『광해군일기』를 편찬하던 인조대는 전란을 겪고 난 후라 재정이 어려워 실록을 인쇄할 여력이 없었다. 마침내 인쇄하던 작업을 중단하고 정서하여 보관키로 하고, 중초, 정초본을 그대로 보관하였던 것이다. 당시에는 재정의 어려움으로 인쇄를 못한 것이지만, 오히려 귀중한 자료적 가치를 갖게 하는 결과가 되었다.

실록을 실록답게

실록을 실록답게 하는 것은 사관이었다. 사관은 겸임사관과 전임사관으로 나뉜다. 겸임사관은 다른 직책을 갖고 있으면서 실록 편찬에 참여하는 사람이고, 전임사관은 오로지 실록 편찬에 필요한 사초 작성만을 담당하는 관리다.

예문관의 봉교 2인, 대교 2인, 검열 4인 등이 전임사관이었다. 전임사관들은 품계는 낮았지만 항상 궁중에 들어가 입시入侍하면서 임금의 언행, 신하와의 국사 논의 등을 들은 대로 직필하여 사초를 작성하였다. 말단에 불과하였지만, 직필이 생명이었기 때문에 권력 앞에 꺾이지 않는 기개를 필요로 했다.

사관에게는 무엇보다 직필할 수 있는 강직성이 요구되다 보니 신진들로 기용되는 경우가 많았다. 이긍익은『연려실기술』에서 품계가 낮은 젊은 관리를 사관으로 임명하는 이유를 들었다.

> 우리나라 제도에 나이 젊은 신진을 한림으로 삼아 사관의 직무를 맡긴 것은 잘못이 아닐까 일찍이 의심했다. 그런데 어떤 사람이 말하기를 "벼슬이

> 높은 사람은 세상에 저절로 익숙하게 되어 사정私情에 따르는 폐단이 많다. 그러므로 나이 젊고 의기가 날카로운 자로 그 마음을 공평하게 가진 사람만 같지 못하다." 하니, 조종에서 이 제도를 마련한 뜻이 어찌 우연이겠는가(『연려실기술』 별집 제7권 관직전고).

직필을 위해서는 적당히 타협하는 경륜보다 두려움 없는 혈기가 필요했던 것이다. 전임사관에게 입시를 보장하고 자신의 역사적 평가를 담은 사초를 작성할 수 있는 권한을 부여한 것은 밀실정치를 배제했기 때문이다.

사초는 사관 이외에는 아무도 보지 못하게 하였다. 작성자가 서명하여 춘추관에 제출하게 하였는데, 작성자가 노출된 상황에서 소신껏 사초를 작성하기 어렵다는 점이 제기된 적도 있었다.

> 역사는 직필을 귀하게 여깁니다. 지금 춘추관이 사초를 거두어 놓고 각각 성명을 책에다 쓰도록 했습니다. 사초는 단지 국가의 일만 기록된 것이 아니라 사대부의 선악, 득실도 모두 기록되어 있습니다. 지금 이처럼 성명을 기록하게 한다면 사람들이 모두 호오好惡를 따를까 두려우며 또 원망을 얻을까 염려해서 직필을 하지 못할 것입니다(『예종실록』 예종 1년 4월 11일).

기록을 당하는 대신의 입장에서는 기명을 원했고, 직필을 생명으로 하는 사관의 입장에서는 무기명을 원했다. 끝내 대신들의 반대로 무기명은 성사되지 못하였지만, 사초를 쓰는 사관은 직필이 가능할 때 자신들의 존재 가치가 있다는 것을 잊지 않았다.

역사 보존의 공간

실록이 완성되면 특별히 설치한 사고史庫에 보관하였다. 사고에는 수호관 5인, 별색호장 1인, 기관記官 1인, 고직庫直 1인 등을 두어 관리하도록 하였다. 사고는 함부로 열 수 없었다. 새로 편찬한 실록을 봉안할 때, 정기적으로 포쇄할 때, 실록을 옮겨 봉안할 때, 사고를 열 수 있었는데 이때에도 반드시 춘추관 관리의 입회가 필요했다. 그만큼 보존에 철저를 기했던 것이다.

세종 때는 춘추관과 충주사고 외에 경상도의 성주, 전라도 전주 등에 사고를 새로 지어 4사고에 보관해 왔다. 그러나 임진왜란 때는 전주사고를 제외한 3곳이 불타버렸다. 한 벌 남은 전주사고의 실록은 내장산에서 다시 아산으로, 해주, 묘향산을 거처 왜란이 끝난 1604년에는 강화도에 정착했다. 여러 곳을 옮겨 다니며 전쟁의 병화 속에서 실록을 완전하게 지켜 냈던 것이다.

임진왜란 이후 유일하게 남은 전주사고본을 바탕으로 새로 인쇄했다. 1603년 시작한 재출간 사업은 3년 동안 계속되었다. 재간된 실록도 더욱 깊은 곳으로 옮겨 태백산, 오대산, 정족산, 적상산 등에 사고를 두어 보존하였다. 다시 일제시대를 거치는 동안에 실록은 많은 수난을 겪게 되지만, 태백산본, 정족산본 등이 남아 전한다.

『**태종실록**』 조선 태조의 재위기간(1392년 7월~1398년 12월)의 역사를 기록한 책. 조선 최초의 실록으로, 6년 6개월의 태조 재위기간 중에 있었던 정치·외교·국방·경제·사회·문화 등 각 방면의 역사를 편년체로 서술하였다. (좌)
태백산사고 경상북도 봉화군 춘양면 석현리에 있었다. 실록각, 선원각, 포쇄각, 근천각 등의 부속건물로 이루어졌었으나 현재 사고건물은 남아 있지 않고 그 터만 확인할 수 있다. (우)

직필의 제도를 두어 내용의 충실을 기했고, 인쇄를 통하여 후대에 전하려 했던 『조선왕조실록』은 1997년 유네스코 세계기록유산에 등재되었다. 오랜 기간에 걸쳐 국역을 마쳤지만, 국역본을 읽으면서도 의미를 제대로 파악하지 못하는 우리들이다. 인터넷으로 만나는 『조선왕조실록』을 보고 그 옛날 사관들이나 사고를 수호하던 관리들은 무엇을 생각할까. 역사의 기록으로서 뿐만 아니라, 소신을 굽히지 않고 직필로 일관했던 사관의 의리정신과 실록을 지키기 위하여 목숨을 걸었던 많은 사람들의 역사정신까지 읽어야 할 것이다.

왕실 의궤의 아름다움

프랑스에 가 있는 외규장각 도서 반환 문제가 문화계의 뜨거운 쟁점이 된 적이 있었다. 1866년 병인양요 때 프랑스 함대가 약탈해간 유일본 64책을 포함한 297책의 고문헌 반환 방식에 있어 등가원칙의 적용은 그들의 약탈을 인정하는 것밖에 더 되느냐는 것이 우리의 기본 입장이었다.

외규장각은 조선시대 출판을 담당하던 교서관의 후신이다. 정조가 즉위하여 왕실도서관인 규장각을 새롭게 설치하여 내각으로 하고, 그간 출판을 담당하던 교서관을 합병하여 외각으로 하였던 것이다. 1781년에는 규장각 청사를 옛 오위도총부 자리로 옮기고, 강화사고 별고를 신축하여 강화외각으로 삼고 귀중한 전적을 보관케 했다.

병인양요 때 프랑스 함대가 강화도에 들어와 약탈해간 외규장각 도서는 조선시대 왕과 왕비, 세자 등의 책봉을 비롯한 왕실 행사를 기록한 어람용 의궤들이다. 화려한 비단 표지, 고급 종이, 세밀하게 그린 사실화, 변철을 사용한 특수 장정. 그들의 눈에 비친 이 책들은 내용 이전에 동양의 신비로움, 바로 그 자체였다.

정형과 변용의 미

의궤는 국가의 큰 행사를 치르고 나서 그 전말을 기록한 책이다. 요즘으로 치면 행사의 예산과 규모, 절차, 소요 물품, 포상 등 행사에 관련된 모든 사항을 소상히 기록한 결과보고서다. 옛사람들은 이러한 책을 왜 만들었을까. 의궤는 예의의 궤범이다. 본보기, 모범이란 뜻이다. 후에 같은 류의 행사가 있을 때, 그 의식 절차를 제대로 수행하기 위한 본보기였고, 한편으로는 시행된 행사를 정확하게 결산함으로써 국정의 투명을 기하는 데도 목적이 있었다.

의궤는 이렇듯 행사에 사용된 물건을 낱낱이 기록으로 남기고 있어 규모나 절차 등을 알 수 있게 할 뿐만 아니라, 당시의 사회상을 엿볼 수 있게도 한다. 중간에 삽입되는 각종 그림이나 뒤에 붙는 반차도 등을 통해서 당시의 복식·기물 등 풍속을 알려주고 있다. 또한 표기 문자는 언어 실태를 가늠하게도 한다. 의궤는 개인의 창작물이 아니라, 절차를 기록한 공문서에 가깝지만, 여기에 들인 공력은 개인 창작물을 능가한다.

유교사회에서 중시되는 의례 절차의 뼈대를 세운 것은 『국조오례의』

이다. 이 책은 세종이 예악제도의 확립에 뜻을 두고 영의정 허조 등에게 명하여 각종 예서를 참작하여 만든 책이다. 후인들은 여기에 기록된 내용을 기본으로 행사를 시행하였지만, 상황에 따라 달라지는 것도 있었다. 기본 의식 절차뿐만 아니라 행사의 특수성에 따라 발생하는 모든 세부 절차, 주고받은 문서, 참여자 명단, 행사에 소요된 물품의 세부 목록, 각종 장인의 등급별 명단, 시상 내역 등을 모두 기록하였다. 절차를 중시했던 조선사회에서 의식의 정형화를 위한 기본 틀로 볼 수도 있으나, 그 틀에 얽매인 것만은 아니었다. 그때그때 실정에 맞는 새로운 내용을 포함하며 융통성이 발휘되는 가운데 전통을 만들어 갔다.

> 의궤는 한때에만 행하는 것이 아니고 만세에 통용하는 제도다. 태종의 상장례喪葬禮는 마땅히 그때에 행하였던 사실대로 기재할 것이고, 옛 제도에 맞지 않는 것은 개정하여 추록追錄하도록 하라(『세종실록』 세종 10년 9월 4일).

세종이 예조에 내린 지시이다. 태종의 상례 시행의 의궤를 만드는 데 있어 행한 대로 기록해야 하고, 그것이 잘못된 것이 있으면 그 또한 기록으로 남기라는 것이다. 의궤 작성의 본뜻을 밝히고 있는 것이다. 며칠 후 변계량이 태종의 상장의궤에 "관곽棺槨은 소나무로서 백변白邊이 없는 황장黃腸을 쓴다."라고 한 것을 보고 "어찌 백변 없는 소나무가 있겠습니까. 후세에 가서는 이를 믿고, 백변 없는 소나무를 찾게 될 것이니 또한 어렵지 않겠습니까."라고 하여 이를 고치게 한 것도(세종 10년 9월 12일) 변화 수용의 맥락으로 이해된다.

궁중의 행사가 다양했던 만큼, 의궤의 종류도 다양했다. 현전하는 의궤는 행사의 성격에 따라 크게 20여 범주로 구분할 수 있다. 혼례를 다룬 가례도감의궤, 국장의 절차를 다룬 국장도감도청의궤, 초상화 그리는 절차를 기록한 어진도사도감의궤, 사신 영접의 절차를 기록한 영접도감군색의궤, 세자·세손 책봉 의식의 기록인 책례도감의궤, 궁중의 큰 잔치의 기록인 진찬의궤, 왕조실록 편찬 기록인 실록청의궤, 농사일에 수범을 보이는 친경의궤 등 종류도 다양하다. 이런 행사의 기록을 남기면서 행사를 집행한 사람은 나름대로 예의에 소홀함은 없었는지, 효과적인 진행이 되었는지, 요즘의 경제 효용의 법칙도 따졌음직하다.

어람용 의궤와 대중화

의식의 시기가 정해지면 임시관청인 도감을 설치하여 모든 것을 관장하여 진행하게 했다. 일이 끝난 다음에는 다시 의궤청을 설치해 행사의 전말을 기록하게 하였다. 의궤의 기초 원고가 되는 것은 일의 진행을 날짜별로 기록한 등록謄錄이다. 많은 양이 필요치 않아 대부분 필사 제책하여 보관하였다. 의궤의 내용에 따라 차이는 있으나, 어람용 1부를 포함하여 9부 내외를 작성하는 것이 일반적이었다.

의궤는 왕실 행사의 기록인 만큼 사고에 보관하였는데, "난리 겪은 뒤로 본조 삼사의 의궤가 남김없이 유실되어 비록 심상한 항식이라 하더라

『어진도사도감의궤御眞圖寫都監儀軌』 고종황제의 어진과 황태자의 초상화를 그린 과정을 자세히 기록하고 있다. 철장鐵裝이 특징이다.

도 참고할 데가 없다."(『선조실록』 선조 26년 10월)고 한 것과 같이 선조 때에는 완전 유실되었다.

이후 어람용 의궤가 만들어져 의궤의 가치를 더하게 된다. 일반 의궤가 선장본인 데 반하여 어람용 의궤는 청색운문비단으로 겉을 싸고 책등에 놋쇠로 변철을 대어 다섯 개의 박을못으로 고정시켰다. 박을못 밑에는 국화무늬 판을 대어 견고함과 아름다움을 더했다. 본문 용지는 비단 같은 고급 용지 초주지草注紙를 사용하였고, 글씨는 반듯한 해서체로 써 품위를 더했다.

이러한 어람용 의궤에 자연 채색의 반차도가 붙으면 의궤는 예술 작품이 된다. 행사에 참여한 왕과 신하, 호위병, 의장대, 악대 등을 화려한

정조. '왕화성행행 반차도 부분正祖大王華城幸行 班次圖 部分 1795년 2월 어머니 혜경궁 홍씨와 함께 아버지 사도세자의 능을 찾았을 때의 모습을 그린 반차도다. 김홍도, 김득신 등이 그림에 참여하였다.

채색으로 그렸다. 참여 인물의 직위나 역할 등을 그 인물의 바로 옆이나 위에 적었다. 의장대가 갖고 있는 여러 종류의 깃발, 무기 등도 빠짐없이 그 명칭을 적었다. 행사에 따라, 시대에 따라, 행렬 구성원이 달라지고, 참여자의 의상에 시대적 변화를 반영하고 있어 문화사적 가치를 지닌다.

조선의 여러 임금 중 정조는 의궤에 많은 관심을 가졌던 임금이었다. 그는 어람용 의궤를 만드는 것을 폐지했다.

> 의궤는 비록 어람용이 있으나, 궁안의 휴지에 불과하다. 이를 보관해 두려고 한다면 강화도에 옮겨 보관하는 것이 좋다. 강화도는 본래 사고가 있으니 궁중 분상건分上件은 시급하지 않다. 다음에는 어람용 의궤를 만들지 말

것을 각 도감에 분부하고 정식으로 삼아 준행할 것을 호조에 분부한다(『일성록』 정조 즉위년 7월 무술).

어람용 의궤에 관한 정조의 생각은 실용성을 생각한 때문이었을 것이다. 여러 사고에서 보관하고 있는데 굳이 어람용을 따로 만들 필요가 있겠는가 하는 생각에서다. 정조는 또 사신을 접대하는 의궤가 혼란스러워 능력 있는 낭청과 일에 밝은 역관을 시켜 여러 의궤를 분류, 정리하여 정본을 만들게 하여 후일에 상고할 자료로 삼도록 하게 했다(『정조실록』 정조 8년 10월 9일).

정조는 어머니 혜경궁 홍씨의 회갑을 맞았을 때 어머니와 함께 화성에 있는 아버지 사도세자의 능침을 찾았다. 어머니의 마음을 위로하기 위한 효심에서 나온 것이다. 이 행사에는 문무 관료와 6천 여 명의 군사가 참여하였다. 행사가 끝난 뒤 정조는 행사의 전모를 기록한 『원행을묘정리의궤』를 편찬하고 반차도를 그려 첨부하게 하였다. 반차도의 흑백 판각화는 김홍도·김득신 등 당대 일류 화원들이 참여하였다. 이 의궤를 만들기 위하여 정리자를 새로 주조하게 하여 8책으로 먼저 만들었다. 종래 보관용으로 만들어오던 것에서 벗어나 60부 정도를 간행하여 각 부서에 나누어주고 행사에 참여한 신하들에게도 나누어주었다. 의궤의 대중화가 이루어진 것이다.

이후 화성 수축을 끝낸 다음에는 성역을 마무리한 전후의 제도 의식을 순서에 상세하게 기록하여 의궤를 편찬케 하니, 순조 때 『화성성역의궤』로 간행되었다. 이 역시 정리자로 여러 부 인쇄하여 각 부서와 신하들에게 나누어주었다. 의식 절차의 중요성을 강조한 의궤에서 군신이 참여하는 행사를 표방한 것으로 볼 수 있다.

정조의 생각처럼 의궤는 왕실의 행사기록만은 아니다. 절차에 맞게 의식을 제대로 치르는 것이 의궤를 만든 기본적인 생각이었고, 그 행사를 백성과 함께 치러갈 때, 더욱 가치 있다고 본 것이다. 편의성이라는 이름으로 절차는 간소화되고 있다. 어느 것이 좋은 것인지는 알 수 없다. 강화도를 침략한 프랑스 해군장교 주베르는 "우리의 자존심을 상하게 하는 것은 아무리 가난한 집이라도 어디든지 책이 있다는 사실이다."라고 했다. 그 후 백여 년, 우리는 지금, 우리의 독서 현실을 걱정하며 우리의 자존심을 생각한다.

조선통신사,
한일 출판 교류의 시작

출판은 학문을 체계화하고 시대정신을 반영한다. 그러한 책의 내용은 정지되어 있지 않고 쉼 없이 작용하고 영향을 미친다. 출판 교류는 정신 작용의 강도를 높이고 영향의 범위를 확산하는 데 기여하기도 한다. 조선통신사는 당대 조선과 일본의 문화 교류를 담당한 중요한 매개자라고 할 수 있다. 뿐만 아니라 서적의 교류에 있어서도 중요한 역할을 했다.

통신사 사절단의 주요 인물은 조선의 지식층이었고 통신사를 맞는 일본인 역시 당대 일본의 지식층이었다. 선진 문화에 대한 관심과 흥미를 가진 이들의 만남에 있어 상대국의 글과 책에 대한 관심은 자연스러운 일이다. 임진란 후 조선에서는 여러 차례의 통신사를 파견하였다. 1회 파견에 500명 가까운 인원의 사절단은 사절의 의미도 중요하지만, 이들의 문화 역량은 문화 전파와 수용에 크게 작용한다. 특히 그들을 통하여 주고 받은 책과 현지에서 보고 느낀 내용이 출판을 통하여 구체화된다는 점에서 통신사와 출판 교류의 관계는 중요한 의미를 지닌다.

조선통신사의 파견

조선은 건국 초부터 사대교린을 보안책으로 삼아왔던 만큼 일본에도 여러 차례 사절을 파견하였다. 조선 전기 약 200년 동안 62회의 사신이 파견되었다. 임란 후 일본에 파견되었던 통신사절단의 파견 횟수는 한말까지 12회였다. 국교 정상화 후 첫 통신사는 경도, 마지막 12회째 통신사는 대마도까지 왕래하였다.

사절단은 정사·부사·종사관 내지 서장관 등 중심인물과 통사·악공·의원 등 수행원으로 구성되었다. 이들 통신사의 인원은 매회 달라 일정치 않았다. 통신사는 공식 외교문서인 서계書契를 가지고 갔으며, 그 외에 별폭別幅이란 물목으로 많은 선물을 가지고 갔다. 통신사 기행문 중의 하나인 『해동제국기』에 의하면 노정은 수로 3,230리와 육로 180리를 가야 한다고 했는데 이 노정을 왕복하였다. 일수로 따지면 9개월에서 10개월 정도가 걸렸다(신숙주, 『해동제국기』 일본국기). 이러한 통신사 파견을 계기로 일본에서는 문화의 교류뿐만 아니라, 정권의 안정, 지배권의 강화와 권위를 높이는 데도 큰 역할을 했다.

통신사가 본 일본 서적과 출판

통신사 일행이 일본에서 접한 새로운 경험은 책을 탄생시키는 중요한 요소가 되었을 것이다. 조선통신사들은 일본에 도착하여 어떤 책들을 보았을까? 1655년 제술관으로 사행길에 오른 남용익(1628~1692)은 "일본에 『일본기』, 『속일본기』, 『풍토기』, 『신사고』, 『본조문수』 등이 있지만 허망하고 잡스러워 볼만한 것이 없고, 중국 서적도 유포되어 있기는 하지만 제대로 이해하는 사람이 적다."고 했다(『부상록』, 견문별록 풍속 문자). 이후 1719년 통신사로 일본에 다녀 온 신유한(1681~1752)의 『해유록』에는 "서임·서옥이 있어, 류지헌柳枝軒·옥수당玉樹堂이라고 써 붙였다. 고금의 백가서적百家書籍을 보관하고 출판 판매하며 다시 사들여 쌓아 두었는데, 중국의 책과 우리나라 여러 선현의 전술한 글들이 없는 것이 없었다."고 하였다(『해유록』 상, 9월).

이렇듯 18세기에 들어오면서 통신사들은 일본의 발전된 출판 상황을 직접 접하고 큰 충격을 받았다. 제술관으로서 통신사 홍치중을 따라 일본에 다녀온 신유한은 일본의 출판 상황에 관심을 가졌다.

> 일본의 서적은 우리나라로부터 간 것이 백으로 셀 수 있고, 남경의 상인들을 통하여 온 것이 천으로 셀 정도이므로 고금의 기이한 글, 백가의 문집이 민간에서 간행된 것이 우리나라와 비교하면 열 배뿐이 아니다(신유한, 『해유록』 하, 부문견잡록).

조선통신사 행렬도 조선 국왕의 명의로 일본의 막부장군幕府將軍 등에게 보낸 공식적인 외교사절. 조선시대 통신사 파견의 표면적 이유는 왜구 금압의 요청과 우호관계 유지를 위한 장군습직 축하 등 주로 정치·외교적인 목적에서였다.

이처럼 신유한은 일본에 들어와 있는 많은 조선과 중국 책의 종 수에 놀랐고, 또 이러한 책들이 민간에서 간행된다는 것에 더욱 놀랐다. 『퇴계집』을 숭상하여 집집마다 외고 있고, 필담 때에는 퇴계의 후손, 관직, 생전의 기호 등을 묻는데 충격을 받았다(『해유록』 11월 4일).

그는 또 신속히 진행되는 출판활동에 놀랐다. 강호로 가는 길에 일본 장로長老와 필담을 주고받았는데, 불과 1개월 만에 이를 편집하여 간행한 책을 받고는 놀라지 않을 수 없었다(『해유록』 하, 부문견잡록). 또한 당시 일본에서는 서적 밀무역도 성행하여 김성일의 『해사록』, 류성룡의 『징비록』, 강항의 『간양록』과 같은 책이 대판에서 출판되어 판매되는 상황에 충격을 받는다(『해유록』 중, 11월 4일).

이러한 일본의 상황에 대한 기록은 후일 중국 서적에서도 찾을 수 있다. 홍한주(1798~1868)의 『지수염필』에는 서호수가 정조 원년(1776)에 사은부사로 연행을 했을 때 『고금도서집성』을 구매하며 겪은 이야기를 적고 있다.

> 병신년에 이 책을 구입해 올 때 연경의 시장 사람이 우리나라 사람들에게 웃으며 말하기를 이 책이 간행된 것이 거의 50년은 지났을 터인데 당신네 나라는 우문右文을 칭하면서 이제야 비로소 사려고 하는가? 일본 같은 경우에는 장기長崎에서 1부, 강호江戶에서 2부, 이미 3부를 구해갔다(홍한주, 『지수염필』 고금도서집성).

이처럼 일본에서는 이미 중국과 도서 무역을 활발히 진행하고 있었다. 이덕무(1741~1793) 역시 "우리나라는 바닷길로 재물을 유통시키지 않기 때문에 문헌이 더욱 희귀하다. 일본 사람들은 강남과 통상했으므로 명나라 말기의 고기古器, 서화書畫, 서적書籍, 약재藥材 등이 장기長崎에 꽉 차 있다. 일본의 목세숙木世肅은 서적 3만 권을 비장하고 있고, 또 중국의 명사들과 많은 교제를 맺고 있다."라고 하여(『청장관전서』 권63, 天涯知己書筆談) 일본의 도서 무역을 통한 지식의 유통을 말하고 있다.

조선에서의 사행록 출간

조선통신사 일행은 바쁜 일정 속에서도 일기를 썼다. 사행록은 특정한 직책을 맡은 사람이 쓰는 공식적인 보고서가 아니고 개인적 동기에 의해 사적으로 쓴 기행록의 일종이다. 따라서 통신사행원 중 누구라도 쓸 수 있었다.

초기에는 삼사三使의 사행록 중심이지만 후기로 올수록 저자는 다양해진다. 제술관은 1719년부터, 서기의 사행록은 1763년부터 나오는데, 이것은 통신사의 임무 중 문화 교류의 역할이 커지고 있다는 점을 반영한다. 또 후기로 올수록 저자의 다양성과 함께 사행록의 숫자도 많아지는데, 1763년의 경우 9편이나 된다. 1763년 사행 당시 그때까지의 사행록을 다 읽어보았다는 조엄趙曮은 그 내용에 대해 다음과 같이 평하였다.

> 전후의 일기가 이와 같이 많아 없는 말이 거의 없다. 산천·풍속·관직·법제·의복·음식·기명·화훼 및 거행할 의절, 일공日供의 가감 등의 일이 모두 실리지 않은 것이 없다. 자세하게 다 갖추되 번거롭고 하찮은 것을 꺼려하지 아니하여 마치 그 모든 광경을 그려낸 것과 같으니, 족히 통신 사행으로 갈 때의 등록이 될 수 있겠다(『해사일기』, 계미 10월 6일).

일본에서 들여 온 책의 체제를 참고하여 조선에서 책을 간행하기도 하였다. 1748년 통신사 홍계희가 일본에 갔을 때, 산기암재山崎闇齋가 조선의 간본인『소학본주』와『근사록』의 2책에서 본주本註를 버리고 합본하여 간행한 것을 가지고 왔는데, 1793년에 이를 본떠 광주에서 합각본으로 『소학·근사록』을 간행하기도 하였다.

실학자의 일본 인식 계기

조선통신사들이 가져온 일본 물품과 견문록은 당시 상대적으로 개방적인 세계관을 소유하고 있었던 일부 실학자들에게 학문적 관심의 대상이 되었다. 특히 이익(1681~1763)을 중심으로 하는 남인계 실학파 학자들은 일본에 대한 연구를 주도하면서 새로운 일본 인식을 제창하였다. 통신사절단이 가져온 정보가 실학자들의 일본관을 재정립하도록 했을 뿐 아니라, 실학사상 자체의 형성에도 영향을 미치게 된다.

이익은 임란 이후 겨우 활자 인쇄를 시작한 일본이 "인쇄 문자는 자획이 정돈하여 조선보다 뛰어나다."고 하고 "이규보의 『이상국집』도 우리나라에서는 이미 산일散逸되어 다시 왜국으로부터 구하여 세상에 간행했다. 대개 왜판倭板의 글자는 자획이 정제하여 우리나라 것과 비교가 되지 않으니 그 풍속을 알 수 있다."고 하였다(『성호사설』 권17 일본).

이덕무(1741~1793)는 1748년 무진통신사행에 서기로 일본에 갔다 온 원중거元重擧와 교류하며 이덕무의 일본에 대한 관심과 인식 형성에 큰 영향을 받었다. 이덕무가 쓴 『청령국지』에는 세계世系, 성씨, 관직, 인물, 예문藝文, 풍속, 물산 등 일본의 구체적 정보를 수록하고 있다.

정약용(1762~1836)은 논어 주석서인 『논어고금주』에서는 일본 고학파의 주석을 인용 소개하기도 하였다. 사상적인 측면에서 보면 수용보다는 비판이 더 많고, 차이점이 많이 부각되었지만 훈고 고증적인 측면에서는

『**해행총재**』 고려·조선시대 통신사의 사신이나 포로 및 표류 등으로 일본에 다녀온 사람들의 기행록을 집성한 총서이다. 1974년 민족문화추진회에서 번역 출판하였다.

고문사학으로부터 적지 않은 도움을 받았던 것으로 판단된다. 다음은 유배지인 강진에서 아들에게 보낸 편지 중 하나인데, 다산의 일본 인식을 잘 보여주고 있다.

> 일본은 근래에 명유가 배출되고 있다고 한다. (중략) 중국의 강소 절강 지방 등과 직접 교역을 하면서부터 중국의 좋은 책을 사가지 않은 것이 없었다 한다. 또 일본에는 과거제도의 폐단이 없으므로 지금에 와서는 그들의 학문이 우리나라를 능가하게 되었으니 심히 부끄러운 일이다(『여유당전서』 권21 시이아示二兒).

연행사신을 통한 중국으로 확대

조선시대에는 사대교린의 외교정책에 따라 일본에는 통신사를, 중국에는 연행사燕行使를 파견했다. 연행사는 약 300명에 가까운 인원으로 북경까지 왕복하는데 대개 5개월 정도 걸렸다. 연행사 중에는 중국 문인들과 친교를 맺고 시문을 증답贈答하며 청조의 고증학과 서양과학을 도입하여 실학 발전에 기여한 사람도 있다. 조선에 도입된 청조의 선진문화는 통신사가 일본을 방문할 때마다 일본 학자의 관심사가 되기도 했다. 이 점에서 조선과 일본의 문화교류는 국내에 한정되지 않고 청나라를 포함한 세 나라의 문화네트워크로 확대된다.

일본을 방문한 통신사 중에는 연행사로 중국을 다녀온 사람도 15명에 달한다. 15명 중에는 홍희남, 김지남, 정창주, 오대령, 이언진 등 역관이 5명 포함되어 있다. 이들은 사행을 경험한 주변 인물들과 긴밀한 관련을 맺고 서로 영향을 끼쳤으며 정보도 공유하였다.

일본에서 간행된 『언록蔫錄』은 세 나라의 상호교류의 일면을 보여주는 책이다. 이 책은 1811년 신미사행 때 이현상이 조선에 들여왔다. 당시 중국의 최신 서적은 물론이고, 『지봉유설』과 1711년 통신사행 때 조선 문인 이현과 일본 문인 사이에 이루어진 창화시도 수록되어 있다. 다음은 이상적(1804~1865)이 쓴 '독언록讀蔫錄'의 일부분이다.

> 지금 대규무질大槻茂質이 펴낸 『언록』을 읽었는데 명청 제가의 잡저를 인용하여 증명한 것이 삼십 여 종씩이나 되어 옹정 이전의 책들은 오히려 낡은

> 책으로 보인다. 근래 중국의 서적들이 일단 인쇄공의 손에서 떠나기만 하면 즉시 구름처럼 모여든 상선에 실려서 일본으로 가니, 동도와 서경 사이에 문화가 울연히 번창하여 갈수록 더욱 흥성해지는 것은, 이 하나의 길에 힘입고 있을 뿐이다(『은송당집』 속집문 권2, 독언록).

조선에서 『언록』을 본 사람은 이상적뿐만이 아니다. 이규경도 『오주연문장전산고』에서 여러 차례 이 책을 언급하고 있다. 이현상이 일본에서 가져온 『언록』을 그의 아들 이봉령이 1826년 청에 갔을 때 그곳의 문인들에게 보여준 것이다. 즉 청의 문인들은 조선의 연행사를 통하여 일본에서 간행된 『언록』을 처음 보게 된다. 이렇듯 조선통신사가 가져온 일본의 책은 연행사를 통하여 청으로 전해지고 있는 것이다. 이것은 하나의 예이지만 책의 유통, 즉 지식의 유통에 있어 통신사나 연행사의 역할은 컸던 것이다.

조지서 터를 지나며

종로구 세검정로에 있는 세검정초등학교 앞을 지나다 보면 '조지서 터'라고 쓰인 표지석을 만날 수 있다. 조선시대 종이를 만들던 곳이다. 지금은 흔적조차 없지만 이곳에서 장인들은 책을 인쇄할 종이를 만들었다. 조지서가 있었기에 출판의 발전도 있었다. 실록이 완성되면 근처 차일암에서 초고를 세초洗草하는 일도 있었다. 북한산 계곡의 맑은 물과 널찍한 바위가 있었기 때문이다.

수천 년 동안 인류와 함께 발전해 온 종이는 지식을 체계화하고 문화 이동을 가능케 한 최고의 발명품이었다. 새로운 매체의 등장으로 역할과 수요는 축소되고 있지만 그 존재 가치는 여전히 크다. 종이가 있음으로 역사도, 책도 있을 수 있었고 문화 교류도 가능했다.

조선시대 관영제지 생산의 중심이 되었던 조지서는 1415년(태종 15)에 조지소造紙所라는 명칭으로 처음 설치되었다. 그 후 40여 년이 지난 1446년(세조 12)에 조지서로 바뀌었다. 이곳에서는 서적 출간에 필요한 책지冊紙를 비롯하여 저화지楮貨紙, 표전表箋, 자문咨文 등 공식문서에 필요한 종이를 생산, 관리하였다. 종이를 생산하는 지장紙匠을 비롯하여 사지司紙·별제別提 등의 관원도 두었다. 그 후 400여 년이 지난 1882년(고종 19)에 폐지되었다.

태종 때 처음 관영 조지소를 설치하도록 한 것은 저화楮貨를 만드는 데 필요한 종이의 품질과 규격을 통일하기 위해서였다. 당시 저화에 필요한 종이는 각 도에서 상납한 것을 사용하였으므로 두께나 품질이 고르지 않아 폐단이 많았다. 그리하여 서울 안의 한 곳에 종이 만드는 곳을 두고 감독하는 사람을 두어 관리해야 한다는 건의를 받아들여 1415년에 설치하게 된다(『태종실록』 태종 12년 11월 28일).

원래 왕실에서 쓰는 종이는 해마다 전주와 남원에서 세공으로 바치는 것을 사용하였다. 처음 조지소를 설치할 때, 오랜 경험이 축적된 남원이나 전주에서 생산하는 종이의 품질에 미치지 못할 것을 염려하였다. 그러나 조지소 생산 종이의 품질은 대단히 뛰어나 남원·전주의 종이를 쓰지 않아도 될 정도가 되었다(『세종실록』 세종 12년 9월 11일). 연산군 때의 성현(1439~1504)은 "처음에는 종이의 질이 지극히 정교하여 인쇄한 서적 또한 좋았다. 그러나 후대에는 생산하는 종이도 고정지와 유목지 두 가지 뿐이고 자문·표문·전문의 용지도 예전처럼 깨끗하지 못하다."라고 조지서 생산 종이가 후대에 오면서 품질이 떨어졌음을 말하고 있다(『용재총화』 권10). 여기서 생산되는 책지의 종류로는 재료에 따라 모절지麰節紙·유목지柳木紙·호정지蒿精紙·마골지麻骨紙 등이 있었다(『문종실록』 문종 즉위년 10월 10일).

고려의 종이는 품질이 뛰어났다. 중국인들은 고려 종이를 "색은 능처럼 희고, 질기기가 비단과 같다. 글씨를 쓰는 데는 먹색이 선명하다. 이것은 중국에 없는 것으로 진귀한 물품이다."라고 고려지를 평하였다(도륭屠隆, 『고반여사考槃餘事』 고려). 반면 조선에서는 고려의 종이 제조 기술에 미치지 못한 듯하다. 지장紙匠 박비朴非는 일찍이 사은사를 따라 북경에 가서 조지법을 배웠다. 여기서 본 중국의 제지법을 비교적 자세히 기록하고 있다. 그 하나가 북경의 합대문哈大門 밖 25리에 있는 제조 공장에서 사용하고 있는 종이의 재료와 만드는 방법을 소개한 것이다(『성종실록』 성종 6년 1월 19일). 요동의 동문 밖 태자하太子河 강가의 종이 제조 과정도 자세히 소개하고 있다.

> 생마生麻와 상피桑皮·진목회眞木灰·수석회水石灰를 써서 서로 섞어 삶아 햇빛에 말리어 목추木椎로 쳐서 추피와 석회를 제거하여 가늘게 잘라 대광주리에 담고, 깨끗이 씻어 곱게 갈며, 또 깨끗이 씻어 활조수滑條水와 섞어서 제조하는데, 이것은 책지에 상용한다(『성종실록』 성종 6년 1월 19일).

또한 종이를 잘 만드는 요인遼人 신득재에게 의식을 내려주고 기술을 전습하게 한 기록도 보인다. 신득재申得財가 종이를 잘 만들어서 중국의 종이와 거의 같았던 까닭에 그에게 넉넉하게 의식을 내려주고 사람을 시켜 전습하게 하였다. 그 어머니에게 쌀 5석을 내려주고, 그 매부에게는 군역을 면제하여 그 어머니를 봉양하게 하였다(『태종실록』 태종 12년 1월 17일). 그해 7월에는 신득재가 화지華紙를 만들어 바쳤는데, 그 종이를 주자소에 내려 『십칠사』를 인쇄했다. 신득재에게 쌀 5석, 면포 3필을 내려주고 지공紙工에게 전습하게 하였다(『태종실록』 태종 12년 7월 9일).

이렇듯 소개된 중국의 제지법은 조선의 제지 기술 발전에 어느 정도 영향을 미쳤을 것이다. 특히 재료를 갈아서 얇게 만드는 방법이나, 활조수의 사용은 기술 발전에 영향을 미쳤을 것으로 생각된다(『오주연문장전산고』 인사편 기용류 문구).

태종 때 일본에서 사신을 보내와 『대반야경』을 인출하기를 청하였는데, 종이와 먹을 가지고 왔다. 그러나 그 종이가 경전을 인쇄할 만큼 좋지 않아, 직접 종이를 만들어서 인쇄하여 주었다(『태종실록』 태종 16년 10월 13일).

세종 때는 통신사를 일본에 보내어 『백편상서百篇尙書』를 사오도록 하고, 종이 만드는 법도 배워오게 하였다. 당시의 일본 종이는 단단하고 질겼기 때문이다(『세종실록』 세종 10년 7월 1일). 이와 함께 일본 품종 닥나무를 들여와 재배하기도 하였다. 조지서에서 계하기를 "강화에 심은 왜

닥 씨[倭楮種]를 바다 기운이 서로 연해 있는 충청도의 태안, 전라도의 진도, 경상도의 남해·하동에 나누어 심게 하옵소서." 하니, 그대로 따랐다(『세종실록』 세종 21년 1월 13일). 유형원은 가볍고 윤택이 있고 치밀한 책지를 만들기 위해서는 일본의 닥나무가 좋다고 하고 있다(『반계수록』 권3 전제후록 상).

조선 초기에는 중국과 일본의 제지기술 도입에 적극적이었다. 중국에 지장을 파견하여 제조기술을 배워오게 하기도 하였고, 일본의 닥나무를 식재하게도 하였다. 이러한 일련의 노력은 종이의 수요가 늘어남에 따라 더욱 절실한 문제였다.

이렇듯 제지기술을 도입하여 종이의 품질 향상을 위한 적극적인 정책이 시도되었지만 선조대부터는 국내외의 어지러운 상황으로 제지기술의 도입이 중단되었다. 19세기 후반에 이르면서 서구의 문물 교류가 있게 되자 우리나라에도 양지洋紙가 수입되었을 것이다.

관영 조지서는 저화를 생산하기 위하여 설립되었지만, 늘어나는 출판 수요를 충당하기 위하여 책지의 생산에도 기여했다. 이에 따라 종이 재료의 개발에 많은 노력을 기울여 다양성을 꾀했다. 초기에는 품질도 우수하고 다양한 종이 생산에 기여하지만 후기에는 점차 쇠퇴하여 기술 향상의 노력이 부족했고 새로운 종이 개발에도 미치지 못했다. 마침내 조지서는 민영 수공업에 밀려 폐지되고 만다.

조지서는 사라지고 그 터마저 시멘트로 덮여 있지만 품질을 향상시켜 좋은 책지를 만들려 했던 장인들의 노력은 기록으로 남아 있다.

세창서관, 딱지본의 아련한 향수

울긋불긋한 원색 표지, 국판 크기, 50쪽 내외의 실용서나 흥미 위주의 고소설, 신파소설, 창가집 등 얄팍한 책자. 딱지본이다. 60년대까지만해도 시골장터에서 판매하던 대중 출판물이었다. 그리 오래지 않은 시절의 독서물이었지만 지금은 아련한 추억 속의 그리움이 되었다.

딱지본의 출판과 보급에는 세창서관의 역할이 컸다. 60년대까지 세창서관에서 딱지본 중판을 발행하면서 마지막 독자들을 지켜갔기 때문이다. 종로 3가역 2번 출구에서 종로 2가 방향 인도 변에 '세창서관 터'라는 표지판이 있다. 이곳이 서적출판과 보급에 평생을 보낸 신태삼申泰三이 1984년 타계하기 전까지 그의 전 생애를 바쳐 지켜온 그 세창서관이

딱지본 1910년대 초반부터 신식활판인쇄기의 구활자본으로 출간된 소설. 표지가 울긋불긋하게 인쇄된 이야기책에서 유래된 말이다.

있던 곳이다.

딱지본의 첫 출판은 1908년에 간행된 이인직의 신소설『은세계』다. 조선시대에 쓰여진 소설작품들을 신소설과 구분하여 고대소설이라고 붙여 간행하기도 하였는데 출판사에 따라 내용을 약간씩 변개하여 간행하거나 제목을 달리하는 수도 있었다.

세창서관에서 처음 간행한 고대소설은 송나라를 배경으로 여주인공 정수경의 무용담을 그린『녀장군젼』이다.『이태백실기』,『옥중가화』,『조웅전』,『김인향전』등도 세창서관에서 나왔다. 해방 후에는 여러 출판사의 지형을 사들여 세창서관 이름으로 간행하였는데 1960년대까지 계속되었다.

세창의 60년 역사

세창서관의 설립자 신태삼은 누구도 꺾을 수 없는 고집으로 평생을 뜨겁게 살아온 인물이다. 아직 출판 기술이 현대화되지 못하여 필사나 목판에 의하여 서적이 간행되던 1910년대, 14살의 어린 나이로 출판과 인연을 맺은 이래 타계하기 전까지 60년이 넘는 세월을 책과 함께 보냈다.

신태삼은 1908년 경기도 화양리에서 평산신씨의 5대 독자 신덕용과 강순념의 5남 1녀 중 셋째 아들로 태어났다. 아버지는 당시 지식 계층과 교유가 두터웠던 구한말의 꼿꼿한 선비였는데 5대 독자의 몸에서 아들을 내리 셋이나 낳았으니 여간 기뻐하지 않았다 한다. 그리하여 셋째 아들의 이름은 태삼泰三이라 지었다. 유복한 가정환경에서 태어난 태삼은 외할머니의 사랑이 대단하여 어린 시절을 대부분 외가에서 보냈다.

당시 외숙 강의영은 중국인 왕세창과 함께 종로 3가에서 영창서관永晶書館을 경영하고 있었는데, 어린 태삼은 이곳에 자주 드나들면서 일을 도왔다. 이것이 출판 일을 하게 되는 인연이었다. 외숙은 영특한 태삼을 누구보다 아끼고 이끌어 주려 하였다. 그리하여 아예 영창서관에 취직시켰다. 태삼의 나이 14세 때의 일이다.

서점이라야 목판으로 찍어낸 몇 종 안 되는 서적을 좌판에 벌여 놓고 파는 행상에 불과하였다. 어린 태삼은 '다량으로 인쇄하여 싼값으로 공급할 수는 없을까', '많은 독자를 확보하기 위해서는 무엇보다도 독자들이 필요로 하는 책을 찍는 것이다' 여기에 생각이 미치자 외숙에게 갔다. "이유는 묻지 마시고 제게 10원만 주세요." 쌀 한 가마에 4원 50전 하던 시절이었으므로 10원이면 꽤 큰돈이었다. 외숙은 그의 태도가 하도 진지하여 10원을 내주었다.

10원을 받아쥔 태삼 소년은 그 길로 목판하는 가게로 달려갔다. 천자문을 새기려 하였던 것이다. 첫 판이 완성되자 이것을 받아들고 외숙에게 달려왔다. "이것이 천자문이에요. 우리나라에서 가장 잘 팔릴 수 있는 책이 무엇일 것 같아요?" 태삼은 많은 사람이 필요로 하는 책으로 천자문을 생각했던 것이다. 태삼의 생각에 탄복한 외숙은 당시 신동이라고 불리던 오세창의 글씨를 받아 목판본『세창 천자문』을 간행하였다. 이것이 1923년의 일이었다.

천자문은 날개가 돋친 듯이 전국적으로 팔려나갔고, 이에 용기를 얻은 태삼은 이천자문二千字文, 3천자문三千字文, 동몽선습童蒙先習, 계몽편啓蒙篇 등 기초 한문교육서적을 계속 발간하였다. 이러한 책들은 일반 독자뿐만 아니라 서당의 교재로 많이 팔려 나갔다. 이렇게 간행하는 책들이 성공을 거두자 외숙에게서 독립하여 세창서관을 차렸다. 이때가 1926년, 그의 나이 열아홉되던 해였다.

어린 나이에 사장이 된 태삼은 일본의 출판시설을 돌아보기 위하여 여행길에 올랐다. 그곳에서 5개월 정도 머물면서 많은 것을 깨달았다.

첫째는 고단샤 인쇄부를 견학하고 일본의 발달된 인쇄기술에 놀랐다. 이미 그들은 지형을 떠서 대량으로 책을 공급하고 있었다. 수공업 형태를 벗어나지 못하고 있던 우리의 현실에 비하면 엄청난 차이가 있었다.

또 하나는 그들의 독서열이었다. 저녁무렵 서점에 들러보면 많은 학생들로 붐비고 있었다. 일본이 우리보다 앞서가는 이유 중의 하나가 바로 국민들의 독서열에 있음을 절감하였다. 이들을 앞지르기 위해서는 무엇보다도 양서를 대량 공급하여 국민들을 계도해야 한다는데 생각이 미치게 되었다. "그렇다. 이 일을 내가 기어코 해내고 말 것이다." 태삼은 몇 번이나 가슴에 이 말을 되새겼다. 일본 여행은 자신이 걸어가야 할 바를 확고하게 결정지어 준 계기가 되었다.

결심을 단단히 하고 돌아온 태삼은 당시 화동에 있던 동아일보사와 공무 제휴를 맺고 대량 인쇄에 착수하였다. 신문사의 활판시설을 이용하니 초판에 2천 부, 3천 부를 찍어 낼 수 있었다. 책은 대량으로 찍어 낼 수 있었으나 공급망이 구비되어 있지 않았기에 직접 책을 짊어지고 장터를 찾아다녔다. 그러나 혼자서 장터를 도는 데는 한계가 있었다.

어느 날 안성장에 갔다가 소장수가 우체국에서 우편환을 찾아오는 것을 본 태삼은 '이 우편 판매를 이용하면 좋을 것이다.'라는 생각이 머리를 스쳤다. 집에 돌아온 후 곧 우체국에 대체구좌를 개설하고 광고를 시작했다. 서적 판매에 새로운 경영방식을 도입한 것이다. 광고는 당시 동아일보나 조선일보에 계속해서 알리는 한편, 간행되는 책의 맨 마지막 장을 이용하였다. 그때 개설한 대체구좌가 '경성진체 17번'이었다.

> 勿失好期! 讀書期는 오다. 小資本으로 大成功을 하시려는 분에게! 小資本으로 大企業을 이루고 成功할 수 있는 것도 서적상이 제일. 文化向上 發展을 위하여 社會에 貢歌할 수 있는 것도 서적상이 제일.

이 광고 문구는 세창서관에서 간행한 여러 책에서 볼 수 있다. 대체를 이용한 광고 덕택에 경성진체구좌 17번 세창서관으로는 전국에서 주문서가 쇄도하였다.

이렇게 하여 1928년에는 종로에 자리를 옮겼으며 인쇄시설까지 갖춘 유망한 출판사로 성장하게 되었다.

또한 이 시기에 「영화시대」란 월간 잡지 발행에도 손을 댔다. 당시 개성지방의 어느 양갓집에서 일어난 실화를 대본으로 한 『며느리의 설움』은 3만 부 정도가 팔릴 정도로 베스트셀러가 되었다. 이미 청년 실업가로서 종로의 거상으로 등장하게 된 신태삼은 1932년 몽양 여운형의 6촌 여동생 여옥희와 결혼을 하게 된다. 결혼식에는 최남선을 비롯하여 당대의 명인들이 모여 그의 결혼을 축하해 주었고, 김두한도 그의 의형제로서 참석하였다.

한편 농어촌에서 노름이 성행하는 것을 보고는 이를 퇴치할 수 있는 방법의 하나로 흥미 있는 이야기 책을 대량으로 찍어 공급하였다. 역시 책의 뒷면에는 '도박의 오락은 패가망신하고 독서의 연구는 성공 치부한다. 인생의 성공 발전도 독서에서, 문화 향상도 독서' 등의 문구를 인쇄하여 전국 행상인을 통하여 장날 시장에서 판매케 하였다. 이 역시 『천자문』, 『동몽선습』, 『논어』, 『맹자』 등과 마찬가지로 큰 성공을 거두었고, 노름으로 소일하던 사람들도 이야기책을 가까이하게 되었다.

소학교가 설립되면서 서당이 점차 쇠퇴하게 되자 일인은 소학교 학생을 대상으로 학습참고서 『모범전과』를 간행하였다. 이 참고서가 일본인에 의하여 집필되었고 내용 또한 소략함을 본 신태삼은 한국인에게 집필 의뢰하여 보다 풍부한 내용의 참고서를 간행하기로 하였다.

원고가 완성되자 외숙을 찾아갔다. 외숙이 경영하는 영창서관과는 경쟁상대가 되어 늘 미안하게 생각하였던 터였기에 이 기회에 큰 사업 한 가지를 해주고 싶었기 때문이었다. 이렇게 하여 『모범대전과』는 영창서관에서 간행되었고, 일본인이 간행한 참고서와 당당히 경쟁하여 그를 압도하였다. 물론 학생들의 경제 사정을 고려하여 가격도 낮게 하였기 때문에 각 학교에서 단체주문이 쇄도하였다. 이로써 영창서관도 일약 거상으로 성장할 수 있었다. 외숙 강의영도 의로운 사람이어서 교육계에서 벌어들인 돈을 뒷날 재정난을 겪고 있는 이화학당에 희사하기도 하였다.

해방이 되자 첫 번째 펴낸 책이 『우리말 사전』(문세영 편)이다. 이 책은 우리의 말과 글을 바르게 교육시켜야 한다는 신념에서 간행한 것이었다. 이때에 『영어자통』이란 책도 많이 팔려나갔다. 『영어자통』은 해방 전에 그의 친구 김동성이 지은 것으로 원고료 없이 책 6권만 받을 테니 간행해 보라고 하여 간행한 영어사전이다. 간행 당시에는 빛을 못 보았으나 해방 후에 몇 십만 부가 팔려나갔다. 그러나 이것도 잠시였고 6·25가 발발하여 부산으로 피난가 생활하였다. 생활이 빈곤하여 몇 가지 지형을 팔아 연명할 수 있었다.

수복이 되자 서울로 돌아와 종로 3가 10번지에 다시 문을 열었다. 다행히 그 전쟁 속에서도 창고에만 불이 나서 쌓아둔 책 중 일부만 타버렸을 뿐 건물은 고스란히 남아 있었다.

이때에는 주로 고대소설과 신파소설을 간행하였다. 3~40년대 처럼 호황을 누리지는 못하였으나 몇몇 회사의 지형을 인수하여 여러 종을 간행하였다. 1969년에는 종로 3가 10번지에 옛 건물을 헐어내고 10층짜리 세창빌딩을 세웠다. 서적을 중심으로 판매하는 거대한 계획의 첫 단계를 실현하였던 것이다.

그러나 장남이 아버지의 인감을 몰래 새겨 숱한 빚을 얻어 탕진하는 바람에 이 빌딩은 사채업자의 손에 완전히 넘어가고 말았다. 뱃심 두둑한 그는 이러한 엄청난 현실 앞에서 "무엇이 오래 남겠어. 책밖에 더 있겠어" 하며 훌훌 털고 다시 일어설 수 있었다.

차마 종로는 떠날 수 없어 그 빌딩 옆에 세를 얻어 서가에 다시 책을 꽂았다. 이것이 1973년 그의 나이 65세 때였으니 보통 사람 같으면 그대로 주저앉고 말 그런 나이였다. 그러나 신태삼은 초연하게 망가진 판을 고치고 교정을 보고 1982년에는 대정신보 팔만대장경 大正新補 八萬大藏經을 간행하기도 하며 더욱 열심히 일에 매달렸다.

덕수빌딩 3층 세창서관 자리가 출판인으로 70평생을 보내온 신태삼

세창서관 터 종로3가역 2번출구 인도에 설치되어 있다. 세창서관은 실생활에 필요한 실용서와 고대소설 등을 발행하여 세간의 인기를 끌었다.

이 마지막 머문 곳이다. 한때 민족문화의 계발, 국민의 계몽이라는 출판인의 자긍심 속에서 종로의 거부로 부상되기도 하였고 전국의 상권이 일인의 손에 넘어갔어도 종로 바닥과 개성만은 넘어가지 않았다고 장담하던 그가 가슴 벅차게 살아왔던 곳이다. 인쇄 기술이 발달되고 양장 제본의 무수한 책들이 쏟아져 나오지만 내가 하는 사업을 중단하면 누가 하겠느냐고 한적과 고소설만을 고집하던 그였다.

1984년 10월 잔뼈가 굵은 종로 세창서관에 들러 일을 마친 다음 지하철을 탔다. 집에 가기 위하여 부평역에서 내려 다시 버스를 탔다. 이 버스 안에서 신태삼은 눈을 감았다. 앉아 있는 자세 그대로 앞 의자에 얼굴을 기댄 채 아무도 모르게 그렇게 눈을 감은 것이다. 사자 얼굴을 한 고집 센 80kg 거구의 신태삼이 그의 모든 것을 책에 남겨두고 홀연히 떠난 것이다.

영원한 청년,
출판인 이종익

아직도 종로구청 앞 신구문화사를 기억하는 사람이 많다. 그리고 기획출판으로 60년대 한국출판계를 이끈 출판 1세대 우촌 이종익 선생을 기억한다. 전쟁의 상처가 채 아물지 않은 1950년대 초, 문화 부흥을 꿈꾸며 출판을 시작했으니 신구문화사의 역사는 70년이 넘는 셈이다. 초창기에 이원수의 어린이 동화를 출간한 신구문화사는 국학분야 대학교재와 『한국인명대사전』, 『국어국문학사전』 등 전문사전 출판으로 학문 발전에 크게 기여했고, 시대를 앞선 안목으로 『세계전후문학전집』, 『한국의 인간상』 등 기획출판의 길을 열었다. 이익을 떠나 출판의 정도를 걸으며 출판의 사회적 사명을 충실히 실천한 출판사가 신구문화사다.

뿐만 아니라 출판을 교육으로 확대하여 전문대학을 설립, 운영함으로써 실용 교육을 실천한 국내 유일의 출판사다. 특히 대학 내에 국내 최초로 출판과와 인쇄과, 사진과를 개설하여 현장에서 필요로 하는 이 분야 전문인을 키웠다. 지금 그분은 안 계시지만 그가 설립한 대학은 개교 50주년을 앞두고 있다. 출판과, 인쇄과, 사진과에서 배출한 동문만도 1만여 명에 이른다.

신구문화사에서 간행한 책들에서 출판의 정도와 사명을 발견하게 되고 신구대학의 교육 방향에서 그분이 생각하고 실천한 교육의 철학을 읽게 된다. 이 시대 출판은 어떤 길을 가야 하는지, 또 교육은 어떠해야 하는지, 흔들리고 있는 우리에게 방향을 잡아주고 용기를 갖게 한다.

책은 제2의 학교

우촌 선생의 출판 인생은 대학을 마치고 박문출판사에 입사하면서부터 시작되었다. 전쟁 후 출판사를 따라 부산으로 거처를 옮긴 선생은 출판사의 편집 일을 돕는 한편, 언젠가는 자신이 직접 출판사를 운영할 뜻을 세웠다. 6·25전쟁의 폐허 속에서 오직 출판이 국민의 삶을 풍요롭게 할 수 있다고 생각했기 때문이다. 경제적 면에서 자립할 여유는 없었으나, 결연한 의지로 이광수의 『무정』과 김동인의 『젊은 그들』을 '신구문화사'라는 이름으로 제작하여 펴냈다. 이것이 바로 신구문화사의 실질적인 첫 출판이었다.

선생은 이 책을 광복동 네거리에 쌓아놓고 직접 판매에 나섰는데, 놀

랍게도 날개 돋친 듯이 팔려 수일 만에 매진되었다. 헐벗고 굶주린 가운데서도 국민은 문화에 대한 욕구를 잃지 않고 있다는 사실에 용기를 얻었다.

첫 출판에서 성공한 선생은 정부가 환도하자 상경하여 중구 소공동 17번지에 사무실을 마련하고 정식으로 출판등록을 했다. 이때가 1953년 10월 5일, 등록번호는 제474호였다. 그리고 다음 달에는 이원수의 『숲속나라』 등 6종의 어린이 도서를 출판하여 본격적인 출판사업의 길로 들어섰다. 어린이 잡지 『소년세계』를 인수하여 발행하기 시작했고, 한편으로는 각종 교과서와 지금은 이미 고전적 가치를 지니게 된 백철의 『문학개론』, 이병기·백철의 『국문학전사』, 장덕순의 『국문학통론』 등 국문학 분야의 전공서적을 출판했다.

출판사가 어느 정도 궤도에 오르자 전집물의 기획출판을 시작했다. 1957년의 『한국시인전집』을 시작으로 약 20년에 걸쳐 『영미어학문학총서』, 『세계전후문학전집』, 『세계의 인간상』, 『한국의 인간상』, 『현대한국문학전집』, 『시조문학사전』, 『한국인명대사전』, 『한국현대사』, 『한용운전집』, 『국어국문학사전』, 『한국정치경제학사전』 등을 간행하여 한국 출판사의 기념비가 될 획기적인 업적을 이룩했다.

신구문화사에서 출판한 책들은 일정한 방향성을 가지고 있었다. 무엇보다 우리의 민족문화와 민족의식에 바탕을 두고 있다는 점이다. 일찍부터 조상이 남겨 준 문화유산에 남다른 애정을 가져왔던 우촌 선생은 출판을 통해 우리의 문화와 나라 사랑의 길을 독자에게 전하고 보존하며

우촌 이종익 선생(1923~1990) 출판인, 교육가. 1951년 신구문화사를 설립하고 양서 출판으로 국학발전에 기여했다. 1974년 신구문화사를 기반으로 신구대학을 설립하고 실용 교육을 통한 전문인 교육에 힘썼다.

계승시키는 것이 자신의 임무로 생각했던 것이다. 역사상의 인물 2백여 명의 전기를 현대적 관점에서 객관적으로 서술한 『한국의 인간상』, 유사 이래 출판 당시까지에 작고한 한국의 실존 인물뿐만 아니라 설화나 전설에 나타난 인물까지를 망라한 『한국인명대사전』, 개항 이후 파란에 찬 우리 역사를 사건별로 알기 쉽게 서술한 『한국현대사』, 위대한 승려이자 독립운동가요, 시인이었던 한용운 선생의 저작을 집대성한 『한용운전집』,

장차 우리 문단을 이끌 중견, 신진작가의 대표작을 수록한『현대한국문학전집』등 일련의 전집이 그 범주에 속한다.

또한 선생은 세계를 멀리 내다보고 예리한 감각과 시대의 새로운 요구에 부응하는 안목을 가지고 있었다. 이 사실은『세계전후문학전집』하나만을 보더라도 증명이 된다. 이 전집은 1960년 폐쇄적인 자유당 정권이 무너진 후 민주주의와 자유에 대한 각성이 우리 사회에 만연하던 시대적 분위기를 간파하고 프랑스의 누보르망, 독일의 4·7그룹, 영국의 앵그리 영맨, 미국의 비트족, 일본의 태양족 등 이른바 전후 세대의 사고방식과 행동양식을 대변하는 세계의 문학을 처음으로 이 땅에 소개한 것이다.

당시까지 우리나라에서 출판된 세계문학전집은 과거에 읽히던 고전적인 것이거나 일본에서 나온 세계문학전집을 기초로 한 것이었던 데 비해 이 전집은 전혀 새로운 방향 감각을 지닌 것이었다.

신구문화사의 편집 정신

신구문화사의 편집 정신은 어디서 오는 것인가? 1차로 우촌 선생의 생활태도와 지향점, 추구한 이상에서 찾을 수 있다. 선생이 일관되게 지켜온 성실한 출판의 태도, 교육 현장에서 강조한 실용교육 실천 등에 편집 정신은 녹아 있다.

신구문화사에서 간행하는 출판물의 잉태 과정에는 하나의 공통점이 있었다. 작은 책자 하나라도 안이하게 만들어진 것이 없이 신중을

신구문화사에서 간행한 대표적인 출판물 신구문화사의 초기 발간 도서는 동화책으로 전쟁 직후 어린이들에게 꿈을 심어주기 위해서였다. 그 후 다양한 문학전집을 간행하여 세계문학 대중화에 기여하였다. 신구문화사 기획출판의 대표작으로 '인간상' 시리즈가 간행되었는데 1962년 세계의 위인 48명을 수록한 『세계의 인간상』의 출간에 이어, 1965년 『한국의 인간상』이 출판되었다. 이 책은 독자중심의 기획, 철저한 리라이팅 과정을 거쳐 인간적인 측면을 부각시켰다.

기했다. 책을 기획함에 있어 시류에 영합하거나 상업주의 일변도를 배격하고 먼저 문화 전달에 대한 기여도를 생각했다. 지식을 모든 계층의 대중에게 읽기 쉽고 이해하기 편하도록 전달하는 것이 출판의 의무로 생각한 선생은 편집부원들에게 특히 두 가지 사항을 강력하게 지시했다.

첫째는 신구문화사의 책에는 난해한 글이 없어야 한다는 것이었다.

아무리 권위 있는 필자의 원고라도 반드시 검토 과정을 거쳤으며, 때로는 대담한 수정과 보완을 거치기도 했다. 이 때문에 필자와의 마찰도 종종 발생했으나, 선생은 그때마다 특유의 뱃심으로 소신을 굽히지 않고 논리적으로 납득시켰다. 이러한 선생의 생각은 대중에 대해 봉사한다는 정신과 맥락을 같이한다.

둘째는 모든 책에 자세한 해설과 안내문을 곁들여 그 내용을 독자들이 쉽게 이해할 수 있게 하라는 것이었다. 새로운 사조와 경향을 담은 책인 경우 독자로서는 생소하고 낯선 것이기 때문에 이해에 어려움을 겪게 된다는 생각에서였다.

선생은 원고의 내용만이 아니라 책의 체재에도 많은 신경을 썼다. 책을 사치품이 아니라 만인에게 지식과 교양의 전달 수단으로 본 선생은, 원가를 줄이기 위해 한 페이지에 되도록 많은 활자를 심어야 한다고 주장했다. 그러나 읽는 데 불편을 주어서는 안 되기 때문에 편집 디자인뿐만 아니라, 종이와 인쇄, 장정에도 신중을 기했다. 그 결과 신구문화사의 책은 현대 감각이 살아 있는 편집, 장정이라는 평가를 받게 된다. '신구문화사의 책은 곧 양서'라는 것은 그동안에 수상한 서울시 문화상, 한국출판문화상, 국무총리상, 문화공보부장관상, 경향신문 양서출판상 등이 객관적으로 입증해 주고 있다.

이종익 선생, 그는 출판에 관한 철저한 완벽주의자였다. 그런 뜻에서 선생은 진정한 편집자였다. 세태를 민감하게 반영한다는 출판사업을

신구대학교 우촌박물관 사진인쇄출판실. 인쇄과, 사진과에서 실습용으로 사용하던 인쇄기와 카메라를 비롯하여 신구문화사 간행 도서를 전시하고 있다.

40년 동안 줄기차게 성공적으로 이끌어왔다. 그 원동력은 어디에 있었던 것일까.

첫째는 열정적 추진력이다. 선생은 출판물을 기획할 때 신중에 신중을 기하고 뜸을 들였다. 그러나 일단 결정이 되면 어떤 난관이 가로막더라도 밀고 나갔다. 신구문화사에는 그 흔한 사시나 사훈 같은 것이 없다. 선생 스스로의 사고와 행동 하나하나가 사훈이요, 사시였다. 바꾸어 말하면 아무리 사소한 일이라도 직접 자신이 행함으로써 모범을 보여 사원들로 하여금 따르게 했다.

둘째는 앞을 내다보는 통찰력이다. 선생은 독자 대중이 무엇을 갈구하는지 정확히 파악하고 세태의 흐름을 짚었다. 그래서 신구문화사의 출판물은 항상 시대를 앞서갔으며, 독자들에게 신선한 매력을 주었다. 이 통찰력은 영업 면에서도 유감없이 발휘되었다. 출판계에서 처음으로 할부 판매제도를 도입한 점, '한국출판금고'의 설립과 『독서신문』 창간의 주역을 담당했다는 점에서 확인된다.

셋째는 문화의식과 기업정신의 절묘한 융합이다. 지식의 보급과 문화 창달에 공헌하는 일을 출판의 사명으로 인식한 선생은 그 정신에서 벗어나는 외도는 일체 배격했다. 그러므로 신구문화사의 책에는 일정한 좌표가 있고 긴 생명이 있다. 60년 전에 간행한 도서들이 아직도 수요가 있는 것은 바로 이런 이유에서이다. 이것은 소위 '한탕주의'가 팽배한 이 사회에 좋은 교훈이 된다. 신구문화사의 지속적 성장을 약속해 준 원류는 바로 여기에 있다.

1990년 1월 5일, 선생은 강원도 정선 답사길에 불의의 교통사고로 세상과 작별했다. 향년 68세, 할 일을 많이 남겨 두고 있었다.

선생은 무릎 딛고 일어나 열과 성을 다하여 우리나라 굴지의 출판사를 육성하였고 이 땅의 출판계에 하나의 방향성을 제시하였다. 평생을 통해 자신의 영달을 바라거나 안일을 탐한 일이 없었다. 검소하고 소탈한 생활로 일관하고, 근면과 성실을 삶의 신조로 삼아 지식과 교양을 전하는 일에 묻혀 살았다. 미래의 책을 꿈꾸는 청년이었다.

출판에서 시작된 신구대학교, 그 캠퍼스에 우촌관, 우촌박물관, 우촌학사가 자리하고 있다. 상적동에 있는 신구대학교식물원에는 또 우촌갤러리가 있다. 모두가 선생을 기억하고 그 정신을 본받자는 뜻일 것이다.

2부

함께 생각하며 걷기

1등 사회를 위한 발싸심

『한국문화에 대한 체험적 의문 99』 유순하 지음, 한울

문화는 인간의 정신과 감정을 동시에 지배한다. 생성과 소멸을 인위적으로 조절하기 어려운 특성을 가진 것도 문화다. 때로 역사의 흐름과 관련을 맺기도 하고, 어떠한 형태로든 향유자의 공통성을 기반으로 성립하는 것이 문화다. 그렇기 때문에 이질적 문화의 형성이 가능하고 공동체의 특성을 파악하는 준거가 되기도 한다. 인간의 내적 사고를 지배하는 것도 문화의 힘이다. 이는 물론 교육으로 이루어질 수도 있으나, 사회를 통한 공동체험을 발판으로 형성된다. 이런 측면에서 문화의 가치, 발현, 계승, 보전의 차원이 논의되어 왔다.

일반적 문화의 관점에서 벗어나 문화를 '인간의 사고와 행동과 생활양식을 지배하고 결정하는 정신적, 물질적 모든 기제'로 보고, 계승 보

전의 차원이 아닌 극복의 차원에서 그 실제적인 모습에 접근하려 노력한 책이 『한국문화에 대한 체험적 의문 99』이다.

우리가 추하게 느꼈던 대상에 관심을 보이며, 낮은 자에 대하여 적당히 눈감아주는 것을 아량이라 하고, 높은 자에 대하여 비굴한 것을 겸손이라 미화하려 했던 그런 사회적 병리현상들을 하나하나 들추어내어 네 잘못이 아니라 우리의 잘못이라고 확인시키고 있다. 혹은 위신이나 체면 때문에, 혹은 용기의 부족으로 적당히 넘어갔던, 그러나 이제는 속속들이 보여주지 않으면 안 될 우리 현재의 모습을 확인하게 된다.

의식은 문화에 의하여 지배되고 결정된다. 문화의 사실적인 개진 없이 의식의 개진은 결코 가능하지 않고, 우리의 삶을 유린하려는 모순은 영원할 수밖에 없다. 왜 그런가. 인간은 문화 앞에 무력하기 때문이다. 이 책에서는 A. 크로버의 이러한 문화적 관점이 지속적으로 이어진다.

전체 3장으로 구성되어 있는데, 1장에서는 문화의 개념을, 2장에서는 실제적 체험을 바탕으로 한 부정적 문화체험론을, 3장은 문화 현상 극복을 위한 대안을 주요 내용으로 하고 있다. 요약하면 오늘의 문화 현상과 이의 극복을 위한 대안의 제시가 된다. 이 점에서 문화의 이해가 아니라, 문화의 총체인 현실 개정에 초점이 놓인다. 이러한 의도성은 '최소한 이 글의 독자들만은 내 주장의 지지자가 되어주기를 간절히 바라는 것'에서처럼 강력하게 문면에 드러난다.

현단계에서 문화는 필사적 생존 전략이며 한국 경제, 한국 사회, 한국 역사가 기사회생할 수 있는 유일, 절대의 혈로다. 우리가 당면하고 있는 위기는 금융위기도 경제적 위기도 아닌 사회 전체의 위기이고 이 위기의 본질은 문화적 결여나 결핍이다. 그러므로 문화적 관점에서 국민 자신과 사회구조 전체를 재구성 또는 개질改質하지 않고는 희망은 없다.

이것이 오늘의 문화 현상을 보는 필자의 시각이다. 사회구조 전체를 재구성, 또는 개질해야 할 필연적인 이유가 '체험적 의문 99가지'에 있다면, 이 99가지가 설득력을 가진 타당성 확보로 작용해야 함은 물론이다. 이는 곧 개질을 위한 분명하고 명확한 현황 진단이 되기 때문이다. 이 타당성 확보가 미비되었을 때, 사회구조 재구성은 물론이고 개인적 동조도 어려워진다. 또 비판과 대안은 몽상으로 남게 될 우려를 안게 된다.

우리를 휩싸고 있는 체험적 문화 현상 99가지가 객관적 설득력을 획득하고 있는가 하는 점을 판단하는 것은 독자의 몫이다. 그런 점에서 제목에서 말하는 '체험적 의문'과 '한 몽상가의 문화론'은 어느 면에서 배치되고 있다. 체험은 사실을 전제로 하고, 몽상은 현실보다 이상에 관심을 두기 때문이다.

99가지 문화 현상을 크게 이기문화군, 허위문화군, 허세문화군, 조급문화군, 트릿문화군, 모강문화군慕强文化群, 폭력문화군 등 7가지 영역으로 나누고 있는데, 이는 우리의 의식의 지배를 받는 생활문화 현상들이다. 물론 이 7개 영역 99가지 문화 현상에 대하여 공감하는 바 많지만, 몇 가지는 개인적 체험이라는 아쉬움이 남는다.

> 조선조 500년처럼 골육들끼리 그토록 비정하고, 그토록 비열하고, 그토록 잔혹했던 경우는 드문 듯하고…(배타문화).
> 적어도 민간이나 업자로 호칭되고 있는 사람들을 상대하는 공무원들로 한정하고 보기로 할 경우 결백한 공무원은 없는 것 같다(관료문화).
> 대학가는 유흥가다. 비단 술집만은 아니다. 학생들의 감각을 즐길 수 있는 상업시설은 완벽한 상태다(대학문화).
> 우리 구축물에는 미래가 배제, 또는 부정되고 있다. 조급증도 이 정도면 자해 수준, 그 이상이라 할 수 없을 것 같다(건축문화).
> 대중문화와 관련되는 한, 무례니 하는 것은 아주 사소한 폐해에 지나지 않는다. 그보다 훨씬 더 심각한 것은 정서나 인식기능 전체의 사정없는 퇴행이다(대중문화).
> 이런 세 가지 쪽에서만 살펴볼 경우에도 우리 교육은 교육이 아니라 인간성을 파괴하는 폭력 체계에 지나지 않는다(교육문화).

이러한 역사, 이러한 교육, 이러한 공무원, 이러한 대학, 이러한 대중문화에 묻혀 살고 있다면 오늘의 우리는 불행할 수밖에 없다. 과연 모두가 동의할까. 부정적 문화 현상을 강조하고 있지만, 대다수의 많은 사례들에 크게 공감하지는 않을 것 같다.

이러한 점은 문화 현상의 원인 규명에서도 드러나는데, 오늘의 노인 문제 파생의 원인을 "그들이 누려온 허위적 행적의 당연한 결과"로 파악하거나, 전통적인 인간 관계를 "상급자에 대한 절대적 복종만이 존재"한 것으로 파악하고 그 결과 오늘 우리 조직에는 크든 작든 오직 맨 꼭대기 한 사람만 있게 되었다는 논리(수직문화)는 설득력을 갖기 어렵다. 이 글이 궁극적으로 추구하는 바가 '삶을 바로 세울 수 있는 미래문화 건설'에 있다면 이 작은 것들이 큰 것을 그르칠 수도 있다.

이 책의 필자도 여러 차례 언급하고 있는 바와 같이 '체험적 의문 99'는 비판을 위하여 있는 것은 아니다. 우리의 문화 현상을 진실되게 바라보고 재생의 활로를 찾자는 데 있다. 그대로 두고 보아서는 안 될 만큼 절박한 것이라면 대안 내지는 방향 설정이 반드시 필요하다. "일망타진이라는 표현이 있다. 우리는 이 세상에서 가장 능한 사냥꾼보다도 더 능한 사냥꾼이 되어 우리 역사를, 우리 삶을 바스러뜨린 그것들을 어떻게든 일망타진, 곧 한 그물에 담싹 담아 모조리 잡아내 알뜰히 바스러뜨려야 한다. 호사가 아니라 생존을 위해 이런 당위는 매우 절박하다." 이렇듯 잘못된 문화 현상을 개선해야 한다는 필자의 의욕은 절실하다.

그 절박함이 공동의 절박함이 되어야 한다는 의식 전환을 요구하고 있는 것이다. "기왕의 문화에 대한 저항은 생체의 백혈구 기능에 비유될 수 있다. 백혈구는 생체를 파괴하는 세균과 같다. 우리는 스스로 백혈구가 되어 세균군인 바람직하지 않은 문화들에 저항해야 한다." 필자는 '어떻게 할 것인가'라는 항목을 따로 두어 그 대안을 제시하려고 노력한다. 기왕의 문화를 포기하는 것, 문화를 바로 보는 것, 또 '그 첫 번째도, 두 번째도, 세 번째도 지도자의 존재'에서와 같이 지도자를 따라야함을 강조하는 것으로 끝맺고 있다. 그 이유를 싱가포르의 이광요에서 찾고 있다.

의식을 지배하는 것이 문화라면 그 문화는 하루아침에 이루어지는 것은 아니다. 세월에 갈리고 씻겨 정수만 남는다. 혼자의 힘으로 바스러뜨릴 수 있는 것이라면 그것은 이미 문화가 아니다.

체험적 의문 99는 그 하나하나에 많은 공감을 갖게 한다. 이것이 몽상이 아니라, 현실의 절실한 과제가 되어 피부에 와닿기도 한다. 이 글이 필자가 말하는 바와 같이 "괜한 잔소리 이상의 대우"(무례문화)를 받을 수 있기를 기대한다.

사람의 마음은 가끔 저 혼자서도 다치곤 한다. 몸은 실제로 공격하지 않으면 다치지 않지만 마음은 그렇지 않다. 이쪽은 공격할 생각이 전혀 없었지만 상대는 공격당한 것처럼 상처를 입는 경우가 적지 않다.

– 본문 중에서

Photo by 박영실

감정의 용량 늘이기, 그 현실적 처방

『나는 지금, 생각할 시간이 필요하다』
사이토 시게타 지음·서현아 옮김, 아선미디어

현실적 진단과 처방

인류가 관심을 갖고 꾸준히 추구해 온 것 중 하나는 마음의 실체를 찾는 일일 것이다. 성현이 범부와 구별되는 것도 마음 씀씀이에 있을 것이고, 선과 악의 운용도 마음에서 나온다. 세상의 모든 가치가 마음에 의해서 좌우된다. 그래서 현명한 사람은 마음의 실체를 파악하기 위하여, 그리고 마음을 다스릴 줄 아는 지혜를 터득하기 위하여 노력한다.

인간이 추구하는 즐거움, 편안함도 이 마음의 작용에 있는 것이다. 장자裝子는 "지극한 즐거움이란 즐거움이 없는 것"至樂無樂이라고 했다. 즐겁다라고 하는 그 관념마저도 잊은 상태를 참다운 즐거움의 경지로 본 것이다. 즐겁다라고 느끼는 순간, 다른 무엇에 의하여 지배를 받게 되는 것이 인간이기 때문이다.

아선미디어에서 간행한 『나는 지금, 생각할 시간이 필요하다』는 바로 이 마음을 어떻게 다스려 편안한 상태를 유지할 수 있을까 하는 점에 관심을 집중하여 쓰여진 책이다. 이러한 '마음 다스리기'와 관련한 책은 이전에도 여러 종 출간된 바 있다.

편안한 마음을 위한 컨설턴트를 담당하고 있는 일본 정신과 의사 사이토 시게타가 쓴 이 책은 기존 출간된 책들과 목적과 대상을 같이 한다는 점에서는 동일하지만, 문제를 접근하는 시각에서는 차이를 보이고 있다. 즉 날카로운 현실 진단이 섬광처럼 번득인다. 그 현실 진단은 곧 우리 마음의 움직임이자 행동의 양식이다.

이 책의 원제는 『마음을 편하게 하는 99가지 지혜』이다. 한때 '가지'형 서명의 책이 유행처럼 번진 때가 있었다. 물론 '가지'의 이면에는 같은 속성의 내용을 집약했다는 의미와 함께 불필요한 것을 제거했다는 의미를 동시에 담고 있다. 그래서 '꼭 읽어야 한다'는 것을 은근히 강조하고 싶어 한다. 그러나 요즘 독자들은 그것이 그렇게 절실한 것도 아니고, 그것을 알지 못하면 큰일이 날 것처럼 생각하지도 않는다. 다만 일관된 주제를 중심으로 고민한 편집자나 저자의 판단에 불과하다고 생각할 뿐이다. 이 책에 있어서 99가지의 의미도 마찬가지이다. 필자가 서문에서 밝히고 있는 것처럼 '좌절했을 때, 비관하지 않고 자기 자신을 격려하는 능력'을 깨닫는다면 이보다 더 큰 수확은 없을 것이다.

이 책은 앞에서 말했듯이 접근 방법의 현실성을 그 특징으로 들 수 있다. 이 책에 등장하는 어머니나 아버지, 그리고 곳곳에 제시하고 있는 여러 유형의 인물이 만들어 내는 행동과 생각은 곧바로 우리 자신일 수 있고, 이웃일 수 있다. 그만큼 현실성이 함께 따라다니고 있는 것이다. 이 점은 독자로 하여금 일차적 접근을 가능케 하고, 필자가 제시한 행동의 처방에 타당성을 부여하게 되는 요소로 작용한다.

처방에 있어서도 '그것을 해서는 안 된다'가 아니라, '당연히 그렇게 할 수도 있지만, 이런 반응도 있을 수 있다'고 제시한다. 필자와 독자의 위치는 수직의 입장이 아니라 수평의 입장에 서 있게 된다. 이는 위에서 내려다보는 시각보다 큰 설득력을 갖는다. 마음을 편안하게 할 수 있는 방법을 일러준다고 하는 것이 오히려 마음을 어지럽게 만드는 경우를 종종 보게 되는 것은 바로 독자를 수직으로 놓고 보기 때문이다. 나보다 잘난 사람이 있으면 질투하기도 하고, 실패에 낙망하는 것이 인간이라는 것을 인정하고 출발하는 것이다.

두 번째는 표현 방법의 선명함이다. 마음을 편하게 한다는 것은 자신의 심리 상태를 어떻게 조정해 나갈 것인가 하는 방법의 터득과 관계된다. 그런데 그 보이지 않는 마음의 상태를 어떻게 표현할 것인가 하는 문제는 중요하다. 그 불편한 상태 진단에 대한 명확한 이해가 편하게 만드는 처방을 읽을 수 있게 만들기 때문이다.

처음에는 감자도, 당근도, 양파도, 날것 그대로다. 그렇지만 그것을 자르고, 끓이고, 굽고, 튀기면 맛있는 요리가 만들어진다. 처음에 보았던 날것의 모습으로 보아서는 상상도 못 할 일이 아닐 수 없다. 일이 생각대로 안 풀릴 때는 자기 안에서 요리가 익고 있는 것과 같다. 시간이 지나고 보면 언젠가는 생각지도 못했던 것이 만들어지리라. 참을성이 없는 사람은 맛있는 요리가 채 익기도 전에 먹으려고 한다.

지금의 심리 상태는 이것저것이 마구 뒤섞여 혼란한 상태이다. 통일성도 없다. 그것은 곧 무엇을 만들어내는 과정이다. 뒤죽박죽인 것 같지만 언젠가는 새로운 무엇으로 다시 탄생된다. 그 힘든 과정을 참고 견뎌야 한다. 요리라고 하는 단어가 이를 환기시키고 있다.

수용의 미학

이 책에서 주목하고 있는 것은 마음의 평온을 유지하지 못하는 이유, 절망하는 이유가 어디에 있는가 하는 점이다. 중요한 것은 자신과 자신의 관계, 자신과 타인의 관계에서 나타나는 심리작용이다. 나 스스로의 현재적 위치에 대한 불만, 이것은 발전의 역동성으로 작용할 충분한 소지를 지니고 있다. 반대로 스스로를 제약하는 데서, 또는 현실과의 차단에서 문제 해결의 방법을 찾으려고 한다면 절망과 위축의 깊이는 커질 수밖에 없다. 이를 필자는 마이너스 사고라고 말한다.

사람의 마음은 가끔 저 혼자서도 다치곤 한다. 몸은 실제로 공격하지 않으면 다치지 않지만 마음은 그렇지 않다. 이쪽은 공격할 생각이 전혀 없었지만 상대는 공격당한 것처럼 상처를 입는 경우가 적지 않다.

상대는 아무렇지도 않은데 스스로 상처를 입었다고 단정해 버리고 대응하려 한다. 현실은 보이지 않는 내면까지 배려해 줄 만큼 친절하지 않다. 마음속에 있는 진정한 나의 모습과 주위 사람이 보는 나의 모습이 일치해 갈 때, 마음이 편안하게 됨을 강조한다. 자신을 비춰볼 수 있는 맑은 거울을 가지는 것은 좋지만, 보이지 않는 곳까지 볼 수 있어야 두 상을 일치시킬 수 있다. 그것이 행복으로 가는 길이다.

상대적인 박탈감은 사회적 분노를 낳게 하든가, 아니면 깊은 좌절로 빠지게 한다. 또 상대를 억지로 자신과 동일시하는 데서도 고통은 따른다. 상대가 스스로 만들어 놓은 이상형에 부합되지 않으면 실망한다.

남이 자신과 다르다고 화를 내고, 상대를 자기처럼 만들려고 하는 등 쓸데없는 노력을 하고 있지 않은가. 상대를 자신처럼 만들고 싶다면 먼저 자신을 상대처럼 만들어 봐야 한다. 그러면 그것이 불가능하다는 것을 금세 알게 되리라. 결국 모두 자기 나름의 방식대로 살아갈 수밖에 없지 않은가.

이러한 문제를 풀어가는 방법은 어디에 있는가. 필자는 생각의 확장을 든다. '심적 요구 수준'의 단계를 70% 정도로 낮추고, 안 되는 일은 어차피 안 된다는 생각, 인생에는 낭비도 필요하다는 생각, 이들은 곧 감정의 수축을 동반하고, 그 한계 용량을 크게 하여 포용력으로 작용한다는 것이다. '부정적인 사고를 해서는 안 된다.'라는 그 발상이 바로 부정적인 사고라고 본다. 긍정적인 사고는 긍정적인 것과 부정적인 것을 모두 인정하는 것이다. 긍정적인 사고를 해도 좋고 부정적인 사고를 해도 좋다. 해도 좋다라는 유연한 발상이 진짜 긍정적인 사고이다.

사람은 일상에서 부딪히는 갖가지 중력이 있기 때문에 땅에 발을 붙이며 살 수 있다. 이 책에서 제시하는 마음 편안함의 방법은 의지를 억누르는 현실과의 타협인가, 아니면 현상태를 인정하고 거기서 벗어나는 것이 편안함인가 하는 점은 여전히 문제로 남는다. 그것은 마음을 조종하는 마음의 주인은 바로 자신일 수밖에 없다는 결론과 영원히 평행선을 달릴지도 모른다.

인간을 구속하는 것은 인간 스스로 만들어 놓은 것이다. 이를 벗어버렸을 때 진정한 자유로움이 존재한다. – 본문 중에서

Photo by 박영실

2500

고전 읽기가 즐거운 이유

『고전 읽기의 즐거움』 민족문화추진회 편, 솔출판사

고전 읽기가 때로는 따분하고 지루하게 느껴질 때가 있다. 그 원인은 여러 가지가 있겠지만 생경한 어휘에서 오는 시대적 거리감, 엄숙성이나 숭고함의 지나친 강조, 또는 주제와의 거리감 등이 한 원인이 될 것이다. 이러한 몇 가지 요인들은 즐거워야 할 고전 읽기를 방해한다. 이런 점에서 고전 번역의 중요성이 대두된다.

민족문화추진회에서 편한 『고전 읽기의 즐거움』은 책 제목을 그냥 붙인 것이 아니라는 것을 새삼 깨닫게 해준다. 실용정보도서나 수험서가 출판의 주류를 형성하고 있는 이즈음에 책 읽는 기쁨이 무엇인가를 확인시켜주기 때문이다. 이 책은 은은한 인품과 올곧게 살아가려고 했던 선인들의 삶의 향기가 응축된 47편의 작품을 추진회 국역진이 번역 수록하고 있다.

그들의 삶에서 우러나온 삶의 향기가 다시 우리 곁으로 돌아올 수 있도록 한 것은 한 편 한 편의 글을 번역한 사람들의 노력 덕분이다. 민족문화추진회에서 번역 출간한 책이 5백 책을 훨씬 넘어서고 있고, 그중에는 일반인들이나 초중고등학교 학생들을 대상으로 간행한 책도 여럿 있지만, 이 책이 특별히 소중한 것은 선인들이 추구했던 삶의 가치와 함께 이를 지향하고 있는 국역진의 철학을 담아내고 있기 때문이다.

민족문화추진회는 생소한 이름이 아니다. 1965년에 '민족문화의 보전·전승·계발·연구를 추진하여 민족문화진흥에 이바지함'을 목적으로 설립되었다. 50년이 넘는 세월 동안 고전 국역, 국역자 양성, 편찬사업과 연구활동, 고전의 대중화운동 등 뚜렷한 업적을 많이 남기고 있지만 가장 핵심적인 일은 고전 국역이라고 할 것이다. 2007년에는 기관 명칭을 한국고전번역원으로 하고 조직을 개편하였다.

고전 국역 사업은 단순한 문자의 옮김이 아니라, 시대를 호흡할 수 있는 생명을 불어넣는 일이다. 이것은 언어 능력뿐만 아니라, 과거와 현재, 또 미래를 함께 투시할 수 있는 폭넓은 사유를 필요로 한다. 시대에 뒤진 것 같지만 결국은 그것이 앞서가는 것이라는 평범한 진리를 고전 국역은 보여주고 있다.

물론 『고전 읽기의 즐거움』에 수록된 글에서 우리가 느낄 수 있는 것은 원저자의 생각이고, 그들의 삶의 방식이다. 그러나 한편으로 생각해 보면 이 글을 선選한 편집자의 생각일 수도 있다. 독자보다 먼저 원저자의 사고 영역으로 들어간 역자는 그들이 체험한 정신적 기쁨을 독자와 공유하기를 희망한다.

이 책에 수록된 47편의 글을 문체적 측면에서 보면 설說·논論·기記·서書 등 여러 형식의 글을 포함하고 있지만, 그중에서도 '도자설盜子說' '조설釣說' '주소인설酒小人說' 등 설이 24편으로 주류를 이루고 있다. 한유의 '사설師說', 유종원의 '포사자설捕蛇者說' 등으로 대표되는 설은 은유적 기법을 통한 우의성에서 문체적 특성을 찾을 수 있다.

말하고자 하는 것을 직설적으로 말하지 않고 우회적으로 빗대어 말했을 때, 내포적 의미는 커진다. 그동안 정리되지 못했던 대표적 설을 선하여 정리하고 있다는 점도 중요하지만, 설이 갖고 있는 중의적 의미가 선명하게 살아나 재미의 요소가 되고 있음을 발견하게 된다.

이 책에서 주는 또 하나의 즐거움은 동일성의 확인이다. 인생관에서, 세상을 보는 관점에서, 또는 사회를 보는 시각에서 독자는 저자와 동일선상에 놓고 싶어 한다. 아니면, 그 품안으로 들어가고자 한다. 둘 다 즐거움이 아닐 수 없다.

동일성 확인의 첫 번째는 선인들의 여유로운 삶의 발견이라는 점이다. 이 책에 수록된 내용은 더불어 살아가는 삶의 지혜로 통합된다. 이 삶의 지혜를 이끌어내는 것은 마음가짐이다. 여유로움은 상대방을 인정하려고 할 때, 가능해지는 심리작용이다.

대개 위와 아래는 정해진 위치가 없고, 낮고 높음도 정해진 이름이 없습니다. 아래가 있으면 반드시 위가 있게 되고 낮은 것이 없다면 높은 것도 있을 수 없습니다. 아래로 인해 위가 되고 높은 데를 오르자면 낮은 데서 시작해야 합니다. 이와 같이 높은 것은 낮은 것이 모인 것이며, 아래는 위가 되는 시작입니다(강희맹, 승목설升木說).

높고 낮음을 상대적 측면에서만 이해하지 않는다. '낮은 것이 없으면, 높은 것도 있을 수 없다.'는 인식은 상대방을 인정할 뿐만 아니라, 대상의 존재 가치를 존중하는 태도다. 타인이 있어야 내가 존재할 수 있다는 삶의 방식인 것이다. 상대방을 이긴 것이 승리라는 관점이 아니라, 상대방과 내가 함께 존재한다는 공존의 논리인 것이다.

이 책에 수록된 글이 일관하고 있는 것은 나를 조종하고 있는 마음의 실체, 그 마음의 작용에서 일어나는 외계와의 갖가지 마찰을 어떻게 다스릴 것인가 하는 점이 주류를 이루고 있다. 정약용의 '수오재기守吾齋記', 박지원의 '일야구도하기一夜九渡河記', 장광현의 '계상설溪牀說' 등이 마음을 편안케 해준다.

이러한 개인 차원의 관점이 대사회로 확장하고 있는 글도 찾을 수 있다. 설이라는 문학 양식을 동원하여 경계의 의미를 우의적으로 표현하고 있는 점에서는 같다.

돌이켜보면 만물의 영장인 인간으로서 명예를 훔쳐 의리를 좀먹고 이익을 탐하여 남을 해치는 짓을 쥐새끼보다 심하게 하는 자들이 많으니, 국가를 위하여 일하는 사람은 어찌 그들을 제거할 방법을 생각하지 않을 수 있겠는가(최연, 묘포서설猫捕鼠說).

윗글에서 느끼는 기쁨은 또 다르다. 바른 인품을 대하는 데서 오는 기쁨이다. 곧은 나무가 버림받고 있는 현실을 개탄한 장유의 '곡목설曲木說', 바르게 간쟁하지 못하는 신하를 입만 벌리고 있는 벙어리 저금통이라고 비웃는 안정복의 '아기설啞器說' 등이 대표적인 작품이다.

마음의 움직임을 통제하는 것, 그리고 원하는 방향으로 길을 터가는 것, 이것은 선인들이 가슴속에 품고 살았던 큰 숙제였다. 이 문제는 정답이 하나일 수 없다. 정답이 하나가 아닌 이상, 마음을 밝히는 글들은 언제고 유효하다. 우리가 도달하기 원하는 삶의 방식이 거기에 있는 이상, 선인의 향기는 더 진한 향기로 다가온다. 책 읽기가 즐거워지는 이유는 이 담백한 삶의 향기가 있기 때문이다.

곰삭은 김치 맛, 그리고 동지버선

『한국학 에세이』 이규태 지음, 신원문화사

한 개체가 존재하는 데는 분명 그것이 존재하지 않으면 안 될 분명한 이유가 있다. 다른 개체와 구분되는 그것을 우리는 주체성이라고 하기도 한다. 주체성을 기반으로 한 환경으로서의 동질성은 하루아침에 이루어지는 것은 아니다. 또 억지로 만들어 가는 것도 아니다. 세월이 흐르는 가운데 자신도 모르게 몸에 배고 체질화되어 가는 것, 또 그것을 공동으로 인식해 가는 것, 이것이 동질성이다.

우리는 기후나 역사, 풍토에 어우러지는 나름대로의 사고방식, 사람 사이의 정, 그 삶의 과정에서 오는 생활의 지혜를 형성시켜 왔다. 사회나 이웃에게 또는 자기 자신에게 어떤 모습으로 서 있어야 할 것인가를 배워왔다. 주거 형태, 음식 문화, 또는 복식 문화, 이러한 것이 보이지 않는

가운데 자신의 내부로 들어와 존재하게 된다. 단지 우리에게 너무나 익숙한 대상이기 때문에 이를 인식하지 못하고 살 뿐이다.

신원문화사에서 간행한 『한국학 에세이』는 우리가 우리답게 하는 그 무엇을 찾아 떠나는 정신적 여행이다. 철저하게 준비하고 떠나는 잘 짜여진 여행이 아니라, 울타리 너머로 동지떡을 돌리던 어머니나 누이의 넉넉한 인정을 생각하며 떠나는 자유롭고 푸근한 여행이다.

이 책에서 필자가 접근하고 있는 사항들은 귀가 번쩍 뜨이는 새롭고 신기한 내용들은 아니다. 우리 생활 주변에서 무심코 지나쳤던 것들, 또는 우리가 미처 생각지 못했던 것을 발견하는 반가운 그런 내용들이다. 그것이 결코 낯설거나 어색하지 않은 것은 이들이 우리에게 너무 가까이 다가서 있었기 때문이다.

이 책의 필자는 한국인의 동질성 재발견에 간행 의의를 두고 있다. 그 동질성은 자기를 찾는 노력이다. 세계화가 국적을 상실한 세계인이 되는 것이 아니라면, 스스로의 존재 가치 발견이 먼저 이루어져야 할 것은 당연하다. 이 책의 필자는 이것을 '좁아지는 지구촌에서 우리가 존재 가치를 지니고 살아남을 생존의 이유가 되며, 역사에 죄인이 되지 않기 위한 의무' 라고 말하고 있다. 이는 부정적 가치에 대한 반성과 아름다운 자질의 발굴과 재발견으로 이어진다.

이 책은 음식으로 만나는 삶의 지혜, 전통과 만나는 생활의 지혜, 민속문화의 뿌리를 찾아서, 한국적 인생 철학, 상징과 금기 등 5편으로 구성되어 있다. 이들을 우리 '문화와 사유방식'이라는 큰 틀에 놓고 보면 다음과 같이 몇 가지 관점으로 나누어 볼 수 있다.

첫째는 생활문화 또는 정신문화 속에서 한국인다운 일면을 찾아내고 있다는 점이다. 형태·색깔·행위 등 우리 주변에서 발견되는 것들에서 그 타당성과 당위성을 찾고 있다. 이것이 동질성으로 이어지고, 한국인의 미의식으로 나타난다. 식사에 있어서 쌀을 주식으로 하되 부식과의 조화로 무궁무진한 맛을 창출해가며 먹을 수 있었던 공간계열형 식사법 등이 바로 이러한 일면이다.

둘째는 행위 자체에 내재해 있는 전통성의 긍정적 측면을 일깨우고 있다는 점이다. 이는 문화적 뿌리와도 관련된다. 탕을 중심으로 한 국물 음식에서 집단의 논리를 찾아내고 있는 점을 한 예로 들 수 있다. 즉 국물 음식은 그것을 먹는 개체의 이익이나 욕구나 선택이 허락되지 않는다. 먹는 자가 그 개체의 성향을 묵살하고 평등하게 집단의 동질성을 나눠 가짐으로써 집단성을 유지하는 그런 음식으로 보고 있다.

셋째는 우리 생활문화에서의 개방성과 합리성을 찾아 밝히고 있다. 치마를 입는 옷이 아니라 몸을 감싸는 옷으로 파악하고 있다. 인생, 희비애락 등 모든 것을 감싸며 푼푼하게 살아왔던 우리 여인들의 삶의 특징적 일면을 치마에서 찾고 있다. 또 외부공간이면서 내부공간이 되고, 내부공간이 아니면서 외부공간도 아닌 완충공간으로서의 쪽마루, 바람소리나 풀벌레 소리, 비 오는 소리를 그대로 수용하며 다만 정신적 차단의 효과를 지니고 있었던 장지문 등에서 한국인의 정신세계를 찾고 있다.

> 보자기는 포용력에서 모성 원리와 통한다. 만약 어머니 품이나 사랑이 가방처럼 모나게 사이즈가 정해져 있어 품에 맞는 일정 기간만 포용하고 여타는 거절한다고 가상해 보자. 얼마나 살벌하겠는가. 곧 구미 사람들이 규격화되고 정해진 논리나 약속이나 규범이나 변증법에 준해 사고하는 가방형 사고를 한다면 우리 한국인은 그 논리가 신축하기도 하고 있다가도 없어지는 심정 위주의 보자기형 사고를 한다.

보자기에서 발견한 이러한 생각은 한국인의 원형심리가 될 수 있다.

넷째는 우리가 고쳐가고 보완해 가야 할 내용들을 제시하고 있다. 무조건 수정이 아니라, 그 원인을 밝혀 제시하고 있다. 공공정신의 결여는 어디에서 오는가? 같은 시간에 이것저것을 동시에 처리하는 복합활동의 원인은 무엇인가? 세트 세일을 추구하는 원형은 어디에 있는가? 난관을 당했을 때, 체념을 수반하는 정신적 구조는 무엇에 기인하는가? 하는 점들을 설득력 있게 풀어가고 있다.

필자가 집요하게 찾아 나서는 동질성은 다른 것이 아니다. 개개인의 심성에 여러 사람이 공유할 수 있는 면적이 얼마나 마련되어 있느냐 하는 점이다. 이 책에서 풀어가고 있는 내용들이 설득력을 갖는 것은 무엇보다 대상에 대한 공유 면적이 넓기 때문일 것이다.

탕을 먹는 아름다운 논리를 잃어버리고, 맛으로만 탕을 먹고 있는 한국인, 곰삭은 김치 맛을 잊은 지 오랜 아이들. 두어 평의 툇마루로 자연을 끌어들일 줄 알았던 심성. 동짓날 시어머니께 드릴 버선을 한 땀 한 땀 이어가던 아낙의 마음은 기억 속에 남아 있는 그리움이다. 이 책은 무엇이 우리들을 행복하게 하는 것인가를 다시 한 번쯤 생각하게 한다.

우리의 옛 화가들은 자연계의 그것을 모사한 것이 아니라, 그것과 연관된 마음을 그렸다. – 본문 중에서

Photo by 박영실

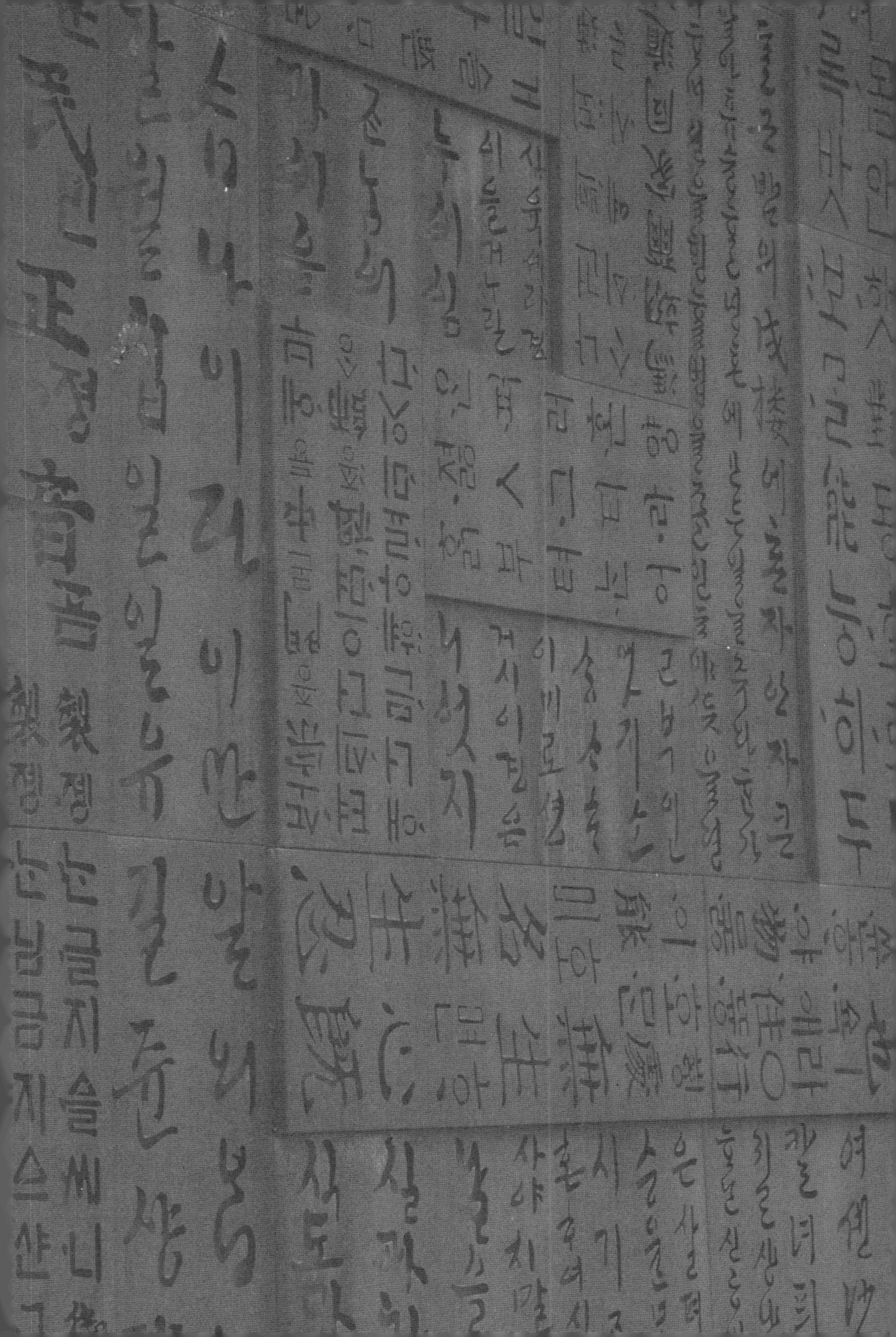

君子道는 아직도 유효한가

『지금, 내게 가장 절실한 것』 이현구 지음, 동녘

이상적 삶을 살았던 사람들의 삶의 양식을 묶어 간행한 서적이 여러 종 출간되고 있다. 현재의 삶이 뭔가 흩어지고 제 역할을 하지 못한다고 생각될 때 이런 류의 서적 출간은 활발해진다. 받아들여야 할 이상적 삶의 태도와 인식은 어디서 오는 것인가. 성현이 남긴 고전에서 찾고, 그 속에 등장하는 인물의 행동 체계에서 찾는다.

삶에 충실한 이상적 인간형을 말할 때, 시대적 환경이 배제될 수 없다. 그렇기 때문에 고전 속의 원형을 기본으로 하고 여기에 현대적 해석을 덧붙이는 것이 대중을 대상으로 하는 고전 출판의 일반적 현상이다. 우선 수용자의 사회 환경적인 요소를 염두에 두고 선별이 이루어진다. 원형의 기본틀을 깨지 않은 가운데 살을 붙이고 피가 흐르게 하는 재창조의 과정을 필요로 하는 것이다.

이 과정에서는 문자에 얽매이지 않는 자유로운 해석 방법이 필요하고 시대를 보는 안목도 필요하다. 고전이 갖는 무게에 집착하다 보면 그 무게에 눌려 쓰러지는 경우도 있고, 실용이 강조되면 천박의 굴레를 벗어나기 어렵다. 고전을 재료로 새로운 무엇을 만들어내는 데 작용하는 것은 사회적 현실, 작가의 취향 등이다. 여기서 중시되는 점은 시대를 이어주는 생각의 연결고리이다. 이 고리가 견고하지 않으면 생명은 다한다. 선택된 에피소드나 인물의 유형, 인물이 만들어내는 상황이 현재의 나와 연관성을 가질 때 감동의 깊이를 갖는 것은 당연하다.

동녘에서 간행한 『지금, 내게 가장 절실한 것』은 고전에서 추구하고 있는 이상적 인간형이라는 보편적 명제에 현대적 의미를 부여하려고 노력하고 있다. 이 책의 기본 패턴은 고전에 나오는 '사람의 이야기'가 중심을 이루고, 그 이야기가 현대 우리의 삶과 어떤 관련성을 갖고 있는가 하는 점을 필자 나름대로 서술하고 있다. 중요한 것은 이야기 선택의 관점, 그리고 그 선택된 이야기가 얼마나 설득력을 갖는가 하는 점이다.

> 오랜 시간이 흘러도 변함없이 사람들에게 자기를 돌아보게 하고 신선한 깨우침을 주는 이야기들이 있다. 그런 것을 지식이라고 불러야 할지 모르지만, 어떤 사람들은 이런 이야기를 좋아한다. 이 책에 실린 이야기들은 경쟁

에서 이기는 데 필요한 정보를 주기 위하여 쓰여진 것은 아니다.

필자는 이야기의 선택 기준을 '신선한 깨우침'에 두고 있다. 이전에도 분명히 존재하였던 이야기들을 통하여 신선한 깨우침을 이끌어내기 위하여는, 단순히 재미있는 이야기를 묶는다는 차원이 아닌 창작 이상의 절실한 노력이 결부되어야 한다.

이 책은 '내 마음을 채우는 것', '소중한 것을 지키는 것', '사람을 아는 것', '세상에 나서는 것' 등 크게 4장으로 구분하고 각 장에 소항목을 마련하여 관련 이야기들을 수록하고 있다. 어떻게 처신할 것인가, 마음은 어떻게 다스릴 것인가, 지도자의 덕목은 무엇인가 하는 점들을 고전 속 사람들의 이야기에서 풀어가고 있다. 여기에서 추구하고 있는 인간형이 얼마만큼 대중적 지지를 받을 것인가 하는 점이 중요하다.

물을 떠먹기 위하여 나뭇가지에 걸어둔 표주박이 바람에 덜그럭거리자, 그 표주박마저 깨버렸다는 요순시대 허유許由, 사모하는 여자와의 약속을 지키기 위하여 홍수에 휩쓸려간 노나라 미생尾生, 자신의 말을 잡아먹은 마을 사람에게 "말은 이미 죽었는데, 백성은 탓하여 무엇하겠는가. 말고기를 먹으면 반드시 술을 먹어야 탈이 없다."며 푸짐하게 술잔치를 벌인 목공穆公, 『주역』 등의 유가서, 『장자』 등의 도가서를 비롯하여 『열자』, 『순자』 등에 등장하는 여러 유형의 인물들을 소개하고 있다.

부정적 인간형이든 긍정적 인간형이든 추구하는 바는 바람직한 인간형 구현에 귀착된다. 그중 하나가 군자君子로 표상되는 큰 그릇의 인간형이다. 늘 안달하는 소인은 여유 있는 군자에 대비된다. 생활을 이유로 지조를 꺾는 소인, 재물이 없어도 항상 떳떳한 군자, 경제가 중요하다 해도 그 뿌리는 덕에 두어야 한다는 점을 상기시키고 있다.

스스로를 돌아보아 바르지 않으면 하찮은 사람도 굴복시킬 수 없다. 바로 군자의 자존심이다. 군자는 시대에 뒤떨어진 인간형이 아니라 이 시대에 더욱 필요로 하는 인간형이다.

선비는 자신의 내면만을 추스르고 외부와는 막혀 있는가. 형식과 규율에 얽매어 있는가. 이 책에서 제시하고 있는 이야기들은 여기서 벗어나 있다. 인간 중심적인 생각, 현실성 등을 염두에 두고 있음을 확인하게 된다. "사람이 도를 넓힐 수 있는 것이지, 도가 사람을 넓히는 것이 아니다人能弘道 非道弘人"라는 도에 대한 기본 관념도 인간중심 사고에서 출발한다.

인간의 본성을 억압하고 위장하는 것이 아니라, 인지상정人之常情을 소중히 여긴다. 찌는 듯한 무더운 여름날, 두 선비가 퇴계 선생을 찾았다. 퇴계 선생을 스승으로 모시기 위함이었다. 한 선비는 "선생님, 옷을 좀 벗겠습니다." 하고는 훌훌 도포를 벗어 벽에 걸고 갓을 벗었다. 그리고는 수건으로 땀을 닦았다. 다른 한 선비는 정장한 채 그린 듯 반듯이 앉아 있었다. 결국 퇴계 선생은 두 선비 중 옷을 벗어 더위를 식힌 선비를 제자로 택했다.

『주역』에 나오는 '궁즉변 변즉통窮則變 變則通'에서 상황변화에 능동적으로 대처한다는 선비의 태도를 강조하고 있다. 궁하면 방법이 바뀌고 방법이 바뀌면 문제가 해결된다. 한 가지 주장에 고착되어 변화할 줄 모르는 인간상은 아니었다. 시대 상황의 변화를 받아들이고 수용하려 했던 것 또한 선인들의 사고였음을 확인하게 된다.

또 한 가지 이 책에서 찾아지는 것은 마음 편안함이다. 마음의 편안함은 버리는 데서 출발한다. "덜어내고 덜어내서 더 덜어낼 것이 없는 데 이르면 애쓰지 않아도 모든 것을 이룰 수 있다."는 무위의 관념과 만난다. 인간을 구속하는 것은 인간 스스로 만들어 놓은 것이다. 이를 벗어 버렸을 때 진정한 자유로움이 존재한다.

사람은 보물을 간직하기 위하여 자물쇠를 채우고 또 채운다. 그러나 큰 도둑은 궤짝째 메고 가며 약한 자물쇠를 탓한다. 현상에만 눈을 주다 보면 참으로 소중한 것을 잃게 됨을 말한다. 『노자』, 『장자』 등에서 인용한 이야기들을 통하여 마음에 여유를 갖게 한다.

각각의 이야기들이 일관된 주제를 갖지 못하는 아쉬움도 있으나, 평범한 것이 참으로 소중한 것이라는 것을 이 책을 통하여 다시 확인하게 된다. 그것은 경제 논리에 밀려 잃어버렸던 것이기도 하다. 지금 우리에게 가장 절실한 것이 무엇인지 다시 생각하게 한다.

그가 행복하지만은 않은 이유

『나는 행복하지 않다』 전철우 지음, 웅진지식하우스

가끔 텔레비전 화면에 비치는 전철우의 모습은 행복해 보인다. 적어도 화면에 비친 그의 모습에서는 우울한 그림자를 찾기 어렵다. 조금은 장난기 있어 보이고 천진스럽기까지 한 그의 얼굴에서 분단의 비극이 가져다준 내면의 아픔을 읽기란 그리 쉽지 않다.

그가 동독 유학길에서 베를린 장벽을 뛰어넘어 자유의 품안에 안겨 생활한 지 6년이 가까워 온다. 그간 그는 무역회사 직원으로, 대학생으로, 방송국 출연으로 각 분야의 여러 사람을 만나면서 자본주의의 실상을 경이로운 눈으로 체험하였다. 물론 그 결론은 '나는 후회하지 않는다'였다.

그의 새로운 체험의 이면에는 경직된 사회주의 체제에서 성장한 그 나름대로의 시각이 존재한다. 우리의 눈으로 보면 그저 일상일 뿐인 것이 그의 시각으로 보면 경이로운 것이 되고, 또 미처 우리가 생각지 못했던 자본주의의 모순점을 발견하게도 된다.

전철우의 자전적 에세이 『나는 행복하지 않다』는 그가 귀순한 이후 6년 동안 전혀 다른 세계에서 성장한 한 젊은이의 눈으로 본 우리 사회의 모습, 또 그가 성장했던 북한 사회의 구석구석을 대비시켜 보여주고 있다. 적어도 이 책이 감동을 줄 수 있는 요소는 두 체제를 저울질하여 무게를 재는 것이 아니라, 상호 이해를 바탕에 깔고 있다는 점이다.

그는 그의 말대로 단순히 자유와 풍요로움의 동경 때문에 귀순한 것은 아니었다. 북한의 실상을 우리에게 알려주고 싶었고, 또 그러한 그의 행동이 북한 사회에 충격을 주어 개방으로 한 발 한 발 다가가기를 원했기 때문이었다. 그가 이 책을 쓴 이유도 이와 멀지 않다.

> 나는 이 책이 앞으로 점점 가까이 다가오고 있는 남북통일에 대비해 남북한을 제대로 알고 통일 후에 초래될 수도 있는 혼란 상태를 약화시키기 위한 준비에 조금이라도 도움이 될 수 있으면 좋겠다.

그래서 이 글에서는 체제의 우월성을 논하는 사상적인 면도 찾을 수 없으며, 정치적인 이권을 염두에 둔 목적성도 찾을 수 없다. 또 같은 민족임을 내세워 격한 감정으로 통일의 타당성을 강변하지도 않는다.

북한은 타도해야 할 우리의 적이 아니라, 통일의 그 날 함께 살아가야 할 혈육인 것이다. 냉철하게 통일의 문제를 생각해야 할 것이지만, 통일 후의 이질성을 어떻게 극복하고 함께 살아갈 것인가도 생각해야 할 것이다. 분단 45년 동안 깊게 파인 이질성을 어떻게 극복하고 동질성을 회복할 것인가 하는 문제는 통일을 바라는 우리의 당면한 과제가 아닐 수 없다.

민족의 동질성을 회복하기 위해서는 정책적인 면도 중요하지만 일반인들이 그들의 변모된 사고방식과 가치관 등을 이해하는 가운데 상호 이해의 정신이 바탕되어야 할 것이다. 그러나 그간 우리는 북한에 대한 실질적인 정보를 충분히 가지지 못했다.

이런 의미에서 『나는 행복하지 않다』는 북한의 사회, 문화, 교육, 사고방식 등을 한 걸음 가까운 거리에서 바라볼 수 있게 한다. 이 책에서 소개하고 있는 북한의 이야기들은 단순한 흥미거리가 아니라, 우리가 한발 먼저 북한을 이해하고 받아들여야 할 부분들인 것이다.

이 책에서는 남한의 우월성만을 강조하지 않고 있다. 북한 주민들의 경제적인 문제만을 언급하여 상대적으로 그 우월성을 부각시키려 했던 의도성을 배제하고 있다. 비록 경제적으로는 풍족한 생활을 하지 못하더라도 순수성을 잃지 않아 인간적인 정을 느낄 수 있는 삶의 모습을 보여주고 있다.

반면에 자유경쟁 체제에서 필연적으로 발생하는 경쟁의 모습을 그의 눈에 비친 그대로 보여주고 있다. 그는 이러한 삶의 모습을 '연기력'으로 표현하고 있다. "내가 남한 생활을 하면서 느낀 것은 서울 사람들이 북한 사람들보다 자기 자신을 그럴듯하게 꾸며 보이는 연기력이 훨씬 뛰어나다는 점이다. 어떤 현상에 부딪혔을 때 자기 속마음을 그대로 표현하지 않고 자기에게 유리하다고 판단되는 얼굴 표정을 짓고 행동하는 사람들을 볼 때마다 남모르게 감탄이 터져나오기도 하지만 그런 꾸며진 얼굴 표정이 두렵기도 하다." 전철우가 본 이러한 일면은 바로 우리가 잊고 사는 우리의 자화상일지도 모른다.

두 사회를 다 체험한 전철우의 통일론은 감정적인 통일관이 아니라 현실적인 통일론으로 변모했다. 그는 실제로 통일이 되는 경우 북한 주민들이 겪게 될 엄청난 실망감을 걱정한다. 그것은 북한 체제에서 어려운 상황이 있을 때마다 통일을 위해서는 감수해야 할 당연한 것으로 선전해 왔기 때문이다.

전철우는 어느 누구보다 바라는 것이 많다. 북녘에 두고 온 고향 남포, 그는 그곳을 버린 것이 아니다. 그곳에 계신 부모와 누이를 사랑한다. 또 현재 그가 머물고 있는 자유대한을 더욱 사랑한다. 그래서 그는 어느 하나도 버릴 수 없는 것이다. 언젠가는 합쳐져야 하고, 만나야 할 사람들이다. 그렇기 때문에 그는 바라는 것이 많은 것이다. 대부분의 글을 '바란다'는 말로 끝맺는 것은 바로 이 모두를 사랑하기 때문이다. 그 바람은 전철우만의 간절한 바람이 아니라 우리 모두의 바람이다.

부모님의 손을 잡을 듯 잡을 듯하다가 끝내 놓치고 마는 꿈을 여러 번 반복해서 꾼다는 전철우, 집 앞에 완두콩을 심어 놓고 그의 생일에만 따서 밥을 지어주시던 어머니를 생각할 때면 눈물샘이 터지고 만다는 귀순 유학생. 언젠가는 그가 '나는 행복하다'고 말할 그 날이 올 것이다.

그림으로 보는 도시의 미래

『한국의 도시』 박병주 지음, 열화당

열화당에서 펴낸『한국의 도시』는 '박병주 도시 순례 스케치'라는 부제가 말해주듯 전국 주요 도시의 풍광을 스케치한 스케치 집이다. 그러나 도시를 오브제로 한 단순 스케치 집으로 규정하기에는 미진함이 있다. 해설 부분에 도시설계 전문가로서의 경륜과 안목이 유감없이 발휘되기 때문이다. 회화로서의 도시 스케치는 스케치대로 도시에 대한 미적 확장을 가져오게 하고, 여기에 해설은 도시 개발 방향을 제시하는 중요한 메시지가 된다.

더구나 1990년부터 1995년까지 무려 6년이란 오랜 기간 동안 전국의 53개 도시를 순례하며 그들의 표정을 화폭에 재현한 점은 높이 평가되어야 할 것이다.

35년간 대학에서 도시계획을 강의해 온 학자로서, 도시계획정책과 실무를 담당해온 실무자로서, 일본 고베 공업전문학교 시절부터 항상 스케치북을 들고 다녔던 미학도로서 그의 총체적인 모습을 이 책에서 찾을 수 있다.

그는 책의 방향을 다음 세 가지 각도로 설정하고 있다.

> 첫째 오늘날 우리 도시의 경관이 어떤 상황에 처해 있는가. 둘째 그 도시의 형성 과정을 도시 개발적 측면에서 짚어가면서 도시 경관의 저해 요소는 무엇인가. 셋째 아름다운 도시 경관으로 재생하기 위한 도시개발 방향 설정은 어떠해야 하는가.

이렇듯 도시의 풍광을 화폭에 담는다는 의미 이상의 의미를 지니고 있다. 현상에서 느끼는 아름다움이나 정서뿐만이 아니라, 과거와 미래가 어떻게 만나야 할 것인가 하는 점을 부각시키고 있다. 그렇기 때문에 스케치와 해설이 별개로 존재하는 것이 아니라, 통합을 지향하는 존재 양식으로 만난다.

스케치를 통하여 우리가 매일 보아왔던 산과 강, 그 강과 산을 끼고 자리잡은 삶의 터전을 멀리서 볼 수 있는 여유를 제공한다. 그것은 작품의 대상으로서뿐 아니라 삶의 공간으로서 친숙하게 다가오고 있기 때문이다. 가까이서는 미처 깨닫지 못했던 사실들을 새삼 확인케 하는 경이로움을 준다. 또한 스케치의 대상이 지역적 특성을 고려한 가운데 그 지역을 대표할 수 있는 곳을 포착하고 있다는 점, 도시뿐만 아니라 중요 문화재를 포함하고 있다는 점이 더욱 친숙하게 다가선다.

물론 이 책은 스케치가 주가 되고 있으나, 주목해야 할 것은 풍요한 삶의 공간으로서 환경이 갖는 중요성을 부각시키고 있다는 점이다. 이런 점에서 그는 난개발을 우려하고 있다. 속초, 남원, 부산, 경주, 원주 등 각 도시를 자연과 조화된 미래의 도시로 가꾸어 가기 위하여는 어떤 점이 고려되어야 하는가 조언하고 있다. 눈앞의 개발 이익보다 인간 존중과 인간 생활의 질적 향상에 도시 계획의 목표가 있어야 함을 강조한다.

도시 경관이라든가 거주 환경에는 전혀 안목이 없는 무모한 자들의 단견에 의해 어느새 우리 도시환경은 이토록 악화되고 말았다. 참으로 안타까운 일이 아닐 수 없다. 지금부터라도 당장 고쳐나가야 한다. 경제 제일주의를 이런 곳에까지 내세울 수는 결코 없는 것이다. 국토의 이용 계획은 물론 도시 계획이나 건축 행정에도 그 목표가 인간 존중과 인간 생활의 질적 향상에 있음을 되새겨야 할 것이다.

얼굴 표정만으로도 중병에 걸린 사람을 찾아내기는 쉽지만, 그 병을 고칠 수 있는 진단이나 처방을 내리기는 매우 어렵다는 말로 오늘 우리의 도시환경을 진단한다. 자연의 조화로움을 깨는 그 무엇이 존재하지 않는 잔잔한 평화를 꿈꾸고 있다.

사서를 편찬하는 데 있어서 가장 기본이 되는 것은 있는 그대로를 기록하는 것이다. 어느 사건이나 인물에 대하여 찬자纂者의 의도적 포폄褒貶이 가해지면 역사적 사실 기록으로서의 가치는 그만큼 반감되게 마련이다. – 본문 중에서

Photo by 박영실

전통 미의식을 보는 관조의 양식

『뜻으로 풀어본 우리의 옛 그림』 허균 지음, 대한교과서

어떤 형식의 예술이든 창작과 감상의 과정에 크게 개입하는 것은 정서다. 예술 창작에 있어 가장 기본이 되는 표현 욕구를 자극하는 것은 어느 의미에서는 정서일 수 있다. 예술품을 놓고 창작자와 감상자 사이에 공감을 촉발하는 역할을 하는 것도 정서다. 이때 정서적 충격의 강도를 결정하는 것은 공감의 진폭이다. 이런 의미에서 본다면 창작자와 감상자 사이에 존재하는 정서적 공감이 예술의 생명력이 될 수 있다.

대한교과서에서 펴낸 『뜻으로 풀어본 우리의 옛 그림』은 옛 그림 속에 응축된 정서를 하나하나 풀어내어 감상자의 공감 영역을 확장하는 데 크게 기여하고 있다. 일반인을 독자층으로 하고 있기 때문에 옛 그림 감상의 이해를 돕는다는 데 초점을 맞추고 있지만, 접근 방법은 상당한 차이

점을 두고 있다. 즉 작품의 이면에 자리잡고 있는 삶의 양식과 지향점에 관심을 두고, 그림을 지배하고 있는 화의畵意를 찾아, 그것을 독자에게 강하게 연결하고 있다. 또 일반 독자의 눈에 보이지 않는 부분을 철저하게 해석함으로써 독자를 그림 안에 붙잡아 두는 역할도 하고 있다.

> 옛 그림의 화면에 보이는 모든 것들은 심상을 표현하는 매개체요, 상징물이라고 해도 과언이 아니다. 따라서 화폭에 존재하는 모든 것들이 얼마나 실제와 닮았느냐를 따지는 것은 아무 의미도, 소용도 없는 것이다. 중요한 것은 그러한 소재들을 통해서 화가가 그리고자 했던 마음의 묘처가 어디에 있었던가를 이해하고 공감해 보는 일인 것이다.

마음의 묘처를 파악하는 것으로 집약되는 이 말은 필자가 옛 그림을 보는 기본 시각인 동시에 독자들에게 하는 주문이기도 하다. 이러한 접근 방법의 필요성은 아직도 옛 그림이 골동 취향의 대상물에 머물러 있었던 데 기인한다. 골동이 아니라, 미적 가치를 준거로 한 미의식을 공유할 수 있는 대상물로서의 그림이 되어야 한다는 인식이 전제된다. 이는 해방 이후 서양의 합리주의적 사고 방식과, 이것에 의한 제도화된 미술교육이 저질렀던 과오를 수정하는 방편이 될 수 있다고 저자는 말한다.

이 책에서는 40점의 옛 그림을 만날 수 있다. 그간의 화첩에서 보아왔던 단순한 만남이 아니라, 먹의 농담으로 형상화된 선인들의 사고와 지향점, 삶의 가치 등 정신세계의 흔적들을 만날 수 있다. 전통시대, 삶의 밑바탕을 이루었던 생각의 단면을 입체적으로 조명하여 그 실체를 보여 주고 있다. 그 과정에서 독자는 지금까지 공유하지 못했던 전통적 미의식과 동질성을 확인하게 된다. 임포와 매화, 도연명과 국화가 연결되었을 때 비로소 그 소재가 함유하고 있는 의미는 확장될 수 있는 것이다.

눈 쌓인 깊은 산속, 탐매도探梅圖에서 느끼는 적막감, 미완성인 것처럼 보이는 세한도歲寒圖의 성근 갈필, 선인기우도仙人騎牛圖의 느린 걸음, 월침침 야삼경月沈沈夜三更, 양인심사 양인지兩人心事兩人知의 한량과 기생, 조작도鳥鵲圖에서 찾아지는 상상의 폭과 깊이, 타작도打作圖를 그린 김홍도의 중용의 눈, 연화도蓮花圖의 원초적 욕망, 이런 것들이 삶의 한 양식적 표현이고 내면에 감추어진 미의식의 출발점이다.

이 책에 일관되게 흐르고 있는 것은 옛 그림에 내재한 미의식의 발견, 이것의 바탕이 되는 전통사상의 추적이다. 저자는 인물 산수화의 바탕을 이루고 있는 전통사상을 노장사상에 입각한 초세적 은일사상과 청담사상, 신선사상, 취락사상 등으로 보고 있다. 인간은 자연과의 관계를 어떻게 설정할 것인가, 그 속의 자아는 어떤 모습으로 존재하는가, 작가의 사회적 시선은 어디를 지향하고 있는가 등에 주목한다.

결국 당대 사대부가 지향하는 정신세계는 그것이 자기 수양의 단계로 파악한 것이든, 아니면 애초부터 현실에 관심을 두지 않는 초세적 은일관에 입각한 것이든, 대립이나 갈등이 제거된 상태, 긴장과 조바심이 없는 풍류에 있었고, 산수화는 이러한 이상적 경지를 드러내 보이는 또 다른 세계가 되는 것이다.

그림의 주체가 중인계층이었던 직업화가라고 보았을 때는 이러한 일반적 흐름과는 거리가 생길 수 있다. 저자는 이 점을 수요층의 취향으로 파악하고 있다. "전통시대에 있어서 그림의 내용이나 됨됨이는 화원의 자질도 문제지만 수요층의 취향이나 감상층의 수준에 따라 크게 좌우되었다. 특히 그림의 주제 선택에 있어서는 수요층이나 감상자 간의 요구가 절대적인 영향을 끼치기 마련이었던 것이다. 그렇기 때문에 산수도가 비록 직업 화가의 작품이라 해도 화의는 당대 선비들이 보편적으로 지니고 있었던 의취에 기초해 있다고 보아야 하는 것이다."

이렇듯 그림의 풍격을 화원의 자질보다는 수요층의 취향으로 보았을 때 정형이 생기고, 이는 개성적 표현과 배치될 수 있다. 저자는 이 정형화를 '긴 세월 동안 수많은 화가에 의해 정제된 것'으로 보고 "군더더기를 떨어버린 정제된 모습은 가장 많은 것을 함축하고 있다."고 본다. 곧 오봉산일월도五峯山日月圖에 드러나는 정형성은 당대의 일반인들이 알고 있고 또 그렇게 믿고 있는 집단인식이 된다. 이것이 전통 회화를 보는 우리의 시각을 확장해야 하는 이유다.

또한 이 책에서는 문학적 향기도 같이 느낄 수 있다. 명예를 거부하고 자연에 몰입하여 무위자연을 즐기는 것을 인생의 낙으로 삼았던 작가의 생각이 가사, 시조, 한시 등 형식을 달리한 다른 작가의 정서와 일치하기 때문이다.

이 책을 읽다 보면 그림에서 느끼는 은은한 화격은 곧 화가의 고매한 인격과 무관하지 않음은 깨닫게 된다. 우리가 평범하게 보아왔던 옛 그림들이 살아 있는 생명체로 다가온다. 그 생명이란 무엇인가. 바로 정서적 공감이란 말로 대체된다. 그림을 그린 화가의 관조가 보는 이의 관조로 이어질 때 공감은 가능하다. 이 책의 저자는 당대의 화가와 감상자, 또 시대를 초월한 오늘의 감상자에게 그 관조의 세계를 열어놓고 있다.

이런 점에서 볼 때, "우리의 옛 화가들은 자연계의 그것을 모사한 것이 아니라, 그것과 연관된 마음을 그렸다. 다시 말하자면 그림의 본의는 마음속에 형성된 자연과 인간의 조화된 모습과 인간의 욕망이나 기대의 상징형으로서 사물을 묘사하는 데 있었던 것이다."라고 한 전통 회화의 접근 방법이 가까이 다가온다.

글쓰기 교육에 대한 몇 가지 물음

『글 놀이 글 논리』 정태선 지음, 도서출판 씨와 날

교육 현장에서뿐만 아니라 가정에서도 글쓰기 교육의 중요성이 어느 때보다 강조되고 있다. 그간 입시 위주로 진행되어 왔던 교육 전반에 걸친 반성과 함께 새롭게 교육의 틀을 잡아가려는 교육개혁안이 발표되면서 글쓰기에 대한 관심은 더욱 고조되고 있다.

입시 논술에 대비한 정형적 글쓰기가 아니라 사유의 확장이라는 점에서 초등학교에서도 학부모들의 관심사가 되고 있다. 어린이도서 전문 출판사의 대부분이 글짓기와 관련된 도서를 한 종씩은 간행하고 있다는 점이 바로 이러한 관심의 반영이다.

우리가 생각해야 할 것은 글짓기 도서의 간행 여부를 논하기에 앞서, 얼마만큼 글짓기에 실질적인 도움을 줄 수 있는 내용을 담고 있는가 하는 점일 것이다. 글쓰기 교육 프로그램의 개발을 통한 효과적인 글짓기 교육 방법을 모색해야 할 단계에 와 있기 때문이다.

특히 어린이 글쓰기에 관한 도서는 용어의 선택이나 편집 면에서뿐만 아니라, '어떻게 접근할 것인가' 하는 방법론적인 문제가 모색되어야 할 것이다. 활자를 키우고, 삽화를 더하고, 평이한 어휘를 선택하여 기술하였다고 해서 어린이 도서가 될 수는 없다. 학습 효과를 고려한 방법론적인 틀을 근간으로 체계적인 학습 프로그램이 글짓기 도서에 반영되어야 한다.

어린이 글쓰기 도서에서 염두에 두어야 할 사항은 공식적인 표현 기교를 중시한다거나, 글을 구성하는 데 있어서 이론적인 접근을 시도하는 것은 큰 도움을 주지 못한다. 이보다 선행되는 문제는 풍부하게 상상하고 사고할 수 있도록 닫혀진 생각을 열어 주려는 노력이 필요하다. 곧 상상력을 계발한다는 점이 전제되어야 할 것이다.

상상력은 의식이 닫혀진 공간에 얽매여 있는 것이 아니라, 넓은 세계를 지향한다. 사물의 외형만을 파악하는 것이 아니라, 그 근본을 찾아내도록 하는 자유로운 사고가 그 내부에 존재한다. 깊이 있게 생각하고, 넓게 사고할 수 있도록 상상의 공간을 확장해 주는 것이 어린이 글쓰기 도서의 일차적 임무다.

이러한 상상력의 개발은 논리적 사고가 뒷받침되도록 해야 할 것은 당연하다. 논리성을 띤 전개와 표현은 논리적인 사고를 바탕으로 하기 때문이다. 특히 실용적인 글에서는 설득이라는 문제가 글을 쓰는 목적과 직결된다. 글을 통하여 상대방을 설득하는 일은 논리적 사고와 표현에 의하여 달성될 수 있는 것이다.

이 점에 있어서 글짓기 도서는 정해진 틀에 맞추려는 작위적인 행위가 제거되어야 한다. 사물을 다양하게 보며, 사고하고 판단하는 능력의 배양이 절대적으로 필요하다. 사물을 여러 각도에서 보려는 시각의 확장과 상상력의 문제가 표현의 문제, 구성의 문제보다 선행해야 할 사항이다. 다양한 사고와 그 폭과 깊이가 전제되었을 때, 표현의 문제 혹은 구성의 문제도 터득될 수 있다.

서점에 나와 있는 어린이 글짓기 교육에 관한 책들을 살펴보면 내용에 있어서나, 접근 방법에 있어서 다양성을 띠고 있다. 이러한 다양성은 효과적인 교육을 위한 나름대로의 교육 목표를 반영한 것으로 보아야 할 것이다. 외형적인 면에서 보면, 1·2학년, 3·4학년, 5·6학년 등으로 학습 대상을 구분하여 편한 것이 있고, 동시·논설문·설명문 등과 같이 글의 종류에 따라 나누어 놓은 것이 있다.

또한 글쓰기에 필요한 추상적인 단어들을 구체화하여 예문을 제시한 예문 중심의 책도 나와 있고, 학습만화 형식으로 관련 내용을 재미있게 표현하여 엮은 책도 있다.

이러한 여러 종의 서적들이 나름대로 특징을 지니고 있지만, 정태선의 『글 놀이 글 논리』는 자유로운 상상력 개발과 단계별 학습을 중점으로 한 어린이 글짓기 도서라는 점에서 주목된다. 이 책은 모방의 단계, 창의의 단계, 논리력의 단계 등 전 3권으로 구성되어 있다. 학습 과정을 크게 의미 파악의 단계, 내용 확인의 단계, 어휘력 향상의 단계, 낱말 활용의 글짓기 단계, 사고 전환의 단계 등 다섯 단계로 나누어 제시하고 있다.

첫째 단계에서는 짤막한 우화 한 편을 제시하여 글쓰기에 앞서 읽을 것을 권하고 있다. 여러 인간형이 제시된 우화를 통하여 흥미와 함께 교훈적 효과를 거두려는 의도성을 내포하고 있다.

둘째 단계에서는 앞서 제시한 우화를 지문으로 하여 몇 가지 핵심적인 사항을 질문함으로써 정확한 의미 파악을 확인하고 있다.

셋째 단계는 표현력을 증진시키기 위하여 전제되는 어휘 능력 향상을 위한 단계로 정확한 단어 사용과 문장의 구성 원리를 터득하게 하고 있다.

넷째 단계는 문단을 만드는 단계로 인과 관계로 이어지는 줄거리를 가진 이야기 중 일부를 생략한 내용을 제시하고, 생략한 부분을 나름대로 완성하도록 하고 있다.

다섯째 단계는 앞서 제시한 우화의 내용을 다른 각도에서 생각해 보도록 유도하는 상상력 확장의 단계다. 즉 고정 관념을 깨고 자유롭게 연상할 수 있도록 사고 작용을 이끌어가고 있다. 가급적이면 단정을 피하고 제시한 모형이 얼마든지 변형될 수 있는 가변성을 지닌 것임을 인식시키는 단계라고 할 것이다.

이처럼 기존의 틀을 벗어나, 자유롭게 생각하고 표현할 수 있는 능력을 길러주려고 하는 의도가 이 책의 전반에 깔려 있지만, 같은 삽화의 중복 등 편집상의 문제, '다르게 생각하기'에서의 지루한 전개, 전 3권이 지니는 체계적인 통일성의 부족 등은 아쉬움으로 남는다.

글짓기 서적 한 권을 읽고 곧바로 좋은 글을 쓸 수 있을 것이라는 기대로 책을 선택하는 사람은 없을 것이다. 그러나 독자들이 보지 못하고 느끼지 못했던 새로운 사실들과 만날 수 있게 하는 것은 중요한 일이다.

당대인의 시각으로 본 조선의 왕

『조선의 왕』 신명호 지음, 가람기획

일반인적으로 조선시대의 왕에 대한 지식은 그렇게 풍부하지 않다. 풍부하지 않을 뿐 아니라, 정확성도 떨어진다. 왕에 대한 대부분의 정보는 텔레비전 드라마를 통하여 얻게 된다. 사극에 비친 왕의 모습, 과연 그 모습이 왕의 실체인가 하는 데는 의문이 있을 수 있다. 역사 드라마라고는 하지만 시청율을 의식한 흥미성늘 완전히 떨쳐버릴 수 없기 때문이다.

백성을 먼저 생각하고 그들의 안위를 위하여 고민하는 왕이기 보다는 여인의 치마폭에 싸여 맥못추는 힘없는 사나이로 비쳐지기도 하고, 권력에 중독된 비정한 사나이로 그려지기도 한다. 드라마나 문학 작품에서 나타나는 이런 모습은 사실에서의 굴절을 거친 상태이므로 사실과는 거리가 있을 수 있다.

그렇기 때문에 정확한 사실성에 기반을 둔 존재의 바른 모습과 당대인의 인식을 밝히는 작업도 함께 진행되어야 한다. 그러나 일반인을 상대로 한 전통시대 왕의 객관적 모습을 그린 자료는 그렇게 많지 않았다. 그것은 일차로 전통시대의 왕이 오늘의 우리들에게 절실한 존재가 아니었기 때문이었을 것이다. 또 절대 권력을 휘두른 폭군으로 남아 있든, 애민의 성군으로 남아 있든 드라마적 흥미성에 관점이 놓여 있었던 때문도 있다.

그러나 한 발자국 가까이 다가서 보면 조선 5백여 년의 역사를 유지해 온 27명의 왕은 단순히 역사 속의 인물만은 아니다. 흥미의 대상도 아니다. 지배자라는 관념 때문에 세부적 검토를 보류해왔다. 피상적 이해에서 벗어난 바른 모습으로서의 왕의 이해는 필요했다.

최근 간행된 『조선의 왕』은 조선인들이 관념했던 왕의 실체는 어떠한 모습이었는지, 또는 그러한 실상을 만들어내고 떠받치는 역할을 했던 것은 과연 무엇이었는가 하는 점을 객관적인 입장에서 서술해나가고 있어 조선의 왕에 대한 이해의 폭을 넓히고 있다. 조선인의 관점에서 당대 조선의 왕을 바라보고 있다는데 특징이 있다.

조선시대 역사를 공부하면서 느낀 것의 한 가지는 왕이 철저히 무시되고 있다는 사실이었다. 왕은 술자리의 안줏감으로 또는 드라마의 소재 정도로 치부되었다. 연구되고 이해되어야 할 그 무엇이 아니었다. 그러나 비록 죽은 사람들이지만 조선 시대인을 한 명 두 명 계속 만날수록 왕을 공부해봐

야겠다는 생각이 들었다. 한국사의 열쇠가 여기에 있지 않을까 하는 희망 섞인 착각도 해가면서.

연구 대상이 되지 못할 정도의 낮은 평가, 그러나 한국사의 흐름을 잡아가는 열쇠로서의 왕의 위치, 이것이 이 책을 쓰게 한 동기가 된다. 이 책은 제1장 조선 시대 왕의 일생, 제2장 왕이란 무엇인가, 제3장 왕의 권한, 제4장 왕과 생활문화, 제5장 조선왕실 족보, 제6장 조선왕실 흥망사, 제7장 장서각 등 모두 7장으로 구성되어 있다. 아무래도 왕의 보편적 실상을 밝힌다는 점에서 보면 2장과 3장이 핵심 내용이 된다. 유교 이념의 관점에서 왕의 실체를 파악하고, 그를 유지하기 위한 제도적 장치, 또 왕실을 중심으로 한 생활문화로 확산되고 있는 것이다.

편의상 제1장에 '왕의 일생'을 두었지만 본격적인 논의는 '왕이란 무엇인가'에서부터 출발한다. 당대 지배계층에 의해서 의도적으로 그렇게 몰고 갔건, 아니면 백성들 스스로가 인식했건 사고의 바탕을 지배하는 것은 유교 이념이다.

왕의 의미는 왕자王字의 상형 대상 파악에서 출발한다. 왕이란 글자는 도끼의 중요 부분인 날과 등과 구멍의 세 부위를 상형한 것으로 생사여탈권을 가진 절대적 권력자의 상징으로 보고 있는 것이다. 이러한 왕자 상형의 본질성은 한나라 동중서董仲舒에 와서 통치자로서 갖추어야 할 덕의 개념으로 변모된다.

옛날에 문자를 처음 만든 사람이 일一을 세 번 그려서 삼三을 만들었다. 그리고 그 가운데를 내리그어서 서로 연결시켰다. 삼은 천지인天地人으로 상징되는 우주다. 이 우주의 중심을 관통하는 존재, 그것이 바로 왕이다.

이러한 관점은 정도전의『경제문감』에서 "우주 만물이 살아가며 그 생명을 영원히 유지할 수 있는 것은 바로 하늘의 도가 있기 때문이다. 이 땅의 모든 인류가 평화롭게 살아갈 수 있는 것은 바로 왕의 도가 있기 때문이다."라고 했듯이 그대로 조선인에게도 이식되고 있음을 지적한다. 우주를 주재하여 조화롭게 하는 존재로서의 왕과 인류를 평화롭게 조정하는 왕도에는 큰 차이가 없기 때문이다.

저자는 군부君父나 군사君師의 의미 체계를 통하여 당대인이 인식했던 왕의 모습을 구현하고 있다. "만물을 생육하는 존재가 하늘이듯 인간 사회를 생육하는 것은 왕이다. 인간의 육신은 부모를 통해 생겨난다. 그러나 사회적 인간을 생육하는 것은 왕의 몫이다. 왕은 비록 백성들의 몸을 낳아주지는 않았지만 사회적 인간을 완성시키므로 인간사회의 아버지가 된다."

이러한 당대인의 논리 전개는 절대적 군주를 먼저 염두에 둔 사고의 발상이지만 오늘의 관점으로 이해할 것은 아니다. 이는 왕의 존재 가치를 인정하는 것이 되고 충돌을 막을 수 있는 준거가 된다. 한편으로 왕은 백성 위에 군림하는 것이 아니라 오히려 의무를 환기시키는 것이 되었음을 강조한다.

이러한 백성과의 관계 설정과 함께 중국과는 제후국의 입장을 취하는 사대적 관계에 놓이게 되는데, 저자는 이런 특수 관계를 당시 중국을 중심으로 형성되었던 독특한 국제관계, 중국적 세계 질서의 일환으로 보고 있다.

조선의 왕이 중국에 대해 제후를 자칭했지만 이는 어디까지나 대외명분용이었고, 문화·군사·경제 모든 면에서 압도적으로 우세한 중국과 평화 관계를 유지하기 위한 외교술의 일환으로 보고 있는 것이다.

다른 장에서 거론되고 있는 왕과 생활문화, 왕실의 족보 등은 왕과 왕족의 현실적인 측면을 대상으로 하고 있다. 이는 호기심이나 흥미의 대상이 아니라 알아야 할 선대인의 문화 현상이다. 왕실을 중심으로 한 상징체계의 이해가 그렇고, 왕권 유지 수단의 차원으로 존재했던 종학의 이해가 그렇다.

조선 왕조 514년 동안 27명의 왕이 즉위했지만 적장자로서 왕이 된 사람은 7명에 지나지 않는다. 이 왕들의 계보를 놓고, 왕의 즉위 시 나이와 재위 기간, 국왕의 문집, 왕들의 자녀 생산, 국왕의 묘호 시호 춘추 능, 종묘와 영녕전에 봉안된 왕의 신위, 조선시대 대비와 생존 기간 등 여러 통계를 잡은 것은 통시적 이해라는 점에서 필요한 사항들이다.

조선의 왕은 현재의 관점이 아니라, 당대인의 사유 체계로 접근했을 때 보다 분명한 모습으로 다가온다. 현재의 왕이 아니라 당시의 왕이기 때문이다. 그런 점에서 이 책은 왕이라는 특수 신분의 이해와 함께 당대의 사유체계 이해라는 점에 있어서도 새로움을 더한다. 단지 중간중간에 중복되는 내용이 보이고, 왕실 흥망사에서 일제하의 이왕가에 치중하고 있는 점은 아쉬움으로 남는다.

역사적 진실의 깊이

『한권으로 읽는 조선왕조실록』 박영규 지음, 들녘

김부식은 '진삼국사기표'에서 자신이 편찬한 『삼국사기』가 "비록 명산에 영원토록 보존되지는 못할망정 찢겨져 장항아리를 덮는 종이로 쓰이는 것이나 면했으면 좋겠다."고 했다. 이는 물론 겸양을 나타내려는 의례적인 말이었겠지만, 한편으로 생각하면 사서史書 편찬의 중요성과 그 기록에 있어서의 사실성을 강조한 말이기도 하다.

사서를 편찬하는 데 있어서 가장 기본이 되는 것은 있는 그대로를 기록하는 것이다. 어느 사건이나 인물에 대하여 찬자纂者의 의도적 포폄褒貶이 가해지면 역사적 사실 기록으로서의 가치는 그만큼 반감되게 마련이다. 노나라 역사를 기록한 『춘추』가 '춘추필법'으로 남아 있는 것은 철저하게 사적 견해가 제거되었기 때문이다. 이렇듯 사실을 기록한 사서는 역사적 사실에 입각한 진실, 즉 찬자의 사적 주관이 배제된 진실성에 독자는 공감한다. 건조한 사료적 가치를 뛰어넘어 감동으로 다가오는 것은 바로 사실적 진실이 내재하고 있기 때문이다.

들녘에서 간행한 『한권으로 읽는 조선왕조실록』은 조선의 역사적 사실 기록에 충실한 가운데, 새로운 시각으로 역사와 인물을 보려고 했다. 이 책이 '실록實錄'이란 말을 제목으로 차용하고 있는 것은 일차적으로 『조선왕조실록』이 지니고 있는 권위와 신뢰성을 확보하려는 의도로 보인다. 역사 소설류들이 역사적 사실이나 인물을 중심으로 한 허구적 진실에 접근하고 있다면, 이들 실록류는 허구적 진실이 아니라 역사적 진실에 가까이 다가가려 하고 있다.

주지하다시피, 이 책이 독서를 대상으로 삼고 있는 『조선왕조실록』은 조선 왕조 25대 472년의 역사를 편년체로 기록한 책이다. 분량에 있어서도 1,893권 888책으로 방대한 양이다. 이 실록이 정사로써 권위를 지니는 것은 실록 편찬의 기초 자료가 되는 사초史草를 작성하는 사관의 직필, 왕권 중심의 사회에서도 왕조차 이를 보지 못하게 하였던 엄격성 등이 개재하기 때문일 것이다.

또한 실록은 권질의 방대함뿐만 아니라, 조선시대의 정치·사회·문화·종교 등 각 방면의 역사적 사실을 망라하고 있어, 조선시대 역사와 문화를 이해하는 가장 기본적인 사료가 되고 있다.

그간 총 430권에 달하는 한글 번역, 풍속·음악·복식 등 주제별 자료 선집 등이 『조선왕조실록』을 원자료로 한 간행물이었다. 또한 번역본을 중심으로 CD 롬을 만들어 보급하고 있기도 하다. 그러나 이러한 간행물들은 일반인의 독서물이라기 보다는 연구자에게 초점을 맞추어져 있다. 이러한 시기에 『조선왕조실록』을 중심으로 한 일반인의 독서물로 간행된 것이 이 책이다.

『한권으로 읽는 조선왕조실록』이 『조선왕조실록』을 중심으로 한 조선시대의 올바른 이해를 목적으로 출간되었다면, 번역본 4백여 책이 넘는 분량을 1책으로 압축하는 과정에서 그 압축의 방법에 대한 일차적인 궁금증을 독자들은 가지고 있다. 선별 내용의 기준과 범위, 이 과정에서 필연적으로 도입되게 될 해석의 관점 등에 대한 궁금증이 바로 그것이다. 이것은 곧 책의 가치를 평가하는 중요한 기준이 되기 때문이다.

적당량의 중요 기사를 선별하여 왕조별로 배열하는 것으로는 역시 1차적인 자료에 불과하게 된다. 1차 자료를 낱낱이 섭렵한 가운데 시대를 관통하는 새로운 무엇을 찾아내는 것이 필요하다. 이것이 역사를 보는 시각이며 관점이 되고, 이를 발판으로 역사 해석이 나올 수 있기 때문이다.

이러한 기본 인식 아래,『한권으로 읽는 조선왕조실록』은 편년체라는 실록의 특징을 살릴 수 있도록 일차 분류인 왕별 구분을 그대로 차용하고 있다. 각 왕 대에서 서술하고 있는 내용은 기초 자료에 입각한 해석이다.

25대 왕들을 기술해 나가되, 공통적으로 놓이는 것은 시대 상황을 이해할 수 있는 핵심적인 사실의 기술, 그 왕의 일가와 시대를 이끈 중심

인물, 실록 편찬 경위, 당대의 세계 약사 등의 순으로 기술하고 있다.

이 가운데 조선 역대 왕들이 등극하고 물러나는 과정에서 발생하는 여러 문제점들을 짚어나가고, 그 왕대에 가장 쟁점이 되었던 문제를 부각시켜 해석하고 있다. 물론 역사의 해석에 있어서 상상력은 절대적으로 필요하다. 상상력이 작용하되 사실에 근거한 확장된 상상력일 때, 야사가 아닌 정사 기록을 표방하는 역사서로의 가치는 커진다는 점을 필자는 인식하고 있다. 이것이 수직 수평으로 연결되면서 조선시대 이해의 길을 인도하고 있다.

이 책은 새로운 시각으로 역사를 보려는 기본 입장을 취하고 있는데, 몇 가지 들어보면, 광해군에 대한 평가, 당쟁을 보는 시각, 숙종대 잦은 환국이 있었던 이유, 소현세자의 죽음에 대한 의문 등을 들 수 있다.

조선 15대 왕 광해군은 폭정을 일삼는 가운데, 자신의 이복동생인 영창대군과, 동복형 임해군을 사사하는 등 패륜을 저지른 폭군으로 기억하고 있다. 그러나 인조반정에 성공한 사대주의적 명분론자들이 자신들의 행위를 합리화하기 위하여 만들어 놓은 포장을 벗기고 보면 광해군은 현실적 감각으로 민생 구제에 주력한 왕으로 다가온다는 점을 강조하고 있다.

당쟁을 보는 시각도 긍정적인 측면이 있다. 기존 일본인에 의한 강요된 식민사관에서 벗어나, 상호 견제하고 대립하는 가운데 공존하는 방법을 찾아 일당 권력의 독점을 방지하는 것이 붕당정치의 본질로 보고 있다. 조선의 붕당정치가 각 당파들의 일당 독재의 경향을 보여 미숙함을 드러내지만, 인조대에 이르러서는 서인과 남인이 서로 공존하며 상호 비판하는 체제를 갖추는 등 붕당정치의 참모습을 실현하기도 하였다고 보고 있다.

숙종대의 잦은 환국換局을 왕이 끌려간 것이 아니고, 오히려 왕이 의도했던 것으로 보고 있는 점은 새롭게 다가온다. 계속되는 예송논쟁, 경신환국, 기사환국, 갑술환국, 무고의 옥 등 밀고 밀리는 격변은 숙종이 왕권을 강화하기 위하여 고의적으로 감행한 일면이 있다고 보고 있는 것이다. 즉 숙종은 군주의 고유 권한인 '용사출척권'을 행사하여 정치 국면의 전환을 꾀함과 동시에 붕당 내의 대립을 촉발시켜 군주에 대한 충성을 유도했던 것으로 보고 있다.

역사책을 읽는 재미는 새로운 사실의 발견에만 있지는 않다. 한 사회를 중심으로 때로 수용하고, 때로 거부하면서 생동하는 삶을 살아가는 인간상을 발견하게 될 때 그 기쁨은 커진다. 인간의 끊임없는 욕망과 좌절, 시대를 내다보는 혜안과 의지의 실현, 역사를 통하여 터득하는 것은 바로 지식이 아니라 감동이다.

맑은 눈으로 보는 흐린 세상

『눈물 고인 가슴에 눈물 대신 품은 뜻』 미영순 지음, 고려원

에세이를 읽는 큰 이유는 글에 배어 있는 삶의 향기 때문이다. 담백한 표현의 이면에는 삶의 진한 관조의 향기가 녹아있다. 있는 그대로를 솔직히 드러내 보이는 것, 이것은 진실과 향기를 수반한다. 정서적 공감은 이 진실과 만나는 자리다. 오려 붙이고, 거기다 덧칠하고, 아무리 세련되게 수식한다고 해도 투박한 진실을 당하지 못한다.

호젓한 산길을 걷는 걸림 없는 여유가 있다. 가슴을 촉촉이 적시는 잔잔한 감동이 있다. 미영순의 휴먼 에세이 『눈물 고인 가슴에 눈물 대신 품은 뜻』은 흩어졌던 마음을 다시 추스르게 하는 긴장을 준다. 삶의 진한 향기를 느끼게 한다.

그가 시각 장애를 극복한 한국의 헬렌 켈러로 일컬어져서 만도 아니

고, 정치학 박사라는 타이틀 때문만도 아니다. 이 책은 삶이 얼마나 소중한 것인가? 생명이 얼마나 경건한 것인가? 또 삶의 가치는 스스로 만들어 가는 것이라는 평범한 진리를 새삼 깨닫게 한다.

이 책에서 필자를 처음 만나는 것은 표지에서다. 표지에는 저자의 인물 사진이 네 컷이나 들어 있다. 그것은 디자인적인 요소만으로 보지는 않는다. 그만큼 인물에 무게가 실려 있음을 나타내려 했던 편집자의 의도를 엿볼 수 있다. 네 장의 사진에 공통으로 흐르고 있는 것은 당당함으로 이루어낸 의연함이다.

미영순을 알고 있는 사람은 그를 장애인으로 기억하지 않는다. 눈이 내릴 듯 잔뜩 흐린 날 오후에 그를 만난다 해도, 그에게서는 투명한 햇살, 노란 튤립 한 다발을 생각케 한다. 그만큼 그가 살아온 삶, 또는 살아갈 삶은 힘 있고 윤기가 흐른다. 그런 윤기를 간직하기 위하여는 칼같은 고통을 스스로 견디고 참아내는 앙금이 내면에 있었음을 안다. 그가 거처하는 곳은 분명 사바세계지만, 마음의 눈으로 보는 사바세계다. 그는 투명한 마음의 눈으로 흐린 세상을 보고 있다.

이 책은 3장으로 구성되어 있다. 1장은 어린 시절의 회상이다. 하나뿐인 자식을 위하여 헌신한 어머니 아버지에 대한 애틋한 정이 가슴을 적신다. 2장은 사회·문화에 대한 단상이다. 3장은 종교적 신념과 이에 수반하는 여러 문제를 다루고 있다. 개인적인 자아에서 사회적인 자아로 확산되어 가고 있는 것이다.

이 책의 핵심은 미영순이라는 시각 장애인이 박사학위를 받고 중국

전문가가 되어 사회활동을 펼치고 있다는 현재의 결과에 있는 것이 아니라, 그 과정에서 느끼는 인간적인 모습이다. 곧 인간 미영순이 살아온 절실한 삶의 현장이 우리를 감동시키는 것이다.

스스로는 장애인이라는 사실을 느끼지 못했다. 남보다 좀 모자라서 그만큼 더 노력하며 남처럼 살았을 뿐이다. 아픔을 즐거움이랄 수야 없지만, 아픔은 그냥 아픔으로만 남기고 괴로움을 보태지는 말라고, 슬픔을 더하지는 말라고 말해주고 싶었다. 아픔이 바로 슬픔이 아니라는 걸 알려주고 싶었다. 살아지는 게 아니고 살아가는 삶의 터를 닦고 싶다.

이것이 그가 살아온 이유이고, 살아갈 용기가 되며, 글을 쓰는 이유가 된다. 그의 당당함도 바로 여기서 나온다. 그는 살아지는 삶을 원하지 않는다. 삶을 자신이 이끌어가려고 한다. 열일곱의 어느 날, 갑자기 주위의 모든 것이 암흑에 묻혔어도 그는 아무런 저항 없이 사실을 사실대로 담담하게 받아들였다. '무한한 가능성을 위한 도전의 기회'라고 고마워하기도 한다.

그의 삶을 관통하는 것은 생명에 대한 경외심이다. 어떠한 경우에라도 최선을 다하는 것만이 이 소중한 생명에 대한 의무라고 생각한다. 그리고 그는 자기 자신을 누구보다도 사랑한다.

그는 사람인人 자에서 서로를 떠받치고 사는 사람들을 발견하지만 "오른쪽이 없더라도 쉽게 허물어지지 않는 왼쪽, 쓰러지지 않는 왼쪽보다는

나 아닌 남을 받쳐주는 오른쪽"이 되기를 희망한다.

그의 삶에는 여유가 있다. '뒤로 돌앗, 앞으로 갓'에서 보여주는 미소는 바로 마음으로 느끼는 여유다. 그는 비록 세상이 뿌옇게 보여도 조바심하며 걷지 않는다. 바둥대며 걷지 않는다. 넘어질 것을 준비하며 그는 살아간다. 그것이 그의 삶의 방식이다.

> 난 넘어지지 않으려고 조바심치지 않는다. 언제 어디서라도 넘어지려고 늘 준비하며 걷는다. 넘어지지 않으려고 바득바득 애를 쓰는 것보다는 넘어지기로 하고 다니는 쪽이 얼마나 편안한지 겪어보지 못한 사람은 모를 것이다('나의 보행법').

이러한 그의 삶의 태도는 종교적인 힘이 뒷받침되었음을 쉽게 이해할 수 있다. 그의 종교적인 힘은 '지구가 통째로 부서지는 지진이 난다고 해도 더 깨질 데가 없다.'고 하는 일종의 확신에서 나온다.

종교적 힘이 그를 지켜왔듯이 그는 그의 모든 것을 환원하는 데 주저하지 않는다. 그는 보시라는 말 대신 환원이란 말을 많이 쓴다. 육신, 지식, 경험, 그리고 아픔의 체험까지도 남김없이 환원하려고 생각한다.

그는 이 사바세계에서 그들과 하나가 되는 것이 해탈이라고 믿고 있다. 생사를 철저히 추구하여 그리하여 생과 사가 합일되는 것이 곧 깨달음이라고 이해한다. 미영순이 살아온 삶은 이 탁한 세상을 살아가는 우리를 부끄럽게 만든다.

보편으로 본 비범성

『우리 큰형 이야기』 이기환 지음, 당그래

굳이 고전적 정의를 들추지 않더라도 가정, 혹은 가족의 문제는 삶에 있어 중요한 부분을 차지한다. 사회의 최소 단위, 그 가정을 구성하고 있는 요소인 형제간의 정신적 연대감이 희박해지는 것도 부인할 수 없다. 혈연 집단에 강하게 집착하는 것도 문제가 있지만 가족 구성원에서까지 우리보다는 내가 더 대접을 받아야 하는 오늘의 세태에서 '큰형'이라는 단어는 잃었던 가족애를 상기시키기에 충분하다.

형과 큰형은 그 단어가 주는 이미지 면에서 큰 차이를 가지고 있다. 큰형은 그만큼 많은 것을 함축하고 있다. 부모 받들고 아래 동생들 챙기는 든든한 사람으로 큰형은 떠오른다. 아래 동생들이 생각지 못하는 짐을 지고 가는 것인지도 모른다. 사회적 역할보다는 가정 내에서의 역할에 무게가 실리는 것도 이런 때문이다.

최근 간행된『우리 큰형 이야기』는 잊혀진 큰형의 의미를 새삼 생각게 한다. 19살 아래 막내가 들려주는 '큰형 이야기'는 큰형의 삶을 진지하게 들여다보는 동생의 애정이 있고, 그 애정에 의하여 풀려 나오는 큰형의 진실된 삶이 있다.

이 책은 큰형이 살아온 지난날을 객관적 입장에서 서술하고 있다는 점에서 전기에 가깝다. 전기 형식의 글을 생각할 때 대상 인물의 위대함이나 비범함을 먼저 떠올린다. 보통 사람의 삶과 다른 그 무엇이 기록되어 있기를 기대한다. 그래서 감동의 촉발도 바로 그런 데 두었던 것이다. 그러나 의도된 비범성은 알게 모르게 일반인의 가까운 접근을 차단한다.

이 글의 주인공인 큰형 이철지라는 인물은 민족의 앞날을 걱정하고, 자주독립을 위하여 몸바친 그런 위대한 사람이 아니다. 네 동생들 배곯리지 않기 위하여 신문을 팔았고, 학비를 제때 내지 못하여 교실에서 쫓겨나기도 했다. 그리고 열심히 자기 생활에 충실하여 한 회사의 최고 경영자가 되었다. 그런 형의 모습은 얼마든지 우리 주변에서 볼 수 있는 일이다. 그래서『우리 큰형 이야기』는 가까이 있다. 그의 큰형이 아니라 우리의 큰형인 것이다.

이런 점은 책을 쓴 필자 역시 인정한다. 그가 들려주는 큰형 이야기의 일부는 그 시대 여러 사람들이 공유하고 있는 공동 체험이다. 그 어려웠던 공동 체험을 지금 다시 이야기하는 것은 과거로의 회귀나 보상이 아니라 세대 간의 이해를 전제한다. "이제 50대 후반이 된 우리 큰형의 삶은 바로 이 땅을 힘겹게 살아왔고 그러면서도 그나마 이 땅을 사람들이 숨쉴 수 있게 만든 우리 사회 어른들의 이야기이다." 곧 우리들의 큰형 이야기를 듣는 것 같은 편안한 마음을 가지면 된다.

이 책에서 첫 번째로 만날 수 있는 것은 형과 아우의 진실한 정신적 교감이다. 같은 인물의 이야기라고 하더라도 동생이 썼을 때는 느낌이 달라진다. 동생인 본인의 이야기는 이 글에 전혀 나타나 있지 않다. 그러나 글을 쓰기까지의 동생의 심리 상태를 쉽게 파악할 수 있다. 그 과정에 놓인 정서는 형제간의 신뢰이다.

> 큰형을 만나고 나오면 왠지 마음이 푸근해지는 걸 느꼈습니다. 그리곤 힘을 내곤하였습니다. 형이 걸어온 발자취를 사랑하기 때문입니다. 가시밭길을 걸으면서도 결코 한눈팔지 않고 묵묵히 그 길을 한 걸음씩 내디뎠던 큰형이기 때문입니다.

이것은 큰형을 보는 동생의 시각인 동시에 신뢰의 확인이다. 큰형이 살아온 인생을 사랑하고, 큰형을 만나면 푸근해지고 마음 편안한 것. 이것은 사회적인 성공의 여부를 떠나 큰형이 서 있어야 할 자리에 바로 서 있었다는 것을 의미한다.

대표적인 대형서점 종로서적 이철지 사장이 살아온 삶의 모습을 기록한 이 책은 배고팠던 5, 60년대 어린 시절에서 시작하여 1998년 종로서적 사장직을 사직하기까지의 일을 기록하고 있다. 가난했던 어린 시절, 그래서 학교에서 몇 번씩 쫓겨나야 했고, 가정을 꾸려나가기 위해 일을 해야 했다. 그리고 군대 생활과 월남 파병. 결혼, 취직과 승진, 사장으로의 취임과 퇴직. 어떻게 보면 이 시대 보통 사람이 견디고 참아가며 걸어온 보편적 체험이다.

이 글에 드러나는 형의 삶 속에는 몇 개의 깨달음이 존재한다. 이 깨달음은 형의 힘든 삶을 지탱해 준 힘이 될 수 있고, 큰형을 큰형으로 만든 근본적 원인이 될 수 있다. 세상에 적응하지 못한 아버지를 두었고, 아버지의 존재가 식구들이 하루하루 풀칠하는 데 전혀 도움이 되지 않았던 집안, 거기에 네 동생을 보살펴야 할 장남이다.

그러한 그의 첫 번째 깨달음은 '군고구마 다섯 개'에서 보여주는 어머니 존재에 대한 깨달음이다. 아직 못 먹을 것이라고 생각했던 다섯 살 막내에게 고구마를 떼어 먹이는 어머니의 손끝에서 자식 사랑이 무엇인가를 어린 신문팔이 소년은 깨닫는다.

또 하나의 깨달음은 아버지를 외면한 데서 오는 자책과 회한이다. 술 취해 비틀거리는 아버지를 차마 친구가 볼까 봐 외면했던 일, 그것이 지울 수 없는 평생의 한으로 남아 있는 것은 가족애에 대한 일종의 깨달음이다.

또 거리에서 노래를 부르는 맹인 부부를 보고 스스로를 가다듬는다. 종로서적 입사 초기. 불만에 찬 하루하루. 그 무료한 시간 속에서 의욕을 불어넣은 것은 노래 부르는 맹인 부부를 보고서이다. '저 사람들은 왜 맹인이 되었을까. 저 부부는 나보다 나은 게 아닐까. 맹인도 아니면서 나는 왜 괴로울까.' 생각의 전환이 생활을 바꾸어 놓는 전기를 마련했다. 평사원으로 출발해서 종로서적의 최고 경영자에 이르는 과정도 결국은 이 깨달음에서 출발한다.

그때만 해도 설립자가 전문경영인에게 회사를 맡긴다는 것은 흔한 일이 아니었기 때문에 말단 과장으로 입사한 그가 12년 만에 사장에 선임되었다는 소식은 출판서점계에 화제를 뿌렸다.

기대만큼 노력했다. 국내 최초로 종로서적 인터넷 서점을 개설했다.

이 순간 지금까지 살아오면서 내 시간을 어디다 사용했는가. 내 재능을 어디다 사용했는가, 내 재물은 어디다 사용했는가 생각해 보았다. 오직 내 자신의 영욕에 탐욕스럽게 매달리지 않는가에 대한 끊임없는 반성, 이런 깨달음이 이 책을 펴내면서 얻은 큰 소득이 아닐 수 없다.

이야기의 내용이 월남 파병을 비롯한 군대 이야기에 많이 할애하고 있어 아쉬움이 남는다. 삶의 긴장도에 있어서 그만큼 큰 비중을 차지할 수도 있겠으나, 1년 6개월 월남 파병생활의 기간에 비하면 많은 양이다. 주변 인물에 있어서도 마찬가지이다. 앞서 '큰형'이 갖는 가정 내적 의미를 생각할 때 아무래도 독자들은 네 동생에 대한 언급을 필요로 하고 있을 것이다.

사실을 바탕으로 한 큰형의 이야기이지만, 인간적 고뇌와 갈등의 내면이 강화되었으면 하는 아쉬움이 남는다. 형의 이야기는 이 책의 내용으로 끝날 수 없을 것이다. 이후에도 더 열심히 살아가는 형의 모습을 보고 싶어 하는 독자들이 많기 때문이다.

부권부재사회의 수신제가 방법론

『아이가 당신을 닮아도 좋은가?』 정송 지음, 문화환경

사회가 산업화하고 다변화할수록 가정교육의 중요성은 커진다. 저명한 교육전문가가 만든 특출한 교육 프로그램으로 운영되는 것도 아니고, 불시에 감독 관청의 감사를 받아 잘잘못을 가리는 것도 아니다. 미처 의식하지 못하는 가운데 자연스럽게 이루어지는 부모와 자식 간의 가르침은 어떤 교육보다 중요성을 지닌다. 그 중요성을 인식하는 만큼 어려움도 뒤따른다. 아마도 본을 보여야 한다는 점, 교육의 대상이 같은 핏줄이라는 정서적인 면이 작용하고 있기 때문일 것이다.

문화환경에서 간행한 정송의 『아이가 당신을 닮아도 좋은가?』는 가정교육의 문제를 총체적으로 다루면서, 스스로 '나는 과연 바람직한 아버

지로서 제 위치에 서 있는가?' 하는 물음을 던지게 하는 책이다. 조금은 완고한 사고를 가지고 있는 40대 후반의 아버지. 소위 기를 꺾지 말아야 한다며 "오냐, 오냐" 하는 신세대 젊은 아버지. 이 책은 어느 한 편에 치우치지 않고, 참다운 아버지와 자식의 관계, 사랑을 베푸는 데 있어서의 절제와 방종, 가르침에 있어서의 훈육과 잔소리 등 이 시대의 아버지들에게 참다운 아버지의 모습은 어떠한가를 말해주고 있다.

사실 70년대만 하더라도 아버지의 말씀에 어떤 조건을 달지 않았다. 그냥 있어 주는 것만으로도 큰 힘이 되었고, 아버지의 생각대로 가족의 힘이 모아지곤 했다. 아버지 말씀은 아버지 말씀 그 자체가 권위였다. 적어도 아버지의 권위는 경제적 능력에만 있지 않았다. 그러나 요즘 아버지는 심부름 하나 시키더라도 자식 눈치를 봐야 한다.

이 책은 교육 이론만을 제시하고 있지는 않다. 저자는 한국자녀교육상담소장직을 맡고 있으며 '올해의 좋은 아버지상' '자랑스런 서울시민상' '한국봉사대상' 등을 수상하였다. 이런 점을 보면 실질적 경험을 토대로 쓴 교육론이라는 것을 짐작할 수 있다.

아버지의 자리, 아이들의 목소리, 아내들의 목소리, 빗나간 자녀들, 아버지 노릇 이렇게 하라, 자녀를 위한 부부생활 등 여섯 부분으로 나누어 내용을 기술하고 있으나, 이 책의 중심은 아버지의 자식 교육에 중점을 둔 '아버지 노릇 이렇게 하라'이다.

이 부분에서는 25개 항목을 제시하여 좋은 아버지가 되려면 각각 이렇게 하라는 실천적 내용을 담고 있다. 비록 여기에 제시된 내용이 기발한 것은 아니라 할지라도 여기에 깊이 빨려 들어가는 것은 자녀와의 관계에서 실질적으로 부딪혔던 문제들을 풀어가고 있기 때문이다.

먼저 이 장에서 필자가 강조하는 것은 삶의 거울로서 아버지의 생활 태도이다. 좋은 아버지가 되기 위해서는 스스로 떳떳해야 한다는 것이다. 이는 수신修身 이후에 제가齊家라고 한 것과 같이 전통적 교육 방법론과 관점을 같이한다. 제가라는 교육적 측면을 달성하기 위하여는 수신이 전제되는 것이다. 아버지의 행동 하나하나는 곧바로 자식에게 반사되어 나타난다. 올바른 자녀 교육은 무엇을 의도적으로 가르치기 보다는 행동으로 보여주는 일임을 강조한다.

> 자녀에게 당당하게 살아가는 모습을 죽을 때까지 보여 줄 수 있는 부모가 있다면 그는 자녀에게 존경받을 것이다. 기성인들의 고민은 바로 우리의 자손들이 우리들로부터 무엇을 닮게 할 것인가에 관한 문제가 아니던가.

이러한 그의 말은 이 책을 쓰게 되는 동기가 된다. 이 책에서 제시하고 있는 오늘의 아버지상은 한마디로 떳떳한 아버지다.

두 번째는 오늘날 아버지다운 아버지를 찾기 어렵다고 하였다. 아버지의 역할과 어머니의 역할은 당연히 구분되어야 한다는 생각을 가지고 있다. 근엄하고 엄격한 것만으로 어머니와 구별되지 않는다. 저자는 "아버지는 정의正義를, 어머니는 자비慈悲를 대표하는 존재다."라는 에릭 프롬의 말을 인용하고 있다. 아버지로부터 남성의 역할을 정상적으로 배우지 못한 경우에 비행 청소년으로 될 가능성이 높다는 교육학자의 견해를 들고 있다.

세 번째는 사랑의 절제를 강조하고 있다. 이는 과잉보호 문제와 관련된다. 옛날이나 지금이나 부모 자식 간의 사랑에는 변함이 없다. 자식이 부모 사랑하는 점은 변화가 있을지 몰라도, 적어도 부모가 자식 사랑하는 마음은 변함이 없다. 단지 사랑을 표현하는 방법에 있어서 차이가 있을 뿐이다.

자식이 원하는 것이면 무엇이든 해주고 싶은 것이 부모의 마음이다. 그러나 저자는 자신의 욕구나 충동을 억제할 수 있는 힘을 길러주는 것도 부모가 해야 할 역할임을 충고한다.

네 번째는 '지나친 부모의 기대가 아이를 망친다.' 는 점을 강조하고 있다. '아이를 잘 키웠다.' 고 했을 때, 무엇이 잘 키움의 판단 기준인가 하는 문제는 쉽게 대답하기 어렵다. 그러나 잘못 키웠다고 했을 때는 어떤 경우인가 하는 점은 쉽게 떠오른다. 저자는 "아버지의 경우를 보면 대부분 자기 기준을 미리 정해 놓고 거기에 따라주는 자녀로 키우려고 하는 경향을 발견할 수 있다. 자녀 문제는 여기에서 비롯된다. 즉 큰 옷을 만들어 놓고 어린이를 맞추려는 태도보다는 어린이에게 알맞은 옷을 입혀야 한다는 것이다."라고 말한다.

이 밖에 아버지와 자식 사이에서 일어날 수 있는 여러 상황들을 제시하고 있으나, 모든 것을 포괄하는 것은 앞서 말한 자식 행동의 거울로서 아버지의 역할이다. 자신 있게 '내 자식은 나를 닮아야 한다.'라는 당당한 아버지가 많아질 때, 가정 교육이나 사회 문제는 걱정하지 않아도 될 것이다. G.하버트는 "한 사람의 아버지가 백 명의 스승보다 낫다."고 하였다.

부끄럽지만 밝혀야 할 진실

『한국문화재 수난사』 이구열 지음, 돌베개

책에는 품격이 있다. 이 품격은 호화롭게 겉을 치장한다고 해서 갖추어지는 것은 아니다. 필자의 힘으로 결정되는 것도 아니고, 기획 편집자나 독자가 만드는 것도 아니다. 이 모든 사람의 힘에 의하여 만들어진다.

품격을 지닌 책은 사유의 폭과 깊이를 지닌다. 이 깊이와 폭 만큼 시간과 공간을 뛰어넘는 힘을 가진다. 그것은 때로 감동으로 남기도 한다. 그럴듯하게 상품으로 포장된 정보는 한 달 사이 죽은 정보가 되고 말지만, 품격을 지닌 책은 몇 십 년 후에라도 다른 독자를 만나게 된다.

돌베개에서 간행한 『한국문화재 수난사』는 이미 전에 간행된 바 있는 『한국 문화재 비화』의 재출간이다. 그렇지만 이 책을 통하여 받는 느낌은 시대를 격한 현재의 독자에게도 여전하리라 생각된다.

이 책은 제목에서 말해주듯 우리 문화재가 당한 수난의 역사를 기록하고 있다. 수난의 역사적 사실을 사실대로 기록하는 차원을 넘어, 문화재를 매개로 인간과 인간의 문제, 인간과 욕망의 한계 등 진지한 삶의 문제를 다룬 철학서를 읽는 듯한 느낌을 갖게 한다. 그래서 문화재를 통한 성찰의 시간을 마련하고 있다.

사실 문화재를 보존하고 후손에게 물려주어야 한다는 원론적인 문제와 재화로서의 가치 문제를 접어두면, 문화재는 그대로 삶의 흔적이 된다. 균형 잡힌 비취색 고려청자를 들여다보며, 그 청자를 빚었을 어느 도공과 삶을 이야기할 수도 있다. 도공은 말한다. "무심하게 빚은 것이오. 아무 생각 없이 그저 손 가는 대로, 형태를 만들고 유약을 발랐을 뿐이오. 그런데 왜 당신들은 그렇게도 손에 넣지 못해 안달이오." 그러나 지금 도공은 말이 없다.

지난 역사의 어느 한 시점에서 이욕과 사리 분별을 떠난 무심한 마음으로 물레를 돌렸을 도공, 그는 또 그런 심정으로 가마에 불을 붙였을지도 모른다. 허공을 날고 있는 학, 늙은 소나무, 무심한 구름, 어느 하나 억지를 부려 꾸민 데가 없다. 그대로 자연이고, 그것은 또 우리들의 심성이었는지 모른다. 그것을 약탈해간 자는 누구이고, 약탈을 당한 자는 또 누구인가.

이 책을 읽으며 강하게 다가오는 것은 외세의 침략이 밀려오는 그 시기에 똑바로 서 있지 못했던 우리들의 모습이다. 무자비하게 고분을 파헤치고 문화재를 도굴해 간 일본인들의 행동에 분노하기에 앞서 부끄러운 우리의 모습을 떠올리게 된다. 일인들에 의하여 파헤쳐진 무덤, 해체되어 밀반출되는 석탑, 그것은 곧 우리의 자존심이었다. 그래서 안중근 선생도 옥중자서전에서 "일본의 침략이 마침내 우리 선조의 백골白骨에 이르렀다."라고 한탄하지 않았는가?

이 책은 제1장 선각의 인맥, 제2장 일제하의 수난, 제3장 서양인의 수집, 제4장 8·15 해방 직후, 제5장 한국전쟁과 잃어버린 국보, 제6장 매장문화재, 제7장 도난·도굴·위조품 등으로 구성되어 있다. 부록에 경천사 십층석탑 수난 전말, 일본인 고려자기 도굴범 형사처벌 판결문 등 관련 자료를 싣고 있다. 이 중 일인들이 우리 역사 유적과 문화재 약탈, 도굴 파괴, 그리고 헤아릴 수 없는 불법 반출 등을 다룬 제2장이 중심을 이룬다. 이 장에서는 남의 나라 문화재를 돈벌이 수단으로 생각했던 일본 도굴범들의 야만적인 행동을 사실 자료를 기반으로 기술하고 있다. 다양한 자료, 간결한 문체로 일제에 의하여 자행된 문화재 도굴을 생생하게 기술하여 현장을 보는 듯하다.

이토 히로부미를 비롯한 세이키, 일본 교토대학이 소장하고 있는 가와이문고, 일본 국회도서관 산하의 동양문고에 들어가 있는 마에마前間恭作 장서, 백제 고분의 도굴꾼 가루베輕邊慈恩 등 그들이 약탈해 간 우리 문화재와 일확천금을 꿈꾸는 파렴치한들의 욕망에 분노하게 된다. 그리고 신라, 백제, 가야, 고려 그 깊은 고요의 침묵을 깨고 뒤흔들던 무자비한 약탈을 본다.

> 낙랑의 열이 전염병처럼 만연되었다고 그들 스스로도 말하고 있는 무참하게 도굴당하는 낙랑 고분군. 군집하는 고분이 도굴로 인해 파잔破殘 황폐하는 참상은 차마 볼 수가 없을 정도이고, 실로 잔인殘忍 혹심酷甚의 극이다. 이는 현대인의 죄악이며 땅에 떨어진 도의를 보려거든 이 고분의 군집지를 가보라.

윗글은 한국 사람이 쓴 것이 아니다. 1917년 총독부 고적조사위원이었던 일본인 이마니시의 조사보고에서 이 책의 필자가 인용한 것이다. 이렇듯 일본인들조차도 '현대인의 죄악이며 떨어진 도의의 상징'으로 그들의 도굴 현장을 보고 있었던 것이다. 그들은 또 말한다.

> 조선에서는 고분은 선조의 영역으로 신성시하였고, 그 부장품과 같은 것에 손을 대는 일도 있을 수 없었다. 타인이 그것을 파괴하는 짓도 고래로 대죄로 여겼다. 따라서 본부(총독부)의 학술적 조사 때에도 지방민의 반감을 초래한 적조차 있었다(1926년 8월의 총독부 고적조사위원회 회의록).

이런 말을 하고 있는 그들은 정략적으로 동경대학 조교수였던 세키노에게 조선의 고적조사를 위촉하여 필요하면 마음대로 고분도 파고, 유물도 일본으로 실어갈 수 있는 권한을 부여하고 있었다. 조상의 뼈가 묻혀있는 무덤을 무지한 우리 백성들을 시켜 도굴하도록 하고 이를 헐값에 사서 비싸게 되팔아 넘기거나, 자기 나라에 빼돌리는 그들이었다. 현재

국내에 남아 있는 고려자기를 모두 합쳐 약 2만 점 정도로 추정할 때, 그 배 혹은 그 이상을 일본인들이 갖고 있다고 국내 전문가들은 보고 있다.

이렇듯 이 책은 일제에 의하여 자행된 문화재의 수난사가 중심이 되지만, 한편으로 우리 문화재가 간직한 역사성에 접근하는 역할도 한다. 그 문화재가 지켜온 세월에 비하면 불과 몇 년에 불과하지만, 그 기간에 겪어야 했던 과정들을 알 수 있게 하는 것이다. 이것은 우리 문화재에 대한 애착으로 이어진다. 경복궁의 경천사 10층탑이 아름답다고 느끼지만, 그것이 어떤 연유로 그곳에 서 있는지 몰랐던 우리를 부끄럽게 한다. 국보 제83호 금동미륵반가사유상의 출토지가 왜 미상으로 되어 있는지, 고려청자는 그 출토지가 왜 개성 부근으로만 되어야 하는지, 조계사 뜰의 동종은 왜 또 거기에 있는지, 오랜 세월을 지켜온 역사에 비하면 순간일 수 있는 일제 강점기에 유물이 겪어야 했던 수난의 역사를 우리에게 말해주고 있다.

1913년 이토 히로부미가 고종을 회유하기 위하여 고려청자를 들고 찾았다. 그때의 일을 창덕궁 이왕가박물관장으로 있던 스에마쓰末松態彦의 말을 인용하여 다음과 같이 밝히고 있다.

> 어느 날 고종 황제께서 처음으로 청자를 구경하시게 되었을 때, '이 청자는 어디서 만들어진 거요.' 하고 이토 히로부미에게 묻자, '이것은 이 나라의 고려시대의 것입니다.'라고 말했다. 전하께서는 '이런 물건은 이 나라에는 없는 거요.'라고 말씀하시는 것이었다.

이러한 고종의 무지는 바로 다름 아닌 우리의 무지였다. 우리 문화재 수난사가 부끄럽지만 수난의 험난한 과정이 반드시 밝혀져야 할 이유가 바로 여기에 있다. 이 책은 일본어로 번역되어 그들도 읽고 있다고 하지만, 그들이 약탈해간 문화재는 지금 남의 땅에서 어떤 꿈을 꾸고 있을까.

통문관은 1934년 서울 인사동길 중앙통에 문을 연 국내 현존하는 서점 중 가장 오래된 곳이다. 현판 속 글씨는 서예가 유희강 선생이 썼다.

Photo by 박영실

館
6-2
인사동길
SECOM

북한산에서 만나는 소중한 것들

『북한산 가는 길』 박창규 지음, 평화출판사

눈발 흩날리는 날 북한산 위문衛門에 서서 칼같은 바람을 맞고 서 본 적이 있는 사람은 북한산이 왜 거기에 있어야 하는가를 알게 된다. 4월 이른 아침, 산안개 채 거치기 전 진달래능선에서 만나는 흐드러지게 핀 진달래를 보며 우리는 무엇을 생각하는가? 눈발 속의 푸른 겨울 소나무, 피를 토하는 진달래, 능선을 따라 군락을 이루는 원추리꽃, 세속을 내려보며 고고한 자태를 드러내는 많은 봉우리. 그 어느 것 하나만으로 북한산을 말할 수 없다. 북한산은 기쁨, 슬픔, 사랑, 노여움까지 포용하며 그대로 서 있다.

우리는 북한산을 가슴으로 만나고 싶어 한다. 인간이 만들어낸 소음이 아닌, 그저 자연의 소리로 북한산을 만나고 싶어 하는 것이다. 땀을

씻으며 어느 능선을 따라 오를 때 들리는 청명한 때까치 울음, 보현봉에서 조망되는 쪽빛 서쪽 하늘, 북한산은 헤아릴 수 없이 많은 것들을 말없이 우리에게 주고 있다.

우리는 북한산을 얼마나 알고 있는가? 정상의 높이, 봉우리 이름, 약수터, 등산로, 아니면 북한산의 역사. 그저 산은 오르는 것으로 좋은 것이 아닌가? 이 봉우리가 보현봉이고, 저 봉우리는 장군봉, 이 능선이 칼바위능선, 이 고개가 깔딱고개, 그런 알음알이가 무슨 필요가 있겠는가.

아니다. 북한산의 봉우리와 계곡을 그대로 무심코 지나가기에는 아쉬움이 크다. 만경봉, 노적봉, 나한봉, 영취봉, 소요대, 유선대, 이름만으로도 많은 것을 말하고 있지 않은가.

이 북한산을 끔찍이도 아끼고 사랑하는 사람이 북한산에 관련한 책을 냈다.『북한산 가는 길』이 그것이다. 이 책은 우리의 가까운 발치에 있는 산, 우리와 함께 세월을 지켜온 북한산을 좀 더 알자고 하는 데서 출발한다. 자연으로서의 북한산뿐만 아니라, 사람이 살아온 흔적으로서의 북한산을 뜨겁게 끌어안아야 한다는 것을 곳곳에서 느끼게 한다.

자연 현상에 의미를 부여하는 것은 인간이다. 외형으로 드러나는 것은 눈으로 보지만, 그 외형의 이미지를 가슴에 다시 새기는 것은 마음이다. 북한산을 마음의 눈으로 보게 하는 것이『북한산 가는 길』이다. 표현은 거친 곳이 더러 있지만, 북한산 입구에서 정상까지 그가 본 모든 것이 꾸밈없이 드러나고 있다. 산을 좋아하는 사람의 순수함 그대로다. 북한산을 안내하고 등산 정보를 제공하고 있지만, 기존의 안내 책자에서 보이는 코스별 등반 안내가 아니라, 그때그때 만날 수 있는 물상에 대한 의미를 전달하려고 노력하고 있다.

> 군더더기 하나 걸치지 않고 속살을 그대로 드러낸 거대한 백악 봉우리. 그것이 뿜어내는 신비한 기운, 잘 어우러진 산 그림자. 한데 묶어 웅장 신비 수려하다고 밖에 달리 표현할 길이 없다. 보고 있노라면 머리 정수리가 찡해지고 몸 전체가 저려오는 전율을 느낀다.

정수리가 찡해지고 몸 전체가 저려오는 전율, 이것이 바로 이 책을 쓰게 된 동기가 아닌가 생각한다. 필자 스스로가 산꾼이라고 하듯 그는 북한산 계곡과 능선, 그리고 봉우리들을 30년 넘게 밟아온 사람이다. 그러나 똑같이 보아온 봉우리를 보고 전율을 느끼는 것은 마음의 눈으로 보기 때문이다. 이 책에서 필자는 그 지독한 전율을 독자와 공유하려고 노력하고 있다.

이 책은 2부로 구성되어 있다. 제1부 '북한산, 올라 보셨습니까?'는 북한산에 대한 예비 안내에 속한다. 산세, 사적지, 문화재 등 북한산 산행과 관련된 내용을 주로 다루고 있고, 아울러 경험에서 오는 산행 철학 등으로 꾸며져 있다. 제2부 '이제부터 산행이다'에서는 등산 코스를 자세히 안내하고 있다.

우이동도 북한산이고, 정릉, 평창동, 구기동도 북한산이 아닌가? 그러나 북한산을 모르는 사람들은 우이동은 우이동, 구기동이면 구기동이고, 북한산성 계곡 쪽만을 북한산으로 잘못 알고 있는 것이다.

산행의 여러 코스를 기점으로 묶고 그 기점에서 시작되는 등산로를 하나하나 안내하고 있다. 북한산 등산 기점을 크게 다섯으로 나누고 있다. 세검정 쪽의 구기동과 평창동을 묶어서 하나, 수유리, 정릉, 우이동, 북한산성 유원지 등 5곳이다.

이 다섯 기점에서 파생되는 등산 코스는 구기동 정통코스 대남문길에서부터 젖꼭지봉까지 45개에 달한다. 구기동에서 올라가든 평창동에서 올라가든 정상 백운대를 향하지만, 어느 코스를 택하면 사람이 많지 않은 아늑한 휴식처가 있고, 어느 코스를 택하게 되면 아직은 덜 오염된 순수한 자연 상태를 발견할 수 있고, 어느 코스는 자신도 공개하기 아쉬운 운치가 있고, 30년 산행 경험을 발판으로 다양한 코스를 안내하고 있다. 거기에 코스별 자세한 안내도나 풍부한 관련 사진을 수록하여 책의 가치를 높이고 있다. 북한산 정보는 물론 책을 쓴 사람의 호흡까지도 느낄 수 있다는 것이 영상시대 이 책을 읽는 재미이다.

삶의 경륜, 새겨들어야 할 잠언

『나라 걱정에 잠 못 이루는 공직자는 아직도 많다』

김수학 지음, 고려원

성숙된 사회는 경륜을 존중한다. 세상을 가늠하고 멀리 볼 줄 아는, 그리하여 조급해하지 않는 경륜은 계산된 지혜와 다르다. 지혜가 순발력을 중히 여긴다면, 경륜은 멀리 내다보는 가운데 모두를 포용하는 의연함을 지닌다.

경륜은 하루아침에 터득되는 것은 아니다. 오랜 경험과 깊이 있는 사색, 이런 것들이 오랜 세월 쌓여 농축되고, 다시 이것이 인격과 반응하여 자연적으로 우러나오는 것이다.

고려원에서 간행한『나라 걱정에 잠 못 이루는 공직자는 아직도 많다』는 이러한 풍부한 경륜을 바탕으로 쓰여진 책이기에 관심을 끌기에 충분하다. 이 책의 저자는 오로지 자신이 선택한 길을 힘있게 걸어왔고, 이제

세수 70을 넘긴 시점에서 다시 걸어온 그 길에 대한 생각을 정리하였다. 그래서 이 책은 사표로서의 생애와 일에 대한 열정에 공감과 흠모를 동시에 느끼게 한다.

매일 매일 최선을 다한다는 생각으로 살아온 공직 50년. 그 긴장된 생활에서 노모가 계신 고향으로 귀거래를 꿈꾸고 있는 김수학 원장. 그러한 그가 자신이 걸어온 길을 회고하며 쓴 자전적 에세이 『나라 걱정에 잠 못 이루는 공직자는 아직도 많다』를 간행했다.

이 책이 감동을 주는 것은 50년을 공직 이외에는 다른 직업을 한 번도 갖지 않고 오로지 외길을 걸어왔다든가, 아니면 세상에서 칭하는 것처럼 국졸이란 학력으로 내무부 지방국장, 충남·경북지사, 국세청장, 한국토지개발공사 사장 등을 지냈다는 화려한 경력에 있는 것만은 아니다.

이 책이 진한 감동으로 다가오는 것은 철저하게 자기 자신에게 충실하려 했던 한 인간의 성실성과 노력을 만날 수 있기 때문이다. 즉 인간이 궁극적으로 지녀야 할 가치는 허황된 꿈이 아니라, 자기 자신에게 충실하려는 성실성, 그리고 끊임없는 노력 등 고전적 가치가 아직도 이 세상에 살아 있다는 것을 그의 삶을 통하여 확인할 수 있다.

다른 사람이 보다 빠른 길, 쉬운 길을 찾아다닐 때, 그는 정도를 택하였다. 최종 학력이 초등학교 졸업이라는 숨길 수 없는 현실이 가슴을 파고들었지만, 그것이 아픔으로 남지 않고 활력의 씨앗으로 자랄 수 있었던 것은 현실에 당당하게 대항할 수 있는 자신감이었다. 또 "매일 매일을 최초의 날인 동시에 최후의 날인 것처럼 살라." 한 하우프트만의 말에 자신의 삶을 저울질하며 살아온 성실성, 그것이 그의 재산이었다.

그는 자신과 같은 처지에 있는 사람에게 들려주고 싶은 말이 있다고 했다. 항상 스스로 노력하고 남에게 손가락질을 당할 일을 절대로 하지 말며, 삶의 지혜를 쌓아 가는 것, 한마디로 올바른 길로만 가는 것….

이것이 그의 삶을 성공으로 이끌어온 힘이다. 양심에 부끄럽지 않은 길을 걸어왔기에 떳떳하고, 공화국이 여섯 번이나 바뀌는 역사 앞에 당당할 수 있었던 것이다.

이 책에서는 일을 일로 생각하지 않고 생활로 인식했던 때묻지 않은 한 공복公僕의 모습을 만나게 된다. 그는 말한다. "일에 관한 한 인간의 사고에는 한계가 없다는 것이 나의 생각이다. 그것이 바로 자기 인생에 대한 책임의식이며 자기 삶에 대한 진정한 주인의식이다." 이러한 그의 말이 허울좋은 형식적 말이 아님을, 50년을 한결같이 살아온 그의 진정이었음을 확인하게 된다.

그가 이 시대의 청백리로 남을 수 있는 데는 항상 그의 의식 속에 그림자처럼 따라다니는 노모가 있었다. 그는 공직자의 비리가 보도될 때마다 향리 경주에 살고 있는 어머니의 전화를 받아야만 했다.

"큰애야 니도 들었제. 조심해라. 무조건 남보다 적게 묵으면 된다. 절대로 욕심내지 말꼬. 생활이 어려워지면 마 곧장 고향으로 내려 오거래이. 알았제?"

이제 밖에서 안을 들여다보는 그는, 행정을 인간 협력의 활동으로 규정한다. 행정을 법률적 개념으로 고정시켜 '상부기관의 통첩에 따라 법대로 한다.'는 편의주의적 생각을 경계한다. 즉 일을 처리하는 데 있어서 획일적 잣대에만 맞출 것이 아니라, 변화에 대응할 수 있는 유연성과 변화를 보는 눈, 변화를 포착하려는 노력이 필요함을 강조한다.

그는 문득 문득 '고향으로 돌아가야지' 하는 귀거래를 생각하고 있다. 이미 옛날이 되어 버린 열여섯 나이, 군청 고원雇員으로 들어왔을 때와 별반 다르지 않은 모습으로 노모가 계신 고향으로의 귀향을 꿈꾸고 있다. 정신보다 물질이 앞서는 이 시대에 참으로 소중한 가치가 무엇인가를 행동으로 보여준 그의 50년 공직생활이 헤아릴 수 없는 무게로 다가옴을 느끼게 된다.

보수동 책방골목은 부산시 국제시장 입구 대청로 사거리 건너 보수동 쪽으로 난 사선 방향의 좁은 책방 골목길을 말한다. 1950년 6.25사변 이후 미군 부대에서 나온 헌잡지, 만화, 고물상으로부터 수집한 각종 헌책 등으로 노점을 시작한 것이 지금의 보수동 책방골목이 형성되었다.

Photo by 박영실

겸손
참고서
헌책삽니다

색과 형으로 연출하는 이상 공간

『우리가 정말 알아야 할 우리 규방문화』 허동화 지음, 현암사

전통사회에서의 규방문화는 나름대로 그 문화를 형성시킨 환경 요인을 갖고 있다. 문화 생성의 환경적 요인이 존재하는 것이다. 규방문화의 범위를 어디까지 잡을 것이며, 그 특성을 어떻게 파악할 것인가에 대한 기본적인 문제에 직면하여 우선 떠오르는 것은 사회 규범의 순응 논리와 그 내면을 표출한 현상으로서의 섬세함이다.

모든 문화가 그렇듯 규방문화는 적층적 성격을 띠게 된다. 문화 생성의 주체자가 관념했던 사회적 가치와 이념이 시대를 연하여 쌓이게 되고, 그것이 구체적으로 의식하지 못하는 가운데 사상적 앙금이 생겨 문화라는 침전물을 이루게 되는 것이다. 규방이라는 한정된 공간이지만, 그 안에서 작용했던 여성들의 의식적인 힘은 독특한 취향의 정제된 문화

를 형성했다. 또 그것은 외부로의 확산을 지향하는 탄력성을 가지고 있었다.

창조와 수용, 그리고 전승의 주체는 여성이었지만, 이들이 일상생활과 밀접한 연관을 갖고 있다는 점에서 공동의 정신세계를 반영한 어떤 문화 현상과 다를 바 없다.

현암사에서 간행한 『우리가 정말 알아야 할 우리 규방문화』는 문화의 한 영역으로 규방문화를 새롭게 접근하고 있다는 점에서 주목된다. 특히 30년 넘게 이 분야 유물을 수집 정리 연구하는 한편, 전시관을 마련하여 공감 영역 확산을 꾀하고 있는 저자가 규방 문화의 현상적 접근뿐만 아니라, 그에 담긴 상징적 의미를 하나하나 풀어내고 있다는 점에서 큰 의의를 지니고 있다.

이 책은 비녀나 한지공예 등도 포함하고 있지만, 중점을 두고 있는 규방문화는 자수품과 보자기이다. 송나라 사신 서긍徐兢은 수놓아 만든 고려의 병풍을 보고 "산 속에 뛰노는 짐승, 꽃과 대나무, 새, 과일 등이 마치 살아 있는 듯 생생한 모습이다."라고 찬탄했다. 또 독일 린덴 국립민속학 박물관장 피터 틸레는 색채 구성이 뛰어난 우리 보자기를 보고 "몬드리안이나 끌레를 연상했다."고 한다.

이러한 수예품과 보자기의 미적 가치를 밝혀 내는 것이 이 책의 중심 과제이다. 곧 생활용품에 불과했던 수예품과 보자기에 구현되고 있는 예술적 재능과 가치를 밝혀 나가고 있다는 점에 주목하여야 할 것이다. 이는 곧 우리 선인들이 가지고 있었던 미의식의 발견으로, 아름답다고 느껴지도록 만드는 그 실체가 과연 어디에 존재하는가 하는 점을 찾아내는 작업이다.

저자가 관심을 갖는 또 한 가지는 대상물에 투영된 상징성이다. 이는 민족성, 혹은 기호와도 관련을 맺고 있는 것으로 제액초복除厄招福의 근거를 마련한다. 이름 모를 어느 여인이 밤을 밝혀가며 한 땀 한 땀 수놓아 탄생시킨 포도송이나, 혹은 유유히 헤엄치고 있는 물고기가 현상으로서의 객체가 아니라 내부를 지배하는 상관물로 존재하기 위하여는 거기에 있어야 할 분명한 존재 이유가 있다. 이것이 곧 자연물의 상징성이고 의미 부여인 동시에 순박한 정신세계의 반영이다.

이러한 작업의 출발은 빠르게 사라져 가는 것들에 대한 안타까움과 애정, 그리고 자수와 보자기가 전통적인 미술 작품으로 대접받기를 바라는 마음에서 출발한다. 저자는 그것은 옛사람의 삶과 마음을 읽는 작업이라고 했다. 여기서 '전통적인 미술 작품으로 대접받기를 바라는 마음'과 '옛사람의 삶과 마음을 읽는 일'은 배치되는 일일 수도 있다. 왜냐하면 옛사람은 그저 빈 공간에 색과 형으로 의미를 부여했을 뿐, 그것을 통하여 대접받으려 하지는 않았을 수도 있기 때문이다.

자수품이나 보자기가 창작 의지가 반영된 예술 작품이든 생활 현상의 반영이든, 그 유품이 지니고 있는 미적 가치를 밝히는 일은 큰 의미를 지닌다. 미적 가치를 부여하는 일은 단순한 역사성의 설명으로 이루어지지 않는다. 유물을 어떻게 해석하느냐 하는 방법론이 관건이 된다. 저자는 자수품이 갖고 있는 의미 해석을 위하여 색상, 문양, 형태는 물론 소재와 관련한 문학 작품, 또는 그와 관련을 맺고 있는 민속 분야까지 확산하고 있다.

> 우리 것의 진정한 아름다움이란 어디에서 유래하는가. 그것은 바로 스스로 우러나오는 마음에 있었다. 즉 마음가는 대로 손길이 따라가는 데 있다는 소중한 깨달음을 얻었다. 솜씨가 있으면 있는 대로 서투르면 서투른 대로 아무런 사심 없이 지어낸 보자기의 갖가지 표정을 유심히 보고 있노라면 우리 민족 정서의 고향이 여기에 있다는 생각을 하게 된다.

이렇듯 꾸미지 않은 자연스러움과 조화가 규방문화가 갖는 미의 기본 구조이다. 조각보는 선과 면과 색채로 이루어진 추상의 공간을 창조한다. 그것도 쓰다 남은 조각을 이어 또 다른 미의 세계를 연출하고 있는 것이다. 이를 저자는 '예술 이전의 미의식', 또는 일상생활에서 버려졌던 하찮은 물질을 고귀한 예술 창조로 승화시켰던 '오브제의 미학', 크기와 모양이 다른 여러 개의 천조각이 이루어내는 '감추어진 고도의 미학'으로 표현한다.

생활 용구에 구현된 문양이 갖는 상징체계의 해석 또한 의식의 반영물로서 자수의 의미를 더하게 한다. 형태적 유사성에서 오는 장수와 풍요, 다남과 부귀, 인간적 한계와 소망, 그리고 인간의 도리가 의미 체계의 상징물로 드러난다. 매일 마주하게 되는 그 형상화된 기호를 통하여 다짐하고 확인하고, 또 기원했던 사유의 영역을 만나게 된다.

이렇듯 수백 년 동안 우리의 일상생활과 관련을 맺었던 자수가 빠른 시간에 우리와의 거리를 두게 된 이유는 어디에 있는가. 저자는 시간과 노력이 들어 실용적이지 않다는 점을 이유로 들고 있다. 실용적 사고가 전통성을 앞서는 것이다.

글을 마무리하며 유물 명칭에 대한 애매함이 한 가지 아쉬움으로 남는다. 이 점은 전통 복식이나 장신구 연구에 있어서 공통적 문제의 하나가 된다. 대체로 유물 명칭은 재질이나 문양 등 특징적인 면이 드러나는 것이 일반적이다. 이 책의 제2장 '생활용품 속에 올올이 꽃핀 자수'에는 침장 유물 3점이 소개되고 있는데, 그 각각의 명칭은 '무문 침장', '궁중 자수 침장', '수자 무늬 침장' 등이다. 이 침장의 명칭 기준을 보면 사용 주체의 신분, 문양의 유무, 문양의 종류 등이다. 그러나 실제적으로 유물을 보면 '궁중 자수 침장'의 기본 문양도 '수자 무늬 침장'과 마찬가지로 수자문과 편복문이다.

이 점은 보자기에서도 마찬가지이다. 제6장 '직물 회화의 절정을 이룬 보자기'에는 모두 16점의 보자기가 소개되고 있는데, 그 명칭을 보면 궁중 수보, 도류문 궁보, 여의주문보, 덮개보, 수보, 노리개보, 혼례용 수보 등과 같이 편의에 따라 명칭을 붙이고 있다. 사라져 가는 유물의 보존이 중요한 만큼, 그 유물에 정확한 이름을 붙여주는 것도 중요한 일 중의 하나다.

서정으로 다가오는 실크로드

『우는 낙타의 푸른 눈썹을 보았는가』 박찬 지음, 해냄

중국의 한漢과 고대 로마를 잇는 교역로를 우리는 실크로드라 부른다. 중앙아시아 모래바람, 이는 끝없는 사막지대를 지나 이스탄불과 로마까지 이어지는 장장 1만 2천 킬로미터의 험난한 길이다. 아득한 옛날 서역으로 향하던 대상들, 절실한 구도를 꿈꾸며 천축으로 향하던 구도승들이 이 길을 밟았을 것이다. 그들이 걸어간 이 길로 비단과 약재가 오가고, 종교와 문화가 실려 왔다. 서역을 향하는 사람이나, 오리엔트를 향하는 사람이나, 그 험난한 길을 가는 것은 거기에 구법승의 종교적 신앙심과 꿈과 희망이 있기 때문이었다.

그 길이 열리고 수천 년이 지난 지금, 그들의 발길 따라 한 번쯤 그곳을 밟아보고 싶지 않은 사람이 있을까. 긴 낙타의 행렬, 고원에 하얗게

부서지는 달빛, 인간의 상상을 초월하는 불교 유적, 끝이 안 보이는 황량한 벌판, 때묻지 않고 살아가는 사람들, 비단길은 무한의 가능성으로, 때로는 무한의 절망으로 다가온다.

실크로드를 답사하고 쓴 책은 고고학·문학·종교·미술 등 학술서를 비롯하여 기행문, 사진집 등 여러 종류가 있다. 해냄에서 간행한『우는 낙타의 푸른 눈썹을 보았는가』는 부제 '박찬의 실크로드기행'에서 보듯 실크로드를 답사하고 쓴 기행문에 속한다. 기행문을 읽는 재미는 체험하지 못한 사실을 대리 체험할 수 있게 하는 현장감과 사실성, 또는 여행에서 느낄 수 있는 서정성에 있다. 여기에 역사 문화에 대한 새로운 지식 전달에 기여한다면, 대중성의 확보라는 점에서 그 가치는 커진다.

박찬 시인이 쓴 실크로드 기행은 이 두 가지 기본적인 요소를 충실하게 지키고 있어 독자들을 끌어들이고 있다. 자신에게 하는 끝없는 질문이 독자의 질문으로 다가오는 것도 바로 이 때문이다. 곧 독자는 필자의 옆을 줄기차게 따라다니며 역사적 사실을 확인하고 공감한다. 더욱이 인문지리에 관련한 최근 자료와 역사적 문헌이 뒷받침되어 무게를 실어주고 있다.

이 책의 실크로드 기행의 대상은 출발점 서안을 비롯하여 신강 자치구를 중심으로 한 고비사막이나 타클라마칸사막, 파미르고원 등 실크로드가 지나가는 사막 지역이다. 1992년 12월의 첫 답사 이래, 1995년 10월 네 번째 답사까지 3년에 걸친 4번의 답사기록이다. 1차 답사에서 서안·우루무치·트루판·유원·돈황, 2차 답사에서 카슈카르·호탄, 3차 답사에서 난주·주천·가욕관·쿠차, 4차 답사에서 카슈카르·타슈쿠르칸·쿤자랍 고개 등 주요 지역을 비행기로, 기차로, 버스로 이동하면서 그 지역의 문화 유적을 중심으로 한 과거와 현재를 독특한 시각으로 풀어가고 있다.

이 책은 프롤로그와 '황홀한 폐허', '다시 서역으로', '세월 속에 사라지는 것은 사람들 뿐이더라', '실크로드 파미르고원의 밤별' 등 4개의 장으로 구성되어 있는데 이는 4차에 걸친 기행의 순서에 따른 것이다.

필자는 왜 이렇게 실크로드 여행에 몰두한 것이었을까. 명목상으로는 '실크로드 창작 소재 개발 답사단'의 일원으로 이 지역 답사에 참여하지만, '전생이 이곳이었기 때문'이라고 할 정도로 실크로드에 빠져 있었다. 그 자장의 정체는 무엇일까.

> 실크로드를 여행하는 동안 나는 말 그대로 무엇엔가 홀려 있었다. 그러나 나는 지금도 나를 홀린 것의 정체를 모른다. 그냥 폐허를 바라보는 것이 좋았다. 텅 빈 사막으로 불어 가는 모래바람을 보는 것으로 좋았다. 지평선 멀리 광막한 사막 위로 뉘엿뉘엿 지는 해를 바라보는 것이 좋았다. 그뿐이다.

무엇엔가 홀린 듯, 설명할 수 없는 무엇이 그를 험난한 길로 네 번씩이나 내몰았다고 하지만, 사실 그것은 구법求法을 향한 구도승과의 동일성, 그 강한 욕구 때문이었을 것이다. 이 책에서 구법의 의지처럼 빛을 발하는 것은 정제된 서정성이다. 서역으로 발길을 재촉하던 사람들이 묵어갔던 폐허의 집터에서, 베제크리크 천불동에서, 땅거미지는 파미르고원 정상에서, 낙타를 타고 월아천으로 가는 길에서 서정성은 유감없이 발휘된다. 이 서정성의 유발은 천 년의 세월을 격하여 이 지역을 걸어갔을 그들과의 동일시에서 비롯된다.

> 푸른 달빛 아래 한 줄로 늘어서 가는 동안 낙타의 짤랑거리는 쇠방울 소리 외에는 아무 소리도 들리지 않는다. 모두 그윽한 분위기에 취해버렸기 때문일까. 그 옛날 대상들이 한낮의 더위를 피해 교교한 달빛 아래 사막길을 이렇게 갔을 것이다. 푸른 달빛 아래 명사산의 모래 먼지가 뿌옇게 일어난다.

또 한 가지 필자의 여정을 끝까지 따라다니는 것은 우리와의 관련성 확인이다. 중국 현장 스님의 뛰어난 제자였던 원측, 『왕오천축국전』을 쓴 혜초, 그리고 장보고, 고구려 유민 고선지에 대한 관심이 그것이다. 문화사에서 실크로드의 영향을 찾는다면 그 넓이를 측량할 수 없을 것이지만, 정신사적인 측면에서 이들이 지향한 넓은 세계는 곧 우리의 시각과 관련되어 있기 때문이다.

서안 근교 흥교사興教寺에서 신라 고승의 3대 저작물로 일컬어지는 『해심밀경소解深密經疏』를 쓴 원측의 사리탑을 찾고, 해상권을 장악하고 국제 무역의 선구적 역할을 했던 장보고가 새운 법화원을 찾는다. 혜초가 천축에서 돌아올 때 머물렀던 카슈카르, 그리고 『왕오천축국전』이 발견된 돈황의 어느 석굴에서 그는 청정한 혜초의 정신을 만나는 것이다.

당 현종 때 절도사에 기용되어 72개국의 서역 제국을 굴복시키고 석국의 국왕을 잡아오던 고구려 유민 고선지의 기개를 파미르고원에서 만난다. 또 키질석굴 앞에서, 40년대 이곳에 머물면서 벽화를 정리한 조선족 동포화가 한락연의 열정을 만난다.

유독 이 책에는 시장 이야기가 많이 나온다. 시장은 그만큼 삶의 흔적이 배어 있기 때문일 것이다. 일반 가정을 방문하고, 민속 가무단을 초청하여 공연을 갖고, 조선족 동포들을 불러모아 저녁식사를 같이한다. 중간중간 들려주는 이런 훈훈한 이야기들이 기행의 맛을 더하게 한다.

기행의 장정은 어둠이 내리는 파미르고원 파키스탄과의 국경지대 쿤자랍 고개에서 막을 내린다. 일행은 국경 초소를 지키고 있는 파키스탄 병사에게 다가가 국산 담배와 볼펜 등 기념품을 건넨다. 초병은 막사로 들어가 호도를 가지고 와 일행에게 준다. 그랬을 것이다. 그 옛날 실크로드를 오갔던 사람들도.

파미르고원의 차가운 하늘에 짱그렁 짱그렁 별들이 부딪치는 소리를 들으며 갔던 길을 다시 내려온다. 모두 말을 잊은 채.

산림은 경제와 물질의 대상일 뿐만 아니라 정신과 문화의 산실이다. 숲이 상징하는 모든 가치, 즉 단순히 목재 공급지로서가 아니라 역사, 종교, 예술 등 인류 문명의 발상지로서 숲의 파괴는 필연적으로 인간 삶의 황폐를 가져올 수밖에 없다.

Photo by 박영실

출판사회학적 관점에서 본 방각본 연구

『조선시대 방각본 출판 연구』 부길만 지음, 한울

방각본은 상업출판의 속성이 내재되어 있는 전통 출판물이라는 데 특성이 있다. 상업적 가치가 크게 환영받지 못하던 시대에 이를 확보하기 위한 편집자의 초보적 의식이 싹트기 시작하고, 이 의식의 구체적 반영물이 방각본이라 할 수 있다. 당연히 이윤 확보를 위한 독자와의 관계 설정이 필요하게 되고, 이에 따른 편집의 차별화가 요구되었던 출판물이 방각본이다.

부길만 교수의 『조선시대 방각본 출판 연구』는 그간 진행된 문학, 문헌정보학 분야의 연구 성과를 수용하면서 출판사회학의 관점에서 방각본을 연구 대상으로 삼고 있다는 점에서 연구의 새로운 지평을 열고 있다. 최초의 방각본으로 일컬어지는 『고사촬요』가 출간된 1576년을 기점으로, 이후 1910년까지 334년 동안 간행된 79종의 방각본을 대상으로 사회 현상과의 관련성을 고려하는 가운데 시기별 특성 및 변화 과정을 면밀히 추적하고 있다.

저자는 이 연구를 수행함에 있어, 방각본의 시대별 변화 추이는 어떠한가, 방각본의 발간 지역별 차이는 없는가, 동시대에 간행된 관찬본과의 내용적 차이는 무엇인가, 방각본이 발전하게 되는 사회 문화적 환경 요소는 무엇인가 등 4가지 관점을 연구의 핵심 테마로 삼고 있다. 이 문제 해결의 실마리를 방각본의 내용 파악을 중심으로 한 시기 구분과 그 특성 규명에서 찾고 있다.

내용적 특성을 고려하여 실용성 강조의 시기, 유교교양과 아동학습 강조의 시기, 오락기능 강화와 실용성 확대의 시기 등 3기로 구분하고, 이를 방각본에 내재한 변화 시스템의 결과로 보고 있다.『조선왕조실록』에 언급된 관찬본과의 차이 규명에서도 이를 근거로 삼고 있고, 간행 지역별 특성을 밝힌 것이나, 발전 배경으로 삼은 시대 상황의 변화 추적 역시 여기에서 멀지 않다. 이러한 검토를 통하여 출판 발전사에서 방각본의 구체적 모습은 드러나고 있으나 다음 몇 가지 점에서 아쉬움을 남긴다.

우선 방각본의 포괄적 주제를 중심으로 논의를 진행하고 있다는 점이다. 방각본의 가치가 대중의 기호를 의식한 변화 도입에 있다면 차별화된 구체적 내용이나 편집 체제 등 외형적 논의도 함께 이루어져야 그 변화 양상을 더욱 선명하게 파악할 수 있을 것이다. 동일 도서의 관찬본과 비교 분석, 재간된 동일 도서의 비교, 지역별 동일 도서의 비교 등을 통하여 구체적인 사례들이 제시된다면 방각본의 특성은 더욱 선명하게 부각될 수 있을 것이다. 뿐만 아니라 관찬본과는 대립이 아니라 보완 관계에 있다는 점도 찾아질 수 있다.

또 한 가지는 현대 출판에 이어지고 있는 방각본의 전통성을 찾는 일도 중요하다. 방각본은 분명 시대의 산물이지만, 그 시대에 멈추어 있지만은 않는다. 비록 인쇄 방법에 차이는 있을지언정 분명 근대 출판에 보이지 않게 작용하며 이어지고 있다. 1910년 이후에 간행된 방각본을 제외한 것은 이러한 점을 소홀히 한 까닭이다.

방각본 출판의 가치 규명은 문학적 연구 방법, 서지학적 분석 관점을 아우르는 가운데 출판 상품으로 접근할 때 보다 명확해 질 수 있다. 도서를 상품으로 인식했다는 그 자체는 발전의 가능성을 열어놓고 있기 때문이다.

향기에 향기를 보태는 한 권의 책

『책을 만나러 가는 길』 손수호 지음, 열화당

한정된 독자, 매체 간의 경쟁 또한 치열한 이 시기에 상품으로서의 종이책은 과연 존재하게 될까? 전에 누렸던 책의 영광과 무게를 계속 지탱할 수 있을 것인가? 아니면 엄숙과 위엄으로 포장된 채 먼지를 쓰고 유물로 남아 있을 것인가? 물론 전자매체가 아무리 우리 생활을 지배한다고 하더라도 품위와 격을 갖춘 책은 영원한 생명을 지니게 될 것만은 분명하다. 그러나 출판업계에서 나오는 "불황의 탈출구가 보이지 않는다."는 말은 계속되고 있다. 이러한 분위기 속에서 출판에 종사하는 많은 사람들이 낮아지는 독서율을 걱정하는 것이 오늘의 현실이다.

열화당에서 간행한 손수호의 『책을 만나러 가는 길』은 처음부터 끝까지 책에 대한 사랑과 희망으로 가득 차 있음을 발견하게 된다. 통계 수치를 가지고 비슷한 원론만을 되풀이하거나, 감정이 앞선 찬사만을 일삼는 서평의 부정적 호의도 보이지 않는다. 오랫동안 출판물의 기사를 써왔던 출판 담당기자의 시각으로 본 책에 관한 이야기, 출판계 구석구석의 이야기를 진지하게 들려주고 있다.

이 책에 수록되어 있는 글은 저자가 일 년반 동안 국민일보 문화면에 연재하였던 '책동네 이야기'가 중심이 된다. 편중되지 않은 시각으로 책과 출판 현상을 보려 했다는 점이 '언론사상 처음으로 기획된 출판시리즈' 이상의 의의를 갖는다.

그동안 접해왔던 책에 관한 이야기들이 책 내용이나 서지적 사항, 또는 창작 배경을 설명하는 데 그친 반면, 『책을 만나러 가는 길』은 책뿐만 아니라 문화 현상으로서의 책 이야기에 초점이 놓인다. 그렇기 때문에 오리지널리티와 철저한 분석을 전제로 하고 있다. 이러한 전문가적인 깊이와 함께 간결하고 생동감 있는 문체는 독자를 끌어들이기에 충분하다. 현상의 진단과 함께 많은 읽을거리를 제공하고 있는 것도 이 책의 큰 장점이다.

> 우리 시대의 정신사를 장식하는 책, 그것이 가지는 사회적 의미를 살피면서 책과 책 사이의 이랑과 길목 그리고 책마을의 여러 풍경을 스케치한다.

이것이 이 책에 수록되어 있는 90여 편의 글을 써나가는 방향이다. 그러나 말과 같이 한가하게 길목을 서성이고 있지만은 않다. 조금은 직업

정신을 발휘하여 긴장된 시선으로 현상을 보고, 거기서 발견된 문제점을 집요하게 파고 들어가는 날카로운 시각을 만나게 된다. 이러한 사회적 의미의 접근은 출판의 학문적 성격과도 무관하지 않다. 왜냐하면, 출판에서의 사회 현상은 곧 출판의 내용과 질을 결정하는 중요한 요소가 되기 때문이다.

이 책은 화제작의 뒤안길, 책동네 이야기, 책밭의 경작자들, 저작권의 세계, 책과 사람들, 90년대 한국 출판의 풍경 등 크게 6장으로 나뉘어 있다. 그러나 이들 전체를 놓고 볼 때 이 책에서 중심을 두고 있는 것은 책에 삶의 무게를 두고 살아가는 사람들의 이야기다. 저자를 비롯하여, 출판인, 서점 경영인, 영업인, 인쇄인 등이 그들이다. 어떻게 보면 이들은 서로 다른 일을 하는 사람들 같지만 결국은 책을 매개로 만나게 된다. 또 문화를 생성, 전파한다는 자긍심을 가지고 살지만, 경제적 가치도 외면해서는 안 되는 생활인이다. 이들이 만들어 가는 삶 중에는 아름다운 삶도 있고 상업성에 물든 삶도 있다. 필자는 그 아름다운 삶을 드러내놓고 칭찬하고 반문화적 상업성을 나무란다.

한국 근대 출판의 대부, 한만년·정진숙·김성재 등 원로 출판인의 삶을 통하여 새삼 지성의 가치를 깨닫게 된다. 또 90년대 출판계를 움직였던 출판 장인들을 만나게도 된다.

이 책에는 당대 베스트셀러의 이면사가 정작 베스트셀러보다 더 재미있게 그려지고 있다. 그렇다고 흥미성이 가미된 사실의 전달에만 그치는 것이 아니라, 나름대로의 분석 틀을 가지고 베스트셀러를 낳게 한 사회를 바라보는 시각이 날카롭다. 『플루토늄의 행방』을 『무궁화꽃이 피었습니다』로 제목을 바꾸어 재출간하여 1년만에 4백만 부를 팔았다고 하는 사실, 『세상을 보는 지혜』의 번역료는 장당 27만 원 꼴이었다는 사실의 그 이면에 왜 그렇게 되어야만 했느냐 하는 필연성을 찾으려는 필자의 노력이 돋보인다.

이 책에서는 고질적인 출판 풍토에 대한 비판의 강도 또한 높다. 표지 디자인에 이르기까지 끊임없이 문제가 제기되고 있는 표절의 문제, 경쟁에 의한 과다한 로열티 문제, 중복 출판의 고질병 등이 그것이다.

> 인지는 이같이 나름의 의미와 연혁을 쌓아왔지만 알고 보면 불신시대의 슬픈 징표에 다름 아니다. 신용사회가 정착하면서 종주국인 일본에서는 자취를 감춘 반면 우리는 문화 후진국의 명찰처럼 아직도 달고 다닌다.

출판계가 타결하고 극복해야 할 점 또한 이 책에서 다루고 있는 중요한 문제 중의 하나이다. 뉴미디어의 도전 속에 새로운 좌표를 정하지 않으면 안 될 상황에서 어떤 행동을 취할 것인가가 문제인 것이다. 출판사 수는 만 개를 넘은 지 오래지만 휴면 출판사가 70%에 이르고, 세계 10위의 출판 강국이라고는 하지만 학습 참고서가 전체 발행 도서의 60%에 육박하고 있다. 게다가 유통은 낙후하여 아직도 문방구 어음으로 결재하는 서점이 존재하는 것이 오늘 우리 출판계의 현실이다. 이러한 현실을 공감하면서 그가 진단한 것은 결국 기획으로 집약된다.

일확천금의 시대는 가고 엄격한 독자관리에 바탕을 둔 기획 출판의 시기가 온 것이다. 출판의 과학화가 자리잡을 때 우리의 베스트셀러사도 새로운 시각, 새로운 내용으로 씌어질 것이다.

이렇듯 한국 출판의 위상을 높이는 길, 아직도 세계화 전략이 미치지 않고 있는 출판계에 새바람을 불어넣는 길은 기획을 통한 책의 격을 높이는 것임을 말하고 있다.

수많은 책을 만나고 출판 동네를 빠져나온 그의 결론은 문화로서의 출판은 책의 내용에서 찾아진다는 평범한 사실이다. 아직도 책장사는 고급이라는 허위의식에서 벗어나 골목길 문화의 파수꾼으로 거듭 태어나야 한다는 서점 경영인에게 하는 그의 말도 새겨들을 필요가 있다.

좀 더 폭넓은 시각으로 당대의 출판 현상을 조망했으면 하는 아쉬움은 남지만, 후일의 문화사적 기틀을 마련하는 계기를 마련하고 있다는 점에서 간행 의미는 크다.

지혜의숲은 출판도시문화재단이 2014년도에 문화체육관광부의 후원을 받아 조성한 이래 재단의 자체 재원으로 운영하고 있는 복합문화공간으로 가치 있는 책을 한데 모아 보존 보호하고 관리하며 함께 보는 공동의 서재이다.

Photo by 박영실

산림 르네상스와 산림문화

『숲 속의 문화 문화 속의 숲』 임경빈 외 지음, 열화당

숲과 문화라는 공동테마를 갖고 임학·철학·문학 등 여러 분야의 관련 학자들이 집필에 참여하고 있다. 이 책은 모두 3부로 구성되어 있는데, 1부 숲 속의 철학, 제2부 숲 속의 문화, 제3부 산림 르네상스시대의 임정林政 등이다. 숲을 대상으로 분야별로 세분하여 쓰고 있으나, 중복되는 부분이 발견되기도 한다.

위와 같이 3부로 구성되어 있는 이 책의 내용들은 산림문화란 무엇인가? 숲을 어떻게 인식해 왔는가? 산림정책은 어떠했나? 앞으로의 방향은 어떻게 설정되어야 할 것인가? 산림은 우리와 어떤 관계를 맺고 있는가? 산림을 보존하기 위하여 우선되어야 할 것이 무엇인가? 외국의 산림정책은 어떠하였는가 등 광범위하다.

이러한 내용들이 한 권의 책으로 집약될 수 있었던 것은 산림을 보존하고 현실의 여건에 맞는 개발 방향이 모색되어야 한다는 당위성 때문이다. 이를 산림 르네상스란 말로 표현하고 있다.

공종원이 집필한『현실 속의 산림철학』은 산림과 인간과의 관계, 또는 그 보존의 차원에서 공감을 이끌어내기에 충분하다. 그는 산림을 살리기 위해서는 산림에 대한 철저한 조사가 먼저 이루어져야 하고, 이에 따른 국민적 노력이 뒷받침되어야 한다는 점을 강조하고 있다.

산림은 그냥 놓아두면 보존될 수 있다는 것이 우리의 과거 생각이었다. 대기 오염과 산성비와 같은 환경 재해가 엄존하는 현실에서 사람이 손을 대지 않고 있는 것만으로는 충분치 않다는 것이 분명해진다.

그는 우리의 산림의식과 생태관이 바뀌어야 함을 강조한다. 일종의 산림철학과 생명사상의 확립이 전제되어야 산림을 살릴 수 있다고 본다. 이것은 자연 속의 인간의 모습을 회복하는 것이며, 인간은 자연과 함께 살도록 태어난 존재이지 자연의 주인은 아니라는 인식이다.

또한 그는 산림보존 노력의 정당성을 인간과 자연의 상호의존성과 상호보완관계 인식에서 찾지 않고 보다 적극적인 데서 찾고 있다. "천지가 나와 한뿌리이며 만물이 나와 한몸이라."는 동양철학의 동체대비同體大悲에서 찾고 있다. 이러한 것이 바로 산림사상이며 산림철학의 근간으로 보고 있다.

이러한 점에서 '환경위기시대의 숲'에서도 문화적 접근이 필요함을 강조하고 있다. "산을 부동산이라는 자본의 형태, 언제나 맘껏 인간이 이용할 수 있는 자원의 창고라는 생각을 버리고 마치 사람의 몸처럼 최대한의 자연스러운 기가 흐르도록 보장해 주어야 한다."라는 생각이 그것이다.

최민휴 원장의 글 "환경시대의 산림관"도 산림 보존의 차원에서 시사하는 바 크다. 그는 인간의 수가 많아져서 이들을 부양해야 하는 자연에 부하負荷가 주어지고, 그 부하를 견디지 못하는 자연 생태계는 병들게 된다고 보고 있다. 인간의 끝없는 욕망 실현을 위해서는 자연을 어떻게든지 사용할 권리가 인간에게 있다는 가치관이 오늘날의 자연 생태계의 파괴를 가져왔다고 말한다. 이제 인간의 생존 문제와 관련하여 더욱 가까이 다가서야 할 산림을 놓고 그곳에 스민 민속·철학·문학, 그리고 이용과 개발이라는 측면에서 함께 논의하고 있다는 점에서 이 책의 일차적 가치를 찾을 수 있을 것이다.

역사 해석의 논리성과 상상력

『영조와 정조의 나라』 박광용 지음, 푸른역사

역사는 해석의 관점에 따라 달라질 수 있을까? 역사적 사실은 모두 진실일까? 그 역사적 진실이 현실적 삶과 직접적인 관련을 맺을 때 그에 대한 관심의 폭은 넓어진다. 역사서를 읽는 이유 중의 하나는 바로 나와의 상관성이다. 독자는 굴절된 역사의 해석을 읽고 싶어 하지 않는다. 어느 무엇으로도 가려지지 않은 선명한 실체를 원한다. 역사를 기록하는 입장이나 해석하는 입장이 다를 수 없다.

일제의 식민사관에 의하여 형성된 것이라고는 하지만 우리의 역사에서 붕당, 당쟁의 이미지는 부정적이다. 존재하지 않았어야 할, 그러나 존재하는 역사적 사실로 인식되어 있다. '박광용 교수의 시대사 읽기'라는 부제를 단 『영조와 정조의 나라』는 붕당, 당쟁, 탕평으로 이어지는 18세기 정치사를 다루고 있다. 당시 첨예한 대립을 보였던 정치·사회적 문제들을 면밀하게 분석하고 해석함으로써 역사적 실체로서의 한 시대의 모습에 접근하고 있다.

실학자들의 사상적인 측면이나 문학활동에 중점을 두어, 근대적 문화 현상에 큰 가치를 부여해왔으나, 그러한 가능성을 잉태한 이면의 정치적 흐름은 간과해왔다. 붕당은 패거리들의 이권 다툼, 곧 정치라고 볼 수 없는 하급의 싸움판으로 인식해왔기 때문이다. 이 책에서 끝까지 관심을 두고 있는 것은 붕당에 대한 선입관을 깨는 일이고, 역사를 움직여 가는 동력의 실체를 파악해 가는 일이다.

이는 흥미 있는 정치적 사건에 주목하여 대중적 관심의 차원으로 기술하는 것이 아니라, 역사 속에 일관되게 흐르는 정신적 핵심을 찾아 이를 현재의 정신구조에 연결시키려는 노력에서 출발한다. 곧 한국인의 고유성과 보편성을 찾는 작업이다. 이러한 관점에서 본다면 적어도 지금까지 우리가 갖고 있었던 붕당, 당파, 탕평은 이 의도에 부합되지 않는 현상들이다.

저자는 이 시기의 정치문화의 유산은 민주 복지를 향해 가는 오늘의 우리 정치 현실과 그대로 맥이 닿아 있음을 말한다. 곧 정치 정의라는 슬로건을 화두로 당시의 정치 현실의 실체를 찾고 있다. 필연적으로 상식의 틀을 깨고 있는 것이다.

우리의 미래를 가로막는 싫어하는 한국인과 한국 사회의 모습을 보존하거나 미화하려고 노력할 필요는 없다. 하지만 우리가 좋아하는 한국인과 한국 사회에 대해서는 어렵겠지만 찾아내서 보존하고 독특한 캐릭터로 만들 필요가 있다.

저자가 말하는 '우리가 좋아하는 한국인과 한국 사회'는 탕평정치라고 불린 새로운 정치 개혁의 모습이다. 이를 표준이 되는 역사 체험이라고 보고 있다. 표준이 되는 역사 체험은 무엇일까. 진정한 사회적 통합을 향한 창조적 노력이 나올 수 있다는 사실을 우리에게 가르쳐주는 사례다. 정치 생명을 건 시비논쟁, 계층적 분열과 지역적 분열, 도덕과 인심의 타락 등 오늘의 사회적 병폐가 당쟁 시절과 크게 다를 바 없다는 현실 인식 또한 탕평정치를 절실하게 필요로 하는 이유가 된다.

이 책은 붕당론·군주론·인물론·탕평론으로 구성되어 있지만, 탕평론에서 탕평정치의 본질을 세밀하게 분석하여 오늘의 정치에 활용할 수 있는 특징이나 요소를 찾아가는 것이 핵심이다.

탕평책을 당쟁과 똑같다고 보는 부정적 시각을 철회케 하는 일은 중요하다. 조선인의 당파성이 스스로의 발전을 막아 일본 식민통치를 불렀다는 식민통치 합리론이자, 당쟁 망국론을 벗어버리지 못하고 있는 다수가 있기 때문이다.

먼저 영정조 재위 기간 76년, 정조의 재위 기간만도 24년이나 되는데, 탕평정책이 실패한 원인은 어디에 있는 것일까. 성리학의 이데올로

기를 바꿔놓지 못한 점, 일반 백성을 개혁에 활용하지 못한 점, 과거제를 본격적으로 개혁하지 못한 점, 토지 개혁·상공업 강화책을 사용하지 못한 점 등을 들고 있다. 결국 영정조의 개혁은 "그 기본 방향이 올발랐고 개혁을 바라는 사회 저변의 분위기도 잘 파악했지만 전근대적 개혁이라는 한계를 벗어나지 못했다."는 점을 탕평책의 한계로 보고 있다.

이러한 탕평책이 역사의 연장선상에서 우리와 어떤 관련을 맺고 있는가. 과거로서의 탕평이 아니라, 미래와 결부된 탕평이다. 이 점에서 탕평에서 배워야 할 것 여덟 가지를 제시하고 있다. 정치적 탕평의 기반은 반드시 사회적 대동大同과 함께 가야 한다는 사실, 진정한 여론이 어디에서 형성되는가를 파악할 수 있었던 정조의 통치력, 정국 운영을 시비의 차원이 아니라 우열의 차원으로 끌고 가려 했다는 점, 교화의 실효를 통해서 아래에서 추대되어 위로 선출되었다는 하이상下而上의 통치자론의 변화 등이 중심 논제다.

이들을 오늘의 현실에 적용할 때, 탕평의 의미는 절실하게 다가온다. 정조의 개혁이 보수적 개혁이었다라고는 하지만 분명 진보적 개혁을 꿈꾸고 있었기 때문이다. 이 시대에 추진된 "도덕적 교화를 기반으로 하는 민중의 권리론, 백성의 마음에 기반을 두고 변혁을 추진하는 통치자론"은 오늘날의 서구 민주주의와도 결합될 수 있는 전통적 정치론이다. 곧 근대적 사고방식이 서구 시민사회에서만 나올 수 있는 것이 아님을 강조하고 있다.

시대의 재해석이라는 점에 주목해 본다면 이 책에서 새롭게 파악하고 있는 핵심논의 사항은 충분한 설득력을 가진다. 사도세자의 죽음은 조선 왕조사상 왕위 계승권자와 국왕 사이에서 일어난 최악의 사태로 받아들여지고 있다. 죽음의 원인을 쿠데타의 실패일 가능성이 있다고 보는 점이 그 하나이다. 즉 밝혀지지 않은 석 달가량의 평안도 여행이 사도세자를 죽게 만든 결정적 요인이었고, 그 기간에 세자는 쿠데타를 모의했을 가능성이 있다고 보는 것이다. 사도세자와 관련된 기록들은 이후 쿠데타 기도를 숨기고 개인적 비리로 희석시키기 위한 계획된 것이라고 생각할 수도 있다.

숙종대의 복제 논쟁의 관점 또한 시각을 달리하고 있다. 단순히 상복을 몇 개월 입을 것인가를 놓고 벌인 소모적인 논쟁이라기 보다는 공론의 대립으로 보는 것이다. 즉 군주권의 파행성을 견제하여 산림주도의 정치를 유지해야 한다는 서인의 공론과, 서인계 특권적 양반 문벌이 야기하는 정치적 폐해를 군주권 강화를 통해 제거해야 한다는 남인과의 공론 대립으로 볼 여지가 있음을 지적하고 있다. 그 이유로 복제 논쟁 시기에는 논쟁의 결과가 반대 붕당과의 공존을 완전히 부정하는 살육전으로까지 이어지지는 않았다는 점을 들고 있다.

문제는 공론을 조정하여 조화를 모색하는 선에서 해결되지 않고, 숙종이 직접 개입하여 왕실의 존엄성을 강조하는 남인 정권을 성립시켰다는 데 있다고 보고 있다. 곧 군주권 행사의 미성숙이 50년 동안 유지되던 붕당정치 체제를 붕괴시키는 결과를 초래케 한 원인이 되고 있음을 지적하고 있다.

탕평을 당쟁의 연장선상에서 파악해서는 안 될 이유가 분명해진다. 막연한 인식에서 큰 변화를 갖게 한다. 그것은 시대를 바라보는 관점이 명확하고 흔들림이 없기 때문이다. 근대를 지향하는 실학자들의 개혁안을 가능하게 한 것도 '탕평에서 대동으로'라는 정치적 표방을 내건 영정조대의 시대적 분위기 때문이었다. 영정조대에서 진정한 21세기 탕평정치를 수행키 위한 유용한 역사적 체험을 얻게 된다.

일상에서 추구하는 특별함

『조선전기 불복장직물의 이해』 김영숙 지음, 미술문화

불상을 봉안할 때, 불상의 배 부분 빈 공간에 넣어 두는 공양물이 불복장물이다. 사리와 오곡, 오색실, 경전, 의복, 다라니 등을 비롯하여 복장기腹藏記나 조성기造成記 등을 넣는 것이 일반적이다. 이들은 각각 종교적 염원을 담고 복장되는데 불교 신앙의 경향뿐 아니라, 당시의 문화사 연구에도 중요한 역할을 한다. 종교적 기원이나 경외감에서 비롯되지만 몇 백 년의 시간이 흐른 뒤에 출토되는 복장물은 문화사적 의의가 더 강조되게 마련이다. 전적이나 공예품, 복식 등이 당대의 문화사적 일면을 검증하는 자료로 큰 역할을 하게 되는 것이다.

미술문화에서 간행한 『조선전기 불복장직물의 이해』는 경북 영주시 이산면에 있는 흑석사 아미타불복장에서 출현한 직물을 연구, 분석한 책이다. 흑석사는 신라시대 의상대사가 창건한 고찰로 목조 아미타불을 주불로 모시고 있는데, 1992년 이 불상에서 금동사리함과 정골사리 1과를 비롯하여 경전, 직물류 등이 출현하여 관심을 끈 바 있다.

이 책은 복장물 중 직물을 연구대상으로 하고 있다. 불복장에서 직물류의 출현은 전에도 여러 번 있었으나, 이에 대한 검토는 보고서 수준을 벗어나지 못하고 있었다. 그만큼 소홀히 취급해 왔다는 말도 된다. 하잘것없는 천조각이라고 생각할 수도 있는 출현 직물류의 종합적 분석을 통하여 당대 직물 현상을 파악하고 있다.

시기적으로는 불상 조성이 세조 4년(1458)이라는 권선문의 연대기록으로 보아 조선전기의 직물임을 확인하고 있다. 즉 세조를 비롯한 왕실의 발원으로 불상을 조성하고 여기에 여러 물품을 복장한 것이다. 그렇다면 이 직물들은 당대 직조 환경을 반영한 대표 직물이 되는 것이다.

이 책이 갖는 의의는 여러 가지가 있겠으나, 다음의 몇 가지로 정리할 수 있을 것이다.

첫째는 불복장직물을 대상으로 한 첫 번째 단일 저서라는 점이다. 이전에도 청양 장곡사 금동여래좌상 등의 복장에서 직물이 출현한 바 있었으나, 직물사 관점에서 과학적이고 구체적 접근은 이루어지지 못했다. 사실 섬유 조직은 보관이 어려워 원형 유지가 어려울 수밖에 없다. 복식연구가들이 출토 복식에 관심을 갖는 것도 바로 이러한 보존의 유한성 때문일 것이다. 그러나 복장 직물에 관심을 갖기 시작한 것은 불과 몇 년 전의 일이었고, 더구나 이를 체계적으로 정리하지 못하고 있는 상황이었기에 이 책이 더욱 값지다고 하겠다.

둘째는 한 점의 직물에 대하여 다양한 접근을 시도하고 있다는 점이다. 한 직물을 놓고 최대한 많은 것을 보여주려고 노력하고 있다. 일반인의 눈으로 보았을 때 올이 삭고 구멍 나, 별다른 의미를 부여할 수 없는 천조각에 불과하지만 저자는 이 작은 천조각에 새로운 생명을 불어넣고 있다.

수십 배로 확대 촬영하여 정확한 조직을 파악하는 것은 물론, 진주 견직 연구소의 도움을 받아 밀도를 측정하고 직조의 방법을 찾고 있다. 뿐만 아니라 문양의 형태와 의미, 염색의 재료와 방법 등 당대 직물 환경을 재구함으로써 어둠 속에 있던 직물에 생명을 불어넣고 있는 것이다. .

셋째는 종교적 측면에서의 직물 형태와 색깔을 파악하려고 한 점이다. 복장의 절차와 방법 등을 설명하고 있는 책이『조상경』으로 알려지고 있는데, 이 책에서 제시하고 있는 사항을 염두에 두고 출현 직물의 형태적 특성을 밝히고 있다. 특히 종교적 의미로 쓰인 번幡이나, 보리수 잎 형태의 직물을 비교 설명한 점이 공감을 갖게 한다.

직물사의 검토는 기록을 중심으로 한 문헌 연구만으로는 빈곤을 면키 어렵다. 여기에 이를 실증적으로 검증할 수 있는 실물자료가 뒷받침되었을 때, 그만큼 풍부한 성과를 거둘 수 있을 것이다. 이런 점에서『조선전기 불복장직물의 이해』는 선인들의 의생활의 단면을 살필 수 있는 계기를 마련해 주고 있다.

별마당 도서관은 2017년 코엑스몰 중심에 총 2,800㎡ 복층 규모로 개관하여 대형 쇼핑몰 한가운데 문화와 예술을 즐길 수 있는 특별한 공간으로 주목받고 있다. 휴식과 만남, 그리고 책을 주제로 소통하는 문화 감성 공간으로써 누구나 무료로 이용할 수 있다.

B

잊혀진 것, 그러나 다시 만나야 할 것들

『그곳에 다녀오면 살맛이 난다』 최성민 지음, 심지

누구나 한 번쯤 일상을 벗어나서 새로운 세계와 만나고 싶은 꿈을 지니고 산다. 일상에서의 탈출을 꿈꾸며 산다. 바람이 되어, 구름이 되어, 아무런 걸림없이 터벅터벅 걸어가는 황톳길을 꿈꾼다. 그것은 인간 본성으로의 회귀일 수도 있다.

기행은 묶여진 자아의 정서를 풀어놓는 일이다. 또 정서의 풀림에 만족하지 않고, 그 풀림을 제자리로 돌려놓을 수 있는 탄력을 기행은 지니고 있다. 우리는 그것을 재충전이라는 말로 표현한다. 재충전은 삶에 새로운 의욕을 불어넣는 힘을 지니고 있다.

눈으로 그저 스쳐 지나는 물상, 손으로만 느끼는 감촉, 머리로 만들어 내는 분별, 이것은 관광이라고 할 수는 있어도 기행이라고는 할 수 없다.

기행은 이런 것들이 합해져 가슴으로 만들어내는 감동을 소중하게 여긴다.

요즘 이러한 기행을 시도하는 단체가 늘고, 일반인의 참여도 높아가고 있다. 섬기행, 민속기행, 풍물기행, 인물기행, 음식기행, 역사기행, 문학기행, 토종기행 등 소위 테마 기행이 자리잡아 가고 있다. 이것은 문화에 대한 관심의 반영이라고 볼 수 있다.

이러한 추세에 따라 기행을 돕기 위한 관련 도서도 점차 세분화되면서 전문성을 띠고 있다. 화보 중심의 일회용 도서에서 탈피하여 목적에 따라 세분화되고, 그 분야의 전문가가 책임 집필한다는 점은 발전적인 특징이라 하겠다. 『자녀와 함께하는 교육 나들이』(장다혜, 김영사), 『한국의 관광농원 137선』(김순경, 강천), 『부부끼리 떠나는 50 코스별 배낭여행』(김성기, 민서출판사), 『우리는 지금 자연으로 간다』(기업문화정보뱅크 편, 문예마당), 『답사여행의 길잡이』(한국문화유산답사회 엮음, 돌베개), 『꺼리여행 300선』(일선출판) 등이 이러한 현상을 반영하고 있다.

최성민의 '바른 여행 길라잡이'라는 부제가 붙어 있는 『그곳에 다녀오면 살맛이 난다』는 안내 대상이 우리에게 익히 알려진 곳이 아니라는 점에서 기존의 여행 안내서와는 크게 다르다.

이 책에 소개하고 있는 기행지는 국사 교과서나 사회 교과서에서 보아온 국보, 또는 몇 점의 지방문화재가 있는 곳도 아니다. 관광호텔, 상가가 즐비하게 들어서 있는 그런 곳은 더욱 아니다. 시멘트로 치장하고 그 위에 울긋불긋 인위적 손때를 묻힌 그런 곳이 아니다.

해질녘 황금 물결로 출렁이는 밀밭길을 걸어가는 중년 부부를 생각케 하고, 깽깽이풀, 뻐꾹나리, 들풀처럼 생명력을 지니고 살아가는 촌아낙들과 만나게 한다. 그래서 이 책에서는 고향 냄새가 난다. 언젠가는 우리가 정착해야 할 곳, 피곤한 날개를 접고 밤하늘의 별을 헤며, 동화가 되어버린 옛 이야기를 되살릴 수 있는 곳, 그런 곳이 이 책에는 있다.

저자가 이러한 소재를 찾을 수 있었던 것은 다른 데 있지 않다. 우리가 발전 개발에 집중하는 동안 잃어버렸던 정서, 그러나 언젠가는 되찾아야 할 소중한 정서에 대한 향수 때문이었을 것이다. 이 책의 필자는 10년 가까이 전남 신안, 완도, 진도 일대의 모든 섬을 낱낱이 돌아보았고, 산길로, 물길로 사람이 사는 곳은 어디고 찾아다녔다.

이 책의 필자는 서문에서 다음과 같이 말하고 있다.

> 서숙밥 누룽지와 그 숭늉맛을 아는 사람들에게, 한 3년 묵은 된장에 홍어애를 넣어 끓인 보릿국 냄새를 그리워하는 사람들에게, 밀밭골에서 종달이 집을 뒤지며 자란 사람들에게, 지리산 포수, 무등산 수박얘기를 듣고 자랐으나 이제는 그것을 전해 줄 상대를 잃은 사람들에게도 드리고 싶다.

하루에도 부산을 몇 번씩 오갈 수 있는 세상이지만 중간에 하룻밤을 묵어야 갈 수 있는 가거도, 길이 넘게 쌓인 눈 때문에 날지 못하는 꿩을 눈 속에서 캐내는 흘리 마을, 그곳엔 아직도 자연이 자연인 채로 남아 있었다.

문주란이 섬 전체를 뒤덮고 있는 섬, 그래서 이름도 난도, 수백 년 풍상을 지켜온 한국 소나무의 참모습을 간직한 안면도 소나무 밭, 반딧불이 여름밤을 밝히는 무주 남대천, 어스름 초저녁 보름달이 그림처럼 대밭 사이로 떠오르는 담양 추월산, 방랑시인 김삿갓의 발목을 묶어놓았던 화순 적벽강의 모래밭. 가공되지 않은 채 제가 있을 자리에 그대로 서 있는 자연은 어떤 예술 작품보다 정서의 깊이를 더하게 한다.

여행 안내서가 고전은 될 수 있을지는 몰라도, 안내하는 대상에 필자의 정서가 부딪혀 표현되는 여행 안내서는 실용정보 이상의 가치를 지닌다. 전국에서 79곳을 선정하여 자신의 체험과 길을 안내하고 있는『그곳에 다녀오면 살맛이 난다』는 주대상지 외에 경유할 수 있는 곳을 안내하고 있지 못하다는 약점은 지니고 있으나, 대상지 선정에 있어서의 신선함과 차별화, 내용기술에 있어서의 치밀함은 여행 정보도서의 새로운 맛을 느끼게 한다.

현대인이 여가 시간이 늘어날수록, 격무에 시달릴수록, 삶의 질을 한 차원 높이려는 사람이 늘어갈수록 여행 정보도서는 필요하다. 여행 정보도서의 구비 조건 중에는 새로운 소재를 개발해야 한다는 점과 지속적인 보완 작업이 이루어져야 한다는 점을 들 수 있다. 이 점을 생각해 볼 때 여행 안내서의 필자는 현장을 찾아 발로 뛰는 노력이 뒤따라야 한다.

이 책의 필자 최성민은 지금쯤 강원도 어느 이름 모를 두메 외딴집에서 지나가는 비를 피하고 있을지도 모른다. 아니면, 남해의 어느 섬에서 일몰을 맞고 있을지도 모를 일이다. 그곳에 갔다 오면 살맛이 나는 바로 그곳을 찾기 위하여.

책방에서 다시 만나는 숲

『숲으로 가는 길』 서민환·이유미 지음, 현암사

『숲 속의 문화 문화 속의 숲』 임경빈 외 지음, 열화당

숲은 생명이라는 인식이 점차 확산되어 가고 있다. 숲이 건강하게 살아 있을 때, 그 속에서 숨 쉬고 살아가는 인간의 삶 역시 건강해질 수 있다는 인식이다. 휴양림이나 수목원이 새로 생겨 호응을 받고, 안식년제를 실시하여 등산로를 통제하는 것 등이 이러한 인식의 한 반영이라 할 것이다.

산허리를 잘라 길을 닦고 나무를 마구 베어내어 주택을 지었다. 이러한 난발이 엄격하게 규제되고 있기는 하지만 보존과 개발 사이에는 의견이 엇갈리는 경우가 많다. 숲은 우리에게 많은 것을 주어왔다. 오늘날 산림을 자원으로 파악하는 재화적 가치보다 더 중요한 것이 인간과 공존해

가는 생명체로서의 가치인식이다.

이러한 숲에 대한 인식 변화를 반영하듯 이에 관련한 여러 종의 책이 간행되고 있다. 현암사에서 펴낸『숲으로 가는 길』과 열화당에서 펴낸『숲 속의 문화, 문화 속의 숲』등이 대표적인 책이다.

숲의 신비로움과 그 안에서 이루어지고 있는 자연 생태계의 경이로움과 만날 수 있는 책이『숲으로 가는 길』이다. 찾아가야 할 곳이 있다는 점에서 여타의 여행 관련 서적과 동일하지만, 그곳이 무엇 때문에 소중한가 하는 점을 강조하고 있다는 점에서 이 책이 갖는 의의는 크다.

필자 서민환과 이유미는 대학에서 같은 전공을 한 부부다. 부부 산림학자가 쓴 우리나라 숲 이야기라는 데에 일차적 관심이 가지만, 책을 읽고 나면 이것은 외면적 관심이었을 뿐 실질적인 것은 우리가 나무와 숲, 그 안에 자라고 있는 들풀과 곤충에 대하여 얼마나 무지했었는가를 확인케 하는 계기를 마련해 준다.

이 책이 대상으로 삼은 숲은 자연을 그대로 살린 도심의 숲, 비원에서부터 울릉도 태하령의 섬잣나무 숲, 제주 한라산 구상나무 숲에 이르기까지 전국 13개의 유명 숲이다. 여기에 전국 수목원과 식물원, 휴양림을 소개하고 있다.

숲을 안내하는 데 있어서 저자가 가장 신경을 쓰고 있는 것은 주관에 흐르지 않으려고 노력하고 있다는 점이다. 이러한 서술 태도를 유지하면서 그저 나무와 숲으로만 알았던 식물들에 걸맞은 각각의 이름을 붙여주고 있다. 없었던 이름을 만들어주는 것이 아니라, 분명 이름이 있었음에도 그저 나무로 불리고 풀로 불렸던 식물의 이름을 되찾아주는 것이다. 그것들이 거기에 있어야 하는 이유와 먹고 사는 것 못지않게 그들이 소중하다는 사실도 새삼 일깨워주고 있다.

높이가 수십 미터에 이르는 수백 년된 거목에서부터 1~2cm 남짓한 몸을 암벽에 의지하고 살아가는 세계에서 가장 작은 나무 돌매화에 이르기까지 그곳이 아니면 볼 수 없는 희귀 식물도 만날 수 있다. 우리 국토의 육지 가운데 가장 가기 어렵다는 울진의 황장봉산, 그 신비로움을 간직한 산속에서 하늘을 치솟은 금강송을 만나는 것은 큰 감동이다.

이 책이 단순히 숲이나 그곳에서 자라는 나무나 들꽃들의 설명에 그치지 않고 그들을 통해서 배우는 공생의 미덕과 끈기를 발견할 수 있기에 더욱 값지다. 설악산 중청에서 대청으로 이어지는 지역을 뒤덮은 눈잣나무 숲에서 바람에 순응하며 살아가는 끈질긴 생명력을 발견한다.

설악의 가장 높은 곳에서 만난 눈잣나무의 짙푸른 잎들은 인고의 역사를 써가고 있다. 싱그럽게 펼쳐진 눈잣나무 숲에 눈길을 두면 깊게만 보이던 죽음의 계곡도, 함부로 가기 어려울 듯 싶었던 화채봉이나 공룡능선도 저만치 물러나 앉는다. 저 멀리 하늘과 맞닿아 출렁거리는 동해의 푸른 물은 손에 잡힐 듯 한눈에 보인다.

사진 한 장만 찍고 돌아나오겠다던 사진 작가의 카메라 가방 속에서 발견되는 희귀식물 요강꽃, 무지한 마을 사람들에게 몇 배의 품값을 주고 식물 뿌리를 캐오게 시켰다는 대학 교수, 한밤중에 배를 대놓고 수백 년된 동백나무 수십 그루를 캐내어 자기 집안 정원에 옮겨 심은 원예업자, 사람 손이 탈까 봐 꽃망울이 맺히면 아예 미리 따버린다는 국립공원 관리사무소 직원. 그런 꽃과 사람도 이 책에서 만날 수 있다.

초점 맞추기, 혹은 그림자 지우기

『백제장군 흑치상지 평전』 이도학 지음, 주류성

『원균을 위한 변명』 이재범 지음, 학민사

역사의 흐름 속에 사라져간 한 인물에 대한 평가는 당사자 자신의 의지와는 전혀 관계없이 다른 모습으로 나타날 때가 있다. 아무리 고결하고 값진 삶을 살았다고 하더라도 세월이 지난 다음 자의든 타의든 덧칠하고 깎여나가 엉뚱한 모습을 하고 있는 경우도 발견된다. 때로 긍정적인 인물로 탄생되기도 하고, 이와는 반대로 부정적 인물로 변색되어 나타나기도 하는 것이다.

굴절없는 그 실상을 그리는 데 가장 핵심적인 역할을 하는 것은 자료다. 신빙성 있는 자료를 바탕으로 그려내는 인물은 주관적 한계를 극복하고 생명력을 지닌다. 문헌 자료가 뒷받침되지 못할 때는 때로 상상력이 작용하게 되는데, 시공을 뛰어넘는 절대적 상상력은 흐린 초점을 선명하게 할 때도 있다.

이도학의『백제장군 흑치상지 평전』이나 이재범의『원균을 위한 변명』은 역사 속의 한 인물의 정확한 삶의 구도를 그려내고 있다는 점에서 주목받고 있다.『백제장군 흑치상지 평전』에는 '한 무장의 비장한 생애에 대한 변명'이란 부제를 달았고,『원균을 위한 변명』에는 '기록을 남기지 않은 자의 비애'라는 부제를 달고 있듯이, 이 두 책은 왜곡되거나 굴절없는 선명한 초상을 재구하는 데 주력하고 있다.

우리 역사에서 백제는 아직도 신비에 싸여 있는 나라다. 뛰어난 예술의 꽃이 개화하는 가운데 광활한 해상왕국의 기개를 보인 나라가 백제다. 쇠멸해가는 조국 백제를 끌어안으며 부흥운동에 주동적인 역할을 했던 7척의 거장 흑치상지. 부흥군이 섬멸되고, 웅진도독부까지 신라에 의해 허물어졌을 때 다시 원수의 나라 당으로 가서, 말갈과 토번을 다스렸던 의로운 무장. 그러면서 끝내 그들의 모함에 의하여 이국땅에서 최후를 마감한 백제 장군.

이 책은 백제인 흑치상지의 정신적 고뇌와 무장으로서 삶의 궤적을 추적하고 있다. 가치를 더하는 것은 당대 사회적 구성 요소를 치밀하게 재구하고 있다는 점이다. 그리하여 독자는 백제의 영토에서, 백제인의 정신과 만나고 백제인의 예술과 만나게 된다. 역사를 공유하는 동료가 되어 그 시대로 함께 나들이를 떠나는 기쁨이다. 그렇기 때문에 이 책에서 맛보는 감동은 소설적 진실이 아니라, 역사적 진실이다.

> 부족한 자료의 공백을 메꾸고자 온갖 경우를 상정해 보면서 매달렸다. 깊이 몰입하다보면 이러이러한 것이 아니었겠는가라고 눈에 보일 듯이 선하게 그려지기도 하였다. 그러나 필자는 역사학도는 냉정해야 된다는 판단에 활자화시키는 일을 극력 자제하였다. 소설가의 몫으로 돌리기로 한 것이다.

이렇듯 자료에 충실하려는 입장을 고수하면서 이끌어 낸 백제의 진실은 여러 가지가 있다. 그중 몇 가지를 들어보기로 한다.

첫째는 흑치상지의 '흑치'를 성씨로, 이들이 살았던 곳을 필리핀 일원으로 보고 있다. 부여씨 왕실 집단의 증가로 가계 분화가 일어나 흑치를 분봉한 것으로 본 것이다. 흑치씨가 부여씨에서 분봉되어 간 곳이 필리핀 일원이라는 것이다.

저자는 중국인 양가빈梁嘉彬이 흑치를 지금의 필리핀 일원으로 비정하고 있는 데 동의하고 있다. 그렇다면 백제가 필리핀과 같은 동남아시아 지역에 왕족을 분봉할 수 있었을까 하는 문제가 남는다. 이에 대하여도 6세기에 접어들어 백제가 해상 실크로드를 이용, 중인도나 지금의 캄보디아인 부남扶南을 비롯한 동남아시아 지역과 교역이 전개되었다는 사실을 들어 백제가 남방 항로의 기항지로서 필리핀 군도 등에 관리를 파견 주재시켰음은 매우 타당성이 높다고 보고 있다. 이것은 백제인들이 넓은 세상을 무대로 호흡하였음을 확인하는 것이 된다.

둘째는 백제 부흥운동의 중심 거점이었던 주류성의 위치를 현재 부안의 위금암산성位金岩山城으로 보고 있다. 백제사에서 역사적 비중은 컸지만 위치에 관해서는 오랫동안 미궁에 빠져 있었던 것이 주류성이다.

이는 당나라 수군과 왜군이 싸움을 벌였던 백강의 위치와도 관련을 맺고 있다. 백제 부흥군을 지원하기 위하여 출동한 왜군 선단은 당나라 수군과 백강에서 대해전을 벌였다. 2만 7천여 명이 동원된 왜군 부대는 일순간에 궤멸되었고 4백 척의 선박이 불타고 말았다. 이 백강을 줄포나 동진강으로 비정하고 있는 것도 타당성을 획득하고 있다.

셋째는『일본서기』에 나오는 "고대 일본이 한반도 남부 가야 지역을 2백 년간 지배했다."는 이른바 임나일본부설의 근거로 이용되고 있는 신공황후의 신라정벌설을 백강전투에서 패전한 보상심리의 표현으로 보고 있다.

신라정벌을 이끌었던 신공황후는 여자인 사이메이齊明 천황의 전화轉化된 모습으로 보고 있다. 사이메이 천황은 백제를 구원하기 위하여 직접 북큐슈까지 와서 원정군을 지휘하였으나, 출병을 보지 못한 채 급사하였다. 바로 신공황후의 신라정벌설은 사이메이 천황의 백제 구원에 대한 열망, 백제 유민들의 신라에 대한 반감이 결합하여 생겨난 허구라고 보고 있는 것이다.

역사 현장을 답사한 필자의 성실성, 문헌자료와 사진자료를 내용에 배열한 편집자의 세심한 배려가 따뜻하게 다가온다. 무엇보다 "이제 군대에 들어가 수레를 밀며 변방에서 절개를 세우니 중상을 잘하는 사람도

악을 더하지 못했고, 칭찬을 잘하는 사람이라도 아름다운 말을 더이상 보탤 수 없다."(흑치상지 묘지명)고 한 백제 장군 흑치상지를 오늘에 다시 만나게 된 것은 큰 기쁨이다.

원균이라면 모략에 능한 사람, 또는 장부답지 못한 비겁한 인물의 전형이던 때가 있었다. 이순신과 원균, 두 사람의 필연적 관계에 가까이 밀착하여 실체를 밝히려고 한 책이 『원균을 위한 변명』이다. 즉 원균에 대한 부당한 평가를 바로잡기 위한 글이라고 할 수 있다.

당시 원균에 대한 평가는 조국의 위기를 구하는 데 결정적인 공헌을 한 것으로 결론지어져 선무일등공신으로 책록하고 있는데도, 오늘의 세론은 그러한 당시의 평가와는 정반대로 그를 겁장怯將과 해장害將으로 혹평하고 있다. 그는 결코 겁장이거나 해장이 아니었다는 점을 밝혀나가고 있다.

이 문제를 풀어나가는 과정에서 저자는 원균이 이순신을 반목하게 된 근본적인 이유는 어디에 있었는가, 이순신이 하옥된 것은 원균의 모함에 의한 것이었는가, 원균은 비겁하게 적으로부터 목숨을 구하려고 도망치다 최후를 맞았는가 등 몇 가지 보편화된 질문을 한다. 물론 그렇지 않다는 결론으로 이끌어가고 있는데, 원균에 대한 굳어진 이미지의 원인을 『선조수정실록』에서 찾고 있다. 여기에 대응되는 자료로 『선조실록』, 『원균행장기』, 『임진장초』, 『난중잡록』 등의 자료에서 뒷받침하고 있다.

저자는 원균과 이순신의 반목을 『선조실록』의 다음 기사에서 찾고 있다.

> 이순신은 원균과의 약속을 어기고 밤을 도와 장계를 만들어 은밀히 행조에 보냈던 것이다. 다음해인 선조 26년 7월 그를 삼도수군통제사로 삼으니 원균이 크게 상심하여 그 후부터 서로 협조치 않았다(『선조실록』 선조 36년 4월 26일).

이순신과 원균이 처음 합동작전으로 전승을 거둔 옥포, 합포, 적진포 해전에서의 전공을 후일 같이 올리자는 합의를 깨고 이순신이 먼저 단독으로 장계를 올린 데서 반목이 시작되었다는 내용이다.

선조 30년 3월에 이순신이 하옥되는데, 이는 원균과 어떤 관계가 있는가. 이에 대하여 통설은 원균의 모함에 의한 것으로 되어 있다. 그러나 죄명은 조정을 속였으니 임금을 없수이 여긴 죄欺罔君上, 요시라의 반간계에 의한 적을 쫓아 치지 아니하여 나라를 등진 죄縱賊不討 負國之罪, 남의 공을 가로챈 죄奪人之功, 남을 모함한 죄陷人於罪, 한없이 방자하고 거리낌없는 죄 등으로 원균과 관련된 직접적인 관계가 있는 것은 아니라고 보고 있다.

이 책은 결국 원균은 남을 모함하여 공적을 가로채는 그런 졸장이 아니라는 데에 초점이 놓이고 있는데, 같은 기사의 인용이 반복되는 등 지루한 감이 있다. 그러나 최후를 마감하는 칠천량 해전에 나가면서 "오직 한마음으로 최선을 다하여 싸우다가 나라를 위하여 순국할 뿐이다. 오직 죽음이 있을 뿐이니 더이상 말하지 말라."(조경남, 『난중잡록』)라고 한 장부다운 기상이 원균에 있었다는 것을 확인하게 된다.

출판학 연구의 넓이 확장

『한국 출판과 베스트셀러』 이임자 지음, 경인문화사

독자를 생각하지 않는 출판은 존재하지 않는다. 그래서 출판 효과의 측정은 독자의 반응을 기본으로 하고 있다. 연구활동을 포함한 출판활동의 궁극적인 목적은 출판 효과의 확장에 모여진다. 독자, 저자, 출판사, 매스컴 등이 공동으로 만들어내는 베스트셀러는 사회의 단면이나 지향점을 노정하는 한편 출판 효과 측정의 한 도구가 될 수 있다.

상업적 측면에서뿐만 아니라 사회상을 반영한 문화의 현상학적 측면, 또는 문화의 창조와 수용이 결부된 인식의 지향이라는 측면에서 중요한 접근 대상이었음에도, 그간 저널리즘적 측면에서 단편적인 접근이 있었을 뿐 이론을 기반으로 한 체계적인 접근은 없었다. 베스트셀러를 연결고리로 하여 유기적으로 작용하는 보이지 않는 힘의 실체에 대한 접근이 부족했던 것이다.

이임자의『한국 출판과 베스트셀러』(경인문화사 간, JBMP시리즈 8),『베스트셀러의 진실』(경인문화사 간, JBMP시리즈 9)은 출판학 연구의 새로운 분야를 개척하고 있다는 점에서, 또 베스트셀러에 대한 이론 수립과 적용이라는 점에서, 이 분야 연구의 넓이 확장에 기여하고 있다. 동시에 출간된 두 종의 책은 베스트셀러의 현황 분석 틀과 체계 확립이라는 점에서 유기적 관계를 가진다.

편역서인『베스트셀러의 진실』은 베스트셀러에 관한 외국의 저서 중에서 필요한 부분을 발췌 번역한 것으로 앨리스 페인 해케트의 '베스트셀러의 역사', '주제별 베스트셀러 역사', 베르너 파울슈티히의 '베스트셀러의 정의', 프랑크 루터 모트의 '베스트셀러의 요인', '미국 베스트셀러 70년의 변인' 등을 수록하고 있다.

한국 출판 1백 년 동안 출간된 베스트셀러를 대상으로 그 요인 분석에 주력하고 있는『한국 출판과 베스트셀러』는 베스트셀러의 이론 정립, 시대별 베스트셀러를 중심으로 그 내외적 요인을 여러 측면에서 분석 검토하고 있다.

베스트셀러에 접근하는 방법은 다양하다. 이 저서는 사회 배경에 따른 출판 산업의 특성, 그리고 그 속에서 탄생되는 베스트셀러 요인들 간의 역학 관계를 찾아내는 것에 초점을 두고 있다. 사회 배경을 근간으로 세부 요인들 사이에 존재하는 역학 관계를 찾아낸다는 것은 그리 수월한 일은 아니다. 베스트셀러에는 시대 상황이나 대응과는 무관한 변인들이 작용하기 때문이다. 이런 점에서 베스트셀러 요인 분석을 위한 시대 구분과 분석틀은 이 글의 핵심이 된다. 이 논리적 접근 방법이 타당성을 획득할 때 현상으로서의 베스트셀러 분석도 정당성을 획득할 수 있기 때문이다.

요인 분석을 위한 시대 구분은 한일합방, 해방, 5·16 군사 혁명, 10월 유신, 6·29선언 등 정치적 상황을 기점으로 하여 근대 출판 여명기, 애국 출판기, 준비기, 정착기, 활성기, 신장기 등으로 구분하고 있는데, 이는 출판산업, 시기별 베스트셀러, 연간 베스트셀러 목록에 이르기까지 일관되게 적용되고 있다. 이 점에서 개화기 이후 한국 출판의 역사이며, 한편으로 베스트셀러 역사의 재구라고 할 수 있다.

베스트셀러를 존재케 하는 내재적 요인은 무엇인가 하는 점은 관심영역이 아닐 수 없다. 그 요인을 작품적 요인, 출판 기획의 요인, 시대상황적 요인, 출판산업 구조의 요인 등의 관점에서 분석 시도하고 있는 이 책은 거시적 안목을 기반으로 한 논리적 분석과 체계적 적용으로 베스트셀러 논의의 깊이를 더하고 있다.

열화당책박물관은 파주출판도시의 열화당 사옥과 연결하여 2009년 초 새롭게 증축된 건물이다. 우리의 근대를 형성해 준 책, 우리의 현재를 이야기하는 책을 한 권 한 권 모아 책 만드는 사람, 책 읽는 사람 모두의 박물관이자 도서관, 책방이다.

Photo by 박영실

투명한 깨달음의 진지한 기록

『그래서 나는 히말라야에 빠졌다』 임현담 지음, 효형출판

물욕에 초연하고 시비 분별에 얽매이지 않으며 자유롭게 살아가는 것을 초탈이라 했다. 은자들의 생활 태도였던 초세적 삶에는 굳이 시정이니 산간이니 거처하는 곳을 가리지 않는다. 세속을 멀리 떠나 자연에 묻혀 살아간다고 하더라도 마음이 세속을 벗어나지 못하면 산간도 세속일 뿐이다. 반대로 비록 시정에서 살아간다고 하더라도 마음이 명리나 시비분별을 떠나 있으면 그것이 초세속이다. 세속을 벗어나지 못하고 있는 우리는 자유로움의 공간 히말라야를 꿈꾼다.

광활한 자유로움의 공간 히말라야, 깨우침의 공간 히말라야는 의식 속에만 존재하는 공간인가. 범상한 힘으로 깨트릴 수 없는 정신적 무게와 신비, 숭고함을 함께 가지고 있는 산. 사람들은 그 신성함을 배경으로

신화를 만들어냈고 종교도 탄생시켰다. 곧 신과 교통하며 인간의 가장 맑은 정신을 뿜어내는 곳이다.

'히말라야 구도기행'이라는 부제를 단 『그래서 나는 히말라에 빠졌다』는 의식 속의 히말라야를 구체적 실체로 다가서게 한다. 그 험난한 기행의 힘은 구도자의 강렬한 내면적 성찰과 히말라야의 흡입력에서 나온다. 서정성보다는 치열한 구도의 과정이 히말라야의 투명한 햇살 아래 반짝인다. 지도상의 어느 한 지점으로 존재하는 것이 아니라 마음속에 존재하는 깨달음의 산, 저자와 히말라야는 둘이 아님을 깨닫는다. 히말라야의 만남은 숙명이고, 그 안에서의 깨달음도 자연스럽게 다가온다. 곳곳에 숨어 있다가 큰소리를 내며 다가오는 논리의 폭발은 히말라야가 감상의 장소가 아니라 깨달음의 장소라는 것을, 가상의 공간에 존재하는 산이 아니라는 것을 확인하게 한다.

구도자의 정신적 법열의 순간을 목격하는 일은 기쁜 일이다. 그것이 공동 체험이라면 더더욱 그러하다. 그 법열이 가치의 발견과 자유로움에 기반한 것이라면 공유의 가치는 커진다. 만년설에 덮인 히말라야에서 자유로운 '나'를 발견할 수 있다면, 그 이상의 무엇을 기대하랴.

저자는 진단방사선과 의사다. 그는 10년 가까이 매년 히말라야를 다녀왔다고 한다. 그토록 그를 끌어들이는 히말라야의 힘은 무엇인가.

히말라야를 오가는 힌두 조선족인 나는 현재 숲속 수행기에 해당한다. 그러니 언젠가 비상구라는 통로를 나가 10년, 20년 더 나아가 되돌아오지 않고 히말라야를 바라보며 우파니샤드의 현자 이야기와 같은 초탈의 삶을 살아가고 싶다는 소망을 세운다. 그것이 바로 내 피그밀리온이다.

그는 진정한 초탈을 갈구하는 구도자다. 그가 그에게 묻는다. "나는 누구였으며 나는 무엇이 되었는지. 나는 어디에 있으며 어디에 던져질지. 나는 어디로 가고 있으며 어디로 가야 열반이 있는지." 이러한 물음의 대답은 스스로의 내면에 있다. 이 대답을 찾기 위하여 히말라야를 오른다. 아트만은 바드리나트 마을의 차가운 바람으로 지성의 세례를 받고, 오랜 동안 켜켜이 쌓여 있던 고뇌의 파편들이 떨어져 나간다. 오염되지 않은 그 무엇이 본래의 밝은 얼굴을 힐끗 보여준다.

다른 사람이 인도, 네팔, 히말라야에서 느끼지 못하는 감동을 내가 현지에서 받는 것은 현지에서 펼쳐지는 히말라야 감응체가 있기 때문이다. 어떤 판단이 타고남과 길러짐에 의한다면 내 유전자 깊숙이 각인되어 있는 아득히 먼 조상들의 경험과 살아오는 동안의 경험이 그렇게 만들었을 것이다.

그의 의식 속에서 활발하게 작용하는 히말라야 감응체, 유전자 깊숙이 각인된 경험들이 결코 과장된 것이 아니라는 것을 순간순간 느끼게 된다. 히말라야를 마주보면 자유로워지고, 온몸이 저려 오는 거대한 희열을 느낀다. 그것은 이미 민감하게 반응하는 히말라야적인 것이 내부에 존재하기 때문이라고 했다.

내가 산을 바라보는 듯하다가 산이 나를 바라보는 듯하면 이미 서로가 서로를 마주하는 기분이 든다. 산은 이미 무생물이 아닌 생명체이다. 그는 말한다. "자유로 향한 행위는 카르마인 셈이고 히말라야를 방문하는 행위는 운명에 기록된 자유를 찾는 업이다."

청정한 대기, 하늘에 흩날리는 눈조각, 기원을 써넣은 깃발, 수행자의 맑은 눈, 시장의 상인, 만나는 여러 사람과 자연 현상에서 소중한 가르침을 받는다. 깨달음은 일상적인 생각을 벗어나는 일이다. 많은 무슬림들이 메카를 향한 미흐랍 벽에 절하는 모습에서 절대적 복종은 구속이 아니라 자유라는 것을 깨닫는다. 구속과 자유의 차이가 무너져 내림을 깨닫는 것이다.

깨달음의 계기적 상황은 히말라야에 머물러 있지 않는다. 힌두신화와 경전, 고승 대덕의 선문답, 과거와 현재, 그리고 동양과 서양을 오가며 살찌운다. 히말라야와 공유하는 유전자적 요소가 그의 핏속을 흐르고 있다고 하더라도 이러한 구도적 깨달음의 정신적 반응을 들어낸다면 계곡의 바람은 바람대로, 길을 가로막는 안개는 안개대로, 펄럭이는 원색 다르촉은 그것대로 그저 히말라야의 일부로 남아 있을 것이다. 그런 요소들이 우리의 의식에 들어와 새로운 둥지를 틀게 되는 것은 깨달음을 주는 기제로 작용했기 때문이다. 깨달음은 히말라야의 모든 것과 절묘하게 접목하고 있는 것이다. 히말라야라서 깨닫는 것이 아니라, 인연이 닿았기 때문에 깨닫는 것이다.

버림으로 자유로워질 수 있는 것, 또 낱낱이 모여 전체를 이루지만 전체는 낱낱을 포기하지 않는 화엄의 깊이는 깨달음의 핵심이라 할 수 있다. “기존 패러다임 바깥으로 나가 다른 위치에서 보면 진리는 한 발짝 다가온다. 이기려는 마음을 버리면 편해지고 설혹 진다고 해도 이긴 것과 다름없다. 민들레 꽃씨는 꽃에 머무를 때보다 꽃을 포기하고 하늘을 훨훨 날 때 더 아름답지 않은가.”

바다에 흘러든 강물이 강물임을 고집하지 않는 것, 벌집에 모인 온갖 꽃의 꿀이 자신을 내세우지 않는 것, 모든 세상이 그 존재에 잠기고 나면 ‘우리가 그 존재 속에 잠겨 있다.’는 의식은 없는 것이다. 방수 처리된 세포막에 둘러싸인 고독한 존재라는 에고를 깨야 함을 강조한다.

> 글을 쓰고 인도 히말라야에 대해 책을 몇 권 만들다 보니 나의 종교이자 사랑인 히말라야를 문자로 표현하려 애를 쓰고 있었다. 가슴이나 마음이 열리지 않고 알량한 머리가 열리는 꼴이었으니 말하자면 산은 이미 산이 아닌 문자였다.

후기에 기록한 이 마지막 깨달음은 무엇보다 큰 울림으로 다가온다. 결국 귀일되는 단어. 제행무상.

함께 풀어가야 할 미래 교육

『그래도 대학은 보내야지』 이시형 지음, 집현전

아마도 자식을 둔 부모라면 누구나 '내 아이 남보다 잘 키워야지'를 생각한다. 그리고 '우선은 일류 대학에 합격하는 것이 그 첫 번째 할 일이지.' 하고 쉽게 단안을 내린다. 교육 목표가 대학 합격이란 현실적 문제에 놓이고, 자식을 일류 대학에 합격시킨 부모는 아이를 잘 키운 것이 된다. 선생도, 아이들도 일류 대학 합격이 부모에게 효도하는 것이라는 말에 이유를 달지 않는다. 오직 대학 합격이라는 목표를 달성하기 위하여 부모와 아이, 선생이 함께 뛰어왔다. 그것이 우리 교육의 현실이었다. '어떻게 키우는 것이 잘 키우는 것인가?' 하는 데에는 별 관심이 없었다.

신경정신과 의사 이시형 박사가 쓴 『그래도 대학은 보내야지』는 이러한 교육 현실 속에서 어떤 교육이 바람직한 교육인가 하는 물음에 답해

주고 있다. 교육관이 왜 변해야 하고, 방법이 어떻게 달라져야 하고, 또 어떻게 키운 아이가 잘 키운 아이인지, 우리가 관심을 갖고 있는 것, 또 소홀히 했던 것에 대한 대답을 들려준다.

그리고 그 하나하나는 주변에서 일어나는 현상들이기에 교육 개론서가 갖지 못하는 공감을 이끌어 내고 있다. 자식을 키우는 부모의 입장에서 철학이 존재해야 한다는 것을 전반에 깔고 있다.

> 공부가 모든 것에 우선하는 것이 지금의 우리 가정이다. 꾸중 한 번 못한다. 공부한다는 구실 하나로 완전한 면책 특권이 보장된다. 집에 손님 한 번 못 청한다. 아이가 집에 계시면 TV 한 번 못 켜고 사는 집도 많다.

결코 남의 얘기가 아니다. 부모로서 교육 방법의 잘잘못을 가리기 이전에 1점이라도 내신성적을 올려 원하는 대학에 붙어주는 것, 그것이 고마운 것이었다. 관심은 성적표의 수치였다.

> 성적표란 참고 자료여야 한다. 아이의 성적이 나쁜 것은 교육 방법이 잘못되어 있기 때문이다. 이걸 알아내기 위해서 성적표가 있는 것이다. 성적표는 아이나 부모에 대한 경고장이 아니고 선생 자신을 위한 반성 자료로 쓰여야 한다.

이러한 필자의 견해에 고개를 끄덕이지 않는 사람은 없을 것이다. 그런 한편으로 '현실적으로 그게 가능한가'라는 생각도 동시에 갖게 될 것이다. 아무리 이상적인 생각이라 하더라도 당사자들이 현실 속에서 적용되지 않을 때는 꿈에 불과한 것이다. 교육 현장에서 실천하기에 어려움도 공존하고 있다.

필자가 지속적으로 강조하는 것은 세상, 아이들, 모두가 변화하고 있는데, 이에 따라 교육 주체도 변화해야 한다는 점이다. 즉 교육의 기준은 부모의 생각이 아니라 아이라는 점, 그들이 생활할 공간은 현재가 아니라 미래라는 점, 그리고 그 미래가 변모하는 미래라는 점을 강조한다. 부모는 조급해하지 말고 대범하게 기다려야 한다는 주장에 공감한다.

"공부는 대충 그 정도면 된다. 80점이면 됐다. 70점도 오케이다. 어머니의 이런 여유와 배포가 아이를 진짜 수재로 만든다." 사실 이런 마음을 갖기는 어려운 것이 현실이다. 그러나 무엇이 자녀를 행복하게 만드는가 하는 점은 생각하길 저자는 권한다.

그러나 입시가 한 나라의 발전 요인으로 크게 작용한다고 보는 점, 대다수 학생의 탈선 예방에 기여하고 있다는 점은 오히려 시험이 강화되어야 한다는 견해로 이해될 수 있는 소지를 갖고 있다. "방종으로 흘러 자칫 젊음을 망치기 보다 그래도 공부에 매달리다 고3병에 걸리는 게 낫지 않느냐?"는 생각이나, "입시에 시달려야 하는 학생들에겐 좀 미안한 이야기지만 입시 경쟁이 이대로 좀 더 갔으면 좋겠다."라는 생각에서도 이러한 점을 확인할 수 있다. 이것이 바로 오늘의 교육 현실과 추구하는 이념 사이에 존재하는 이중구조이며, 그래도 대학에 가야만 되는 이유인 것이다.

네이버 라이브러리는 네이버 사옥 그린팩토리 내부에 위치한 도서관이다. IT와 디자인 전문 도서관으로 2010년에 개관했다가 내부 구성과 소장도서를 정비해 2013년에 다시 문을 열었다. 값이 비싸거나 희귀한 전문 도서를 열람할 수 있으며 도서관이라고 생각하기 힘든 독특한 디자인으로 유명하다.

OPEN
CLOSE
2F
ENCYCLOPEDIA
1F
DESIGN

참고문헌

강명관, 『조선시대 책과 지식의 역사』, 천년의 상상, 2004

강준걸, 『조선시대 일본과 서적 교류 연구』, 홍익재, 1986

김이겸, 「대동운부군옥의 편찬 및 판각 경위에 관한 고찰」, 『서지학연구』, Vol.10, 서지학회, 1994

노병성, 「주자의 독서관에 관한 고찰」, 『한국출판학연구』 Vol.51, 한국출판학회, 2006

박암종, 「도서 장정의 사적 변화와 특성」, 『출판잡지연구』, Vol.5. No.1 출판문화학회, 1997

부길만, 『책의 역사』, 일진사, 2008

신승운, 「성종조의 문사 양성과 문집 편간」, 성균관대학교 대학원 박사 논문, 1995

원중거, 김경숙 옮김, 『조선 후기 지식인, 일본과 만나다』, 2006

유봉학, 「北學思想의 形成과 그 性格 : 湛軒 洪大容과 燕巖 朴趾源을 중심으로」, 『韓國史論』 Vol.8, 서울대학교 인문대학 국사학과, 1982

유탁일, 「한국 옛 문집의 양태와 출판 과정」, 『국문학논총』, 태야최동원선생화갑기념논총간행회, 1983

유탁일, 「성호 이익의 문집간행고」, 『국어국문학』 7·8, 부산대학교, 1968

육수화, 「조선시대 서적의 보급과 교육기관의 장서관리」, 『교육사학연구』 Vol.25. No.1. 교육사학회. 2015

윤선희, 「박제가의 『북학의』에 나타난 기술 도입의 의미」, 한국과학기술학회, 2018 한국과학기술학회 학술대회 Vol.2018 No.04

윤재준, 「한국 출판물 장정의 미적 표현과 가치에 관한 연구-근대 이전 출판물을 중심으로」, 『한국출판학연구』 Vol.34. No.2, 한국출판학회, 2008

이문학, 「세종시대 출판문화정책 연구」, 『한국출판학연구』 Vol.47. No.1, 한국출판학회, 2021

이성미, 『가례도감의궤와 미술사』, 소와당, 2008

이재정, 『조선출판주식회사』, 안티쿠스, 2008

임형택, 「대동운부군옥의 역사적 기원과 위상」, 『한국한문학연구』, No.32, 한국한문학회, 2003

전 철, 『한지』, 원광대학교출판부, 2003

정성식, 「18세기 북학파의 역사의식」, 『유교사상문화연구』, No.82, 한국유교학회, 2020

정윤희·김민주, 「독서당의 독서문화사적 의미와 활용방안 연구」, 『문화콘텐츠연구』 No 19, 건국대학교 글로벌콘텐츠연구소, 2020

조계영 외, 『동아시아의 문헌 교류』, 소명출판, 2014

조규익, 『조선조 시문집 서·발의 연구』, 숭실대학교 출판부, 1988

조만자, 「소대풍요의 편찬과 간행에 관한 서지적 연구」, 성균관대 대학원 석사 논문, 2018

조현우, 「『오륜행실도』 도상의 삽화적 성격과 그 함의 : 『삼강행실도』와 대비를 중심으로」, 『한국고전연구』 Vol.20, 한국고전연구학회 2009

주영하 외, 『조선시대 책의 문화사』, 휴머니스트, 2008

최 환, 『한중 유서문화 개관』, 영남대학교출판부, 2008

국립중앙박물관 e뮤지엄 http://www.emuseum.go.kr/story

책 출간에 함께한 사람들
사진 박영실, 디자인 김은경, 기획 김정명,
인쇄 박형준(동진기획)

함께 걷는 책의 숲

초　판　1쇄 2022년 8월 16일

지은이　이창경
펴낸이　김길준
펴낸곳　(학)신구학원신구문화사
디자인　은디자인

주　소　경기도 성남시 중원구 광명로 377 신구대학교 우촌학사 1층
전　화　031-741-3055~6
팩　스　031-741-3054
이메일　shingupub@naver.com
홈페이지　www.shingubook.com
출판등록　1968년 6월 10일

ISBN 978-89-7668-268-0 03810

* 잘못 만들어진 책은 구입한 곳에서 바꿔 드립니다.
* 책값은 뒤표지에 있습니다.